37226

ESSAI

sur

LE BEAU.

ESSAI
SUR
LE BEAU
ou
ÉLÉMENTS
DE PHILOSOPHIE ESTHÉTIQUE

PAR VINCENT GIOBERTI,

TRADUIT DE L'ITALIEN

PAR

JOSEPH BERTINATTI,

DOCTEUR EN DROIT

BRUXELLES.

MELINE, CANS ET COMPAGNIE,
LIBRAIRIE, IMPRIMERIE ET FONDERIE.

1843

A MONSIEUR LE BARON

J. M. DE GERANDO,

PAIR DE FRANCE, CONSEILLER D'ÉTAT,
MEMBRE DE L'ACADÉMIE DES SCIENCES MORALES ET POLITIQUES,
COMMANDEUR DE LA LÉGION D'HONNEUR,
PROFESSEUR DE DROIT ADMINISTRATIF, ETC., ETC., ETC.

Monsieur le Baron,

Le livre dont je vous présente la traduction fait partie des ouvrages philosophiques de M. Vincent Gioberti, professeur de philosophie et d'histoire, à Bruxelles. La curiosité que ses publications ont excitée m'aurait porté à en rendre compte par un mémoire que je me proposais de lire à l'Institut si j'avais pu prolonger encore pour

A.

quelque temps mon séjour à Paris. Mon départ, étant venu interrompre la réalisation de mon projet, m'a empêché de participer dans le sein de l'Académie des sciences morales et politiques aux marques de la même distinction qu'elle avait accordée à un de mes amis [1]. Quoique, dans ma position tout à fait exceptionnelle, je fusse loin de m'attendre au succès qui couronna ses travaux, j'étais cependant sûr, d'après les encouragements très-généreux qui me vinrent de la part de plusieurs de vos confrères et de la vôtre, que je pouvais compter sur une indulgence collective. En vous offrant dans ce moment mon travail, quoique rédigé sur un plan différent, je désire, Monsieur le Baron, que vous y trouviez le même esprit d'après lequel il a été conçu avant ce jour, et les mêmes sentiments de reconnaissance pour vous et vos collègues. Je sens moi-même qu'en écrivant sous l'impression d'une lecture réitérée des ouvrages dont je dois parler, mon style va se ressentir de ce dogmatisme qui caractérise toutes les grandes philosophies [2], et que mes phrases paraîtront dictées par un sentiment d'orgueil national ou d'en-

---

[1] M. Paul Pallia, auteur du *Mémoire sur le manuscrit arabe de la Bibliothèque Royale de Paris*, n° 884, *contenant un Traité philosophique d'Algazali*, intitulé : *Celui qui délivre de l'erreur et explique l'état vrai des choses*. Ce mémoire, lu à l'Académie le 15 juillet 1837, est inséré dans le vol. I, *Mémoires des savants étrangers*.

Mém. de l'Institut, Acad. des sciences morales et politiques. Paris, Firm. Didot, 1841.

[2] Cousin, *Fragm. philos.*, tome II, page 6. Bruxelles, 1841.

thousiasme, plutôt que par une pensée calme et réfléchie. Malgré ma répugnance, je dirai presque instinctive, pour tout genre de compositions qui portent cette empreinte, il m'a été impossible de m'en préserver pour cette fois. Cette circonstance produira sur l'esprit du lecteur une impression bien profonde, en voyant que mon écrit est adressé à l'auteur de l'*Histoire comparée des systèmes de Philosophie*. C'est par votre savoir, Monsieur le Baron, que vous viendrez réduire les choses à leur juste proportion, et que vous saurez corriger ce qu'il y aura de trop prononcé ou de hasardé dans mes expressions. Votre jugement aussi droit que compétent, sur lequel ira se former celui du public français, ne saurait manquer d'exercer la même influence sur mes propres convictions. Car si d'une part votre qualité de maître a ajouté à mon courage pour m'exprimer avec franchise, elle ne pouvait pas me laisser oublier, de l'autre, que j'ai eu l'honneur d'être votre disciple. En me permettant avec votre bienveillance ordinaire de parler au public sous vos auspices, vous me donnez une leçon implicite de cet esprit de modération et d'impartialité qui vous caractérise comme homme et comme écrivain, et que je me propose d'imiter.

Si ma lecture avait eu lieu je n'aurais pas besoin de déclarer mes intentions; et l'Académie appelée à former un tableau général de l'état et des progrès des sciences morales et politiques, n'aurait pas dédaigné de prêter un moment d'attention aux recherches de M. Gioberti sur ces matières. Tout grand travail philosophique comme « toute grande question sociale et politique sont du ressort de l'Académie ; elle a le droit de s'en emparer, de les considérer sous toutes leurs faces, et de les éclairer selon ses moyens à la lumière de la science et de l'histoire[1]. » Quoique les vues de M. Gioberti s'éloignent, sur les points fondamentaux, de tous les systèmes qui sont en vigueur, cette circonstance me portait à croire qu'il y aurait eu un plus grand intérêt à les entendre et à les examiner. Car en connaissant le but pour lequel l'Académie est instituée, je n'avais qu'à me rappeler les paroles de M. Daunou à ce propos. « L'Académie, disait-il, n'est pas une école, elle n'est pas une secte, et n'est à la disposition d'aucun parti ; la diversité des systèmes, loin de disparaître dans son sein, est appelée à s'y manifester avec franchise, afin qu'il soit plus que jamais sensible que les discussions libres et profondes, alors même qu'elles ne concilient pas les opinions, établissent, entre les hommes qui les professent, le concours et la concorde nécessaires aux progrès de la science[2]. »

La publicité que je donne aujourd'hui à un système

---

[1] Discours de M. Rossi, président de l'Académie, dans la séance publique, le 27 juin 1840.

[2] Discours de M. Daunou, *sur le rétablissement de l'Académie des sciences morales et politiques*, prononcé dans la séance publique du 2 mai 1833.

qui porte les plus rudes attaques à la méthode cartésienne, au panthéisme et au rationalisme psychologique, soulèvera beaucoup de préventions de la part des lecteurs. Lorsqu'on se met en opposition avec une théorie passée presque à l'état de chose jugée, adoptée par les écoles, et à laquelle on a l'habitude de rapporter grand nombre de nos progrès, on doit prévoir d'avance qu'au lieu de marcher sur un chemin jonché de fleurs, on va trouver un passage hérissé de ronces et d'épines. On a beau se préparer à ce combat par de longues études et par des méditations soutenues; on peut même être en mesure de lutter corps à corps contre le géant qu'on veut terrasser, n'importe; on aura toujours contre soi la force des opinions préconçues, l'autorité et le prestige d'un nom chéri par une nation et respecté par toutes les autres. Ces considérations, qui seraient de nature à m'imposer la plus grande réserve, et à me commander peut-être le silence s'il s'agissait ici de mes opinions personnelles, n'ont pu exercer la même influence sur moi à l'égard d'un ouvrage qui me paraît destiné à fixer une époque dans les annales de la science. En vain, me suis-je dit, aurait-on essayé de faire quelques progrès en tout genre, ou de retourner vers des principes meilleurs lorsqu'on s'en était écarté, si l'on s'était arrêté devant ces craintes. Le contraire n'a eu lieu que parce que les penseurs indépendants ont su résister courageusement aux susceptibilités bizarres, mobiles et souvent injustes de l'opinion publique, et parce que les écrivains éminents ont osé toucher à l'idole élevée par leurs contemporains ou leurs ancêtres. Au surplus, si Descartes n'avait pas, lui aussi, soulevé l'étendard de la révolte contre les autorités établies de son temps, venant fonder ses doctrines sur la destruction de la scolastique, il ne serait nullement question de s'insurger à son tour contre lui, pour le combattre avec les seules armes dont il est permis de se servir dans ce siècle[1]. Je dirai donc sans détour que si je crois faire chose agréable aux savants en leur annonçant un ouvrage qui, appuyé ou réfuté par leurs travaux particuliers, ne pourra manquer en tout cas de produire de bons résultats dans la science, je pense faire une chose utile pour toute classe de lecteurs, en parlant d'une théorie d'où découlent les plus graves conséquences en matière de religion, de morale et de politique. Beaucoup de ces principes tiennent de trop près à nos intérêts les plus sacrés pour qu'on les ait jamais oubliés à aucune époque, ou qu'on les ait posés et discutés avec indifférence. Mais tant qu'on se borne à en parler comme de simples théories ou de thèses scientifiques, chacun les approuve ou les condamne comme bon lui semble sans qu'aucun inconvénient sensible se laisse apercevoir. Il en est bien autre-

---

[1] Voyez le *Rapport sur deux pièces inédites de la Bibliothèque Royale de Paris, relatives à l'Histoire du Cartésianisme*, lu le 2 décembre 1857, à l'Académie des sciences morales et politiques, par M. V. COUSIN.

ment dès qu'ils sortent du domaine de la spéculation pour pénétrer dans celui de l'application, et qu'on vient les substituer à des formules surannées ou frappées d'impuissance : car les choses changent alors de nature, et elles se compliquent de tout ce que les passions froissées et alarmées leur ajoutent d'actuel et d'hétérogène. Ces inconvénients ne pouvaient échapper à l'auteur, qui nous a présenté le fruit de ses longs travaux et de ses méditations. Un système qui résume une vie entière passée dans le calme du cabinet et en dehors du tourbillon des affaires, ne saurait entrer tout d'un coup dans le théâtre de l'action et de la pratique. Il faut que chaque doctrine fasse son temps. Ce n'est que par ce moyen qu'on peut démêler si la cause de son triomphe ou de sa décadence tient à sa nature intrinsèque, ou si elle est le résultat des circonstances sociales qui l'ont enfantée. Le jour où l'on peut dresser l'inventaire de tout le bien ou de tout le mal qu'elle a produit ou peut produire, on peut aussi se déterminer à la retenir ou à la rejeter.

Le temps est-il venu pour qu'on puisse juger sans aigreur et avec sûreté, sous le point de vue philosophique, Luther et Descartes? En d'autres termes, peut-on mettre encore une fois le principe du droit d'examen en présence de celui de l'autorité? Et si la chose est possible, faut-il engager la lutte sur le même terrain où on l'a placée jusqu'ici? ou bien ne faudra-t-il pas s'essayer sur un autre? Ce thème implique une appréciation exacte et impartiale de la marche de l'esprit humain pendant le cours de ces trois siècles, où il s'est élancé jusqu'au ciel sur les ailes du génie, et où il sut montrer, même en tombant, quelle est la puissance et la grandeur de son origine. Pour suivre sa route à travers toutes les phases religieuses, philosophiques, politiques, scientifiques et littéraires sous lesquelles il s'est manifesté, il faut être à même de le considérer dans chacune de ses formes, et de l'apprécier dans ses conquêtes comme dans ses pertes. La tâche est immense, difficile, et sa simple énonciation peut paraître de la témérité ou de la jactance. Quelle que soit l'opinion qu'on puisse avoir sur l'utilité et l'à-propos de cette tentative, elle n'en est pas moins une de celles qui méritent la plus haute attention. Car, lorsqu'on voit un écrivain qui sait manier avec la même adresse des armes empruntées à la théologie, à la philosophie, à l'histoire et à tout ce qu'il y a de plus avancé dans nos connaissances, on est forcé de dire qu'il a su calculer les chances de son entreprise et qu'il a mesuré toute l'étendue de ce vaste sujet.

Les efforts du philosophe seraient cependant inutiles ou imparfaits, s'ils n'avaient d'autre but que de détruire ou de remettre en problème ce qui est déjà considéré comme appartenant à la sphère des faits accomplis. Fatigués et désenchantés comme nous sommes par les révolutions successives qui se sont réalisées dans les idées et dans les choses, il ne faut pas trop s'étonner si nos tendances sont devenues sceptiques. Nous voulons avant tout savoir si la main qu'on nous dit si habile pour détruire, n'est pas en même temps aussi habile pour réédifier. Nous aimons ensuite qu'on nous dise quelle place viendront à occuper dans la construction nouvelle tous ces matériaux qu'on ira déplacer par suite de la démolition, car une destruction complète et radicale nous paraît une impossibilité, pour ne pas dire une folie. Dans ce sens, M. Gioberti n'est ni un destructeur, ni un novateur, ni un réformateur. Tous ces titres, ambitieux et trompeurs, ne pourraient plus en imposer aujourd'hui à beaucoup de monde, et encore moins à ceux qui savent qu'un grand nombre des questions actuelles sont toujours les mêmes que celles qu'on agitait, il y a bien des siècles, au fond de l'Asie, et plus tard dans la Grèce [1]. Le vrai titre que je crois appartenir à M. Gioberti, c'est celui de restaurateur ; nous verrons à quelles conditions. Ses recherches portent sur la base de l'édifice et nullement sur ses accessoires ; elles tendent plutôt à l'agrandir et à le consolider qu'à le démolir et à le renverser. Partir de l'ontologie pour arriver à la psychologie, appuyer la philosophie par la religion et mettre celle-ci d'accord avec la science ; rétablir les véritables prin-

---

[1] Cette remarque vient d'être faite encore tout récemment, par M. Rossi, dans son article intitulé : *Introduction à l'Histoire des doctrines économiques*, inséré dans le *Journal des Économistes*, du 1er juin 1842.

cipes pour en déduire ensuite la bonne méthode, se servir d'elle pour avoir la contre-épreuve des principes eux-mêmes, voilà le but auquel il a consacré ses loisirs et ses efforts.

Un préjugé assez général nous porte à croire que le génie catholique, gouverné et dirigé par les dogmes et les exigences de l'autorité, ne peut prendre l'essor qui est convenable que par l'entremise de la liberté. On a soutenu que la gêne et la surveillance d'une orthodoxie toujours jalouse et vigilante ne lui permettront jamais de planer dans les régions sublimes de la pensée aussi bien que de sonder les mystères et les profondeurs de la science. La chute récente d'un génie français et sa condamnation presque à l'instant même où il croyait parler aux rois et aux peuples le langage des écrivains hagiographes n'a fait que confirmer ce paradoxe. N'en déplaise à cet auteur célèbre si je parle de lui à l'occasion d'un homme qui peut-être ne lui est pas inconnu. Que l'on compare l'*Introduction à l'étude de la philosophie* avec l'*Esquisse* de cette même science, publiées à quelques mois de distance l'une de l'autre ; et que l'on dise de quel côté la pensée est plus profonde et de quelle part l'essor est plus libre et plus élevé. Le prêtre breton, qui a

---

[1] M. le comte TÉRENCE MAMIANI a analysé ces deux ouvrages dans un de ses derniers écrits sur l'*Ontologie* et la *Méthode*, et marqué avec sa sagacité ordinaire les différences les plus essentielles des deux systèmes.

tracé un sillon si brillant dans le champ catholique, finit par se perdre dans les nuages et les brouillards du panthéisme germanique, et préfère les éclats pâles et reflétés de Schelling à la lumière vivace qui éclaira ses débuts. Le théologien italien discute et examine longtemps les doctrines panthéistiques, et ne trouve d'autre moyen de les éviter qu'en recourant franchement à la vérité fondamentale de la révélation ; vérité qui, tout en étant éminemment rationnelle, se rattache, par la connaissance réfléchie que nous en avons, à la parole révélée. C'est en s'inspirant au principe de la création substantielle que nous le voyons remonter à la théorie de la vision idéale, professée successivement par saint Augustin, saint Anselme, saint Bonaventure et Nicolas Malebranche. Mais il élève cette doctrine à la dignité d'un théorème rigoureux en la rattachant à un principe supérieur dont elle est la conséquence logique. Au moyen de l'idée de création, nous ne voyons plus l'Être dans son état abstrait et improductif, mais dans son état concret et absolu, impliquant un effet, c'est-à-dire une existence. Cette existence, qui se lie à lui, et qui en est le produit libre et spontané, ne participe cependant pas à sa nature. La notion de création, envisagée comme terme intermédiaire qui réunit l'Être aux existences, exprime la formule idéale complète ; et la proposition suivante : *L'Être crée les existences*, qui en est l'énoncé, renferme toute la réalité et toute la science.

Le profond restaurateur, encouragé et enhardi par sa formule scientifique, fait une excursion brillante et rapide dans le domaine de nos connaissances, et applique son principe protologique à l'encyclopédie humaine. On croirait presque le voir marcher sur les traces de Galilée, lorsqu'il vint prouver par le calcul et les expériences la justesse de son hypothèse. Cette remarque, que je fais en passant et sans m'y appuyer, caractérise cependant les deux systèmes et les deux époques. Le philosophe pisan, ayant démontré la vérité de sa théorie à l'aide d'une méthode appropriée, a pu s'en remettre au temps pour se réconcilier avec ceux qui voulaient à tout prix que l'expression populaire de Josué fût un dogme d'uranographie. M. Gioberti a prouvé la légitimité de sa méthode, l'exactitude de son application, et c'est par les développements ultérieurs de sa doctrine qu'il nous promet dans ses ouvrages, que nous le verrons en établir la vérité et le triomphe. La formule idéale qui lui offre un criterium historique pour juger des systèmes et des méthodes de tous les âges, lui fournit en même temps les données nécessaires pour mettre en relief leur vérité ou leur erreur. « La pensée humaine, dit-il, depuis les premiers temps jusqu'à nous, a parcouru deux routes distinctes qu'on peut suivre des yeux dans la vaste étendue des pays et des siècles. La première de ces routes, qui peut être comparée à une ligne droite, lumineuse, continue, qui remonte à l'origine même de l'homme, consiste dans la révélation surnaturelle transmise par l'autorité et la tradition. C'est la pensée orthodoxe qui se fonde sur le mystère, axiome révélé et rationnel de la création, et le conserve dans toute sa pureté. La seconde, qu'on peut représenter par une ligne tortueuse, enveloppée de ténèbres, remplie d'interruptions, ne commençant qu'après la chute, est tracée par la raison humaine qui manque d'autorité traditionnelle et n'a que quelques restes altérés de la révélation primitive ou renouvelée; c'est la pensée hétérodoxe qui ignore ou nie la création, et, par défaut de cette conception intermédiaire, divinise la nature, ou humanise Dieu, et flotte entre l'anthropomorphisme et l'apothéose. La première, qui est unique puisque l'unité est le caractère de la vérité, comprend l'Église catholique dans le sens le plus étendu du mot, c'est-à-dire la société infaillible avant et après le Christ. La seconde, qui est multiple selon la nature de l'erreur, embrasse le paganisme sous toutes ses formes et avec toutes ses philosophies, les hérésies chrétiennes, le nominalisme du moyen âge et la philosophie qui prédomine en Europe depuis Descartes jusqu'à nous. A l'une de ces deux lignes appartiennent toutes les vérités, à l'autre toutes les erreurs; car toute vérité dépend de la conception juste de Dieu et du monde, de la distinction substantielle qui les sépare, des rapports rationnels et révélés qui les réunissent; toute erreur dérive de la confusion de ces deux idées, qui fait l'essence du panthéisme. Chacune de ces deux vastes synthèses n'est qu'un développement logique de la *vérité-principe* ou de l'*erreur-principe*, c'est-à-dire de la doctrine de la création ou du dogme contraire. Ces deux systèmes sont les deux principes dynamiques qui enfantent, en se développant, le monde intellectuel et moral de l'histoire dans ses deux champs opposés de la lumière et des ténèbres, du bien et du mal, de la vérité et de l'erreur, qui, sous le double rapport de la connaissance et de l'action, se partagent l'humanité[1]. » D'après ces vues générales, on peut considérer le protestantisme comme n'étant qu'une grande trajectoire, de même qu'on peut trouver la source de la méthode philosophique actuelle dans le principe fondamental intronisé par Luther. Il est facile de s'apercevoir que lorsqu'on veut frapper au cœur la Réforme et tourner contre elle les mêmes armes dont on lui doit l'origine, c'est par le cartésianisme, et par le panthéisme qui en est la conséquence, que la brèche doit commencer. Aussi ce n'est qu'après avoir rempli la tâche que je viens d'indiquer, que nous voyons M. Gioberti changer de tactique et diriger immédiatement sa polémique contre le rationalisme et les écoles bibliques d'outre-Rhin. Aucun procédé ne pouvait être plus logique et plus légitime; mais arrivé à ce point, l'auteur entre à pleines voiles dans son sujet, et appuie tour à tour ses

---

[1] Voyez *Lettre sur les doctrines philosophiques et politiques de M. de Lamennais*, par le même auteur. A Bruxelles; chez Meline, Cans et Cie.

déductions par la critique, par l'histoire et par tout ce qu'il y a de mieux constaté dans les recherches archéologiques, ethnographiques et philologiques des temps anciens et modernes. Telle est à peu près la marche suivie dans ce travail. Ce livre, où la haute intelligence du théologien rehausse d'un côté les études spéculatives, et fait de l'autre une des plus belles apologies du catholicisme qui aient été faites depuis la réforme, a quelque chose de si attrayant et de si dramatique qu'il nous rappelle la grande épopée des anciens. Le modeste auteur voudra bien me pardonner si je me sers d'une de ses remarques pour la lui appliquer. En admettant qu'il y ait l'analogie dont il parle [1] entre le poëme épique et la synthèse scientifique, on ne peut s'empêcher de ne pas la reconnaître dans son ouvrage par la force de son imagination, l'unité, l'étendue et l'harmonie de sa conception. J'oserai presque dire qu'il y a je ne sais quoi de la verve dantesque, si je pouvais confondre l'âme passionnée et ardente du fier gibelin avec le calme et les convictions d'un guelfe de nos jours.

Je ne voudrais pas que ce rapprochement fît croire au lecteur que je veux l'entretenir sur un ouvrage d'imagination, ou qu'il le portât à appliquer au rénovateur de la vision idéale le mot bien plat, quoique célèbre, que Voltaire appliquait à Malebranche. « Je sais,

---

[1] Chap. X de ce volume : *Du Beau orthodoxe.*

disait Sieyes en parlant d'un autre sujet, que de pareils principes vont paraître extravagants à la plupart des lecteurs; mais, dans presque tous les ordres de préjugés, si des écrivains n'avaient consenti à passer pour fous, le monde en serait aujourd'hui moins sage [1]. » Pour voir à quel coin ce travail est marqué, on n'a qu'à jeter un coup d'œil rapide sur les différentes parties de l'*Introduction*, ainsi qu'à examiner les causes qui ont porté l'auteur à embrasser ce système et qui peuvent en justifier le choix. C'est en faisant précéder un aperçu général sur l'état actuel de la philosophie européenne dont il constate la décadence, que M. Gioberti vient à renouveler la doctrine de l'intuition intellectuelle. Les études spéculatives, dit-il, sont déchues sous le double rapport du sujet et de l'objet, savoir, de la part des hommes et des idées, des philosophes et de la philosophie. Les causes subjectives et permanentes de cette décadence consistent dans les passions du cœur humain, et notamment dans l'affaiblissement de la faculté volitive. On ne saurait assigner aucune autre cause plus saillante pour expliquer notre état d'infériorité philosophique vis-à-vis des anciens, que le fait de leur supériorité incontestable dans l'exercice et la direction de cette faculté. Les causes

---

[1] *Notice historique sur la vie et les travaux de M. le comte Sieyes*, par M. MIGNET.
Mémoires de l'Académie des sciences morales et politiques, tome II. Paris, 1839.

transitoires sont complexes, car les unes dépendent du pouvoir public en ce qui touche son droit d'intervention dans les méthodes d'éducation et d'instruction nationale ; les autres se rapportent à l'individu lui-même, et échappent au contrôle et à l'action gouvernementale. Sans se dissimuler les objections qu'on pourrait lui adresser d'après les mœurs et les codes constitutionnels des États modernes, l'auteur conclut à la nécessité pour le pouvoir social de surveiller et de diriger l'éducation publique à l'instar des anciens. Aussi réclame-t-il pour les gouvernements cette liberté, cette force d'initiative et d'action qu'on ne saurait leur refuser sans nuire au bonheur du plus grand nombre des citoyens. En ce qui regarde l'homme, considéré comme être libre, intelligent, moral et responsable, c'est en recourant à l'exemple des ancêtres et aux sources sublimes de la religion, de la vertu et de la science, que l'auteur l'invite à se retremper. A cet effet, se servant des paroles de Machiavel, et faisant la même protestation que lui lorsqu'il dédia son livre du *Prince* à Laurent de Médicis, duc d'Urbin, il met devant nos yeux autant de tableaux détaillés dans lesquels il retrace les qualités principales et caractéristiques du génie philosophique. Une traduction fidèle de ces morceaux littéraires, aussi exacts qu'élégants et énergiques, me dispenserait de tout éloge ultérieur et partiel de l'ouvrage entier ; car elle suffirait pour nous donner la preuve la plus directe de la vocation scientifique de l'écrivain, et expliquerait de quelle manière il a su comprendre et accomplir sa noble mission.

L'objet de la philosophie est l'Idée dans le sens platonique envisagée en rapport avec notre intelligence. Elle est une, indémontrable, évidente ; elle est la source de toute certitude, et se révèle d'elle-même à l'homme qui l'aperçoit par l'entremise de l'intuition. Pour que l'esprit puisse se replier sur lui-même et penser une seconde fois (*ripensare*) l'Idée, il faut qu'une forme sensible la détermine, et c'est par l'instrument du langage que cette opération vient se réaliser. Ainsi le travail philosophique proprement dit ne commence qu'au moment où la réflexion psychologique est en exercice. Le langage est parfait ou imparfait, selon qu'il se rapproche ou s'éloigne du principe révélateur, et s'étaye de la tradition scientifique qui résulte du développement successif de la première notice idéale : d'où surgit la distinction posée par l'auteur entre les écoles dont le lien traditionnel les rattache à la parole primitive, et celles qui l'ont brisé et fait leur route à part. Les premières se signalent par la prédominance de l'Idée sur la sensation intérieure et extérieure, et par la méthode analogue qui préside à leurs spéculations. L'élément sensible, qu'on voit primer dans les autres, n'accorde à l'Idée qu'une place secondaire, soit qu'on en écarte toute recherche préalable, soit qu'on essaye de la découvrir à l'aide du procédé analytique. Le plus ou le moins de lumière idéale qu'on voit briller dans les deux écoles opposées, détermine l'éclat ou la décadence de la philosophie objectivement considérée. C'est surtout en remontant aux pères du psychologisme, Luther et Descartes, qu'on vient à démêler les causes qui ont amené la décadence dont s'occupe l'auteur. Le réformateur allemand, qui substitua le libre examen à l'autorité de l'Église, établit par cela seul un précédent qui devait enfanter autant de religions qu'il y aurait eu de lecteurs de la Bible. Descartes, appliquant le même principe à la philosophie et proclamant l'autonomie de la raison humaine, devait produire des résultats identiques dans le domaine de la science première. Car par le doute systématique et par l'analyse de la pensée, on peut bien, si l'on veut, aboutir au scepticisme et à la négation, mais on ne peut nullement saisir l'élément objectif dès qu'on l'a éliminé d'après les exigences de la méthode. Aussi le principe cartésien adopté successivement par Locke, Spinosa, Hume, Kant et leurs nombreux disciples, mit bientôt au grand jour tout ce qu'il renfermait en germe. L'absence complète d'objectivité réelle qu'on remarque dans quelques-uns de ces systèmes, et la forme subjective que l'Idée a revêtue dans les autres, furent la conséquence naturelle et logique du mot célèbre : *Je pense, donc je suis*. De cette manière l'altération des principes engendra l'altération de la méthode, et la réaction fut de tout point égale à l'action. Les choses ne pouvaient se passer autrement ; car l'instrument psychologique fini, relatif et contingent dont on s'était servi à cet effet ne pouvait aucunement atteindre l'objectif, l'absolu, le nécessaire et l'infini qui se trouve en dehors de l'esprit lui-même. La réintégration des principes fondamentaux par l'entremise de la méthode ontologique, et la substitution de la synthèse large et élevée de Malebranche, de Leibnitz et de Vico aux analyses incomplètes du panthéisme moderne sous toutes ses formes, sont les moyens proposés par l'auteur afin de replacer la science sur ses bases. Il n'est ici question, comme on le voit, que des sciences spéculatives; car celles qui s'appuient sur l'observation et l'expérience ont leurs méthodes toutes faites, et ce serait entraver leur marche que de vouloir les ramener à un principe opposé. Il est cependant vrai d'ajouter que lorsqu'on s'est familiarisé avec l'ontologie, et qu'on a contracté les habitudes qui en dépendent, leur heureuse influence se fait aussi sentir dans les travaux et les recherches elles-mêmes dont s'occupent les sciences physiques. Car comme les facultés de l'âme sont liées par un commerce intime, et se prêtent un secours mutuel, il s'ensuit que la capacité inductive est d'autant plus vigoureuse qu'elle est associée avec une plus grande force déductive, de même que l'absence d'aptitude synthétique doit produire un défaut correspondant dans la solidité des analyses. Bref, s'il était irrécusable, ainsi que l'auteur a essayé de le démontrer, qu'on ne peut faire que des pas chancelants et incertains dans les sciences tant qu'on ne franchira pas les bornes étroites du psychologisme, il faudrait conclure avec lui que c'est ainsi que l'exige la nature des choses, et que la méthode qui lui est conforme consiste précisément à les dépasser. En conséquence, on ne devrait pas trouver plus de difficulté à fixer son point de départ dans l'ontologie, pour se frayer le chemin à la psychologie, que nous n'en trouvons dès à présent à partir de la science des calculs pour arriver à la science des astres, ou à commencer par celle-ci pour aborder ensuite l'art nautique ou la géographie.

Afin que nous puissions apprécier exactement la théorie de l'intuition intellectuelle, telle que l'auteur nous la reproduit, il faut que nous sachions ce qu'il entend par le nom de formule idéale. « J'appelle, « dit-il, *formule idéale* une proposition qui exprime « l'Idée d'une manière claire et précise, au moyen « d'un simple jugement. Comme on ne peut penser « sans juger, on ne peut penser l'Idée sans former un « jugement dont la signification est la formule idéale. « Elle doit renfermer deux termes réunis ensemble par « un troisième, conformément à la nature de chaque « jugement, et ne doit pécher ni par excès, ni par dé- « faut. Elle serait fautive si tous les éléments intégrants « de l'Idée n'étaient pas contenus en elle, c'est-à-dire si « toutes les notions qui peuvent tomber dans l'esprit « humain ne pouvaient pas se réduire à quelques-uns « de ses éléments à l'aide de la synthèse. Elle pécherait

« par excès si elle contenait quelque chose de plus que
« les éléments intégrants, savoir, si une des notions
« exprimées par elle, était renfermée dans les autres
« termes. » Tout en s'appuyant sur les travaux psychologiques des Allemands, et sur la théorie de la perception des Écossais, l'auteur a cru nécessaire de se livrer à des synthèses et à des analyses nouvelles, pour mieux établir le principe fondamental de sa doctrine. Au moyen de ses larges développements et des traits de lumière qu'il a répandus dans l'examen et la démonstration de sa formule, elle vient à acquérir ce degré de lucidité et de précision que l'on n'obtient que bien rarement dans des matières abstraites et transcendantes par leur nature [1].

Pour connaître la fécondité de la formule idéale, il faut l'envisager dans ses applications encyclopédiques. Cette formule étant un jugement éminemment simple dans son énoncé explicite, et éminemment composé dans les vérités implicites qu'il renferme, puisque toute idée et toute affirmation découlent de lui comme de sa source, la science universelle dans toutes ses branches ne peut être que le développement de cette proposition

---

[1] Le lecteur pourra se former une idée de la formule rationnelle, en suivant avec un peu d'attention l'auteur lui-même dans l'aperçu rapide qu'il en donne dans les Éléments d'esthétique, chap. II, *Origine de l'idée du Beau.*

fondamentale. Cette universalité de la formule a sa base dans son objectivité ; car de la même manière que les objets exprimés par elle embrassent tout le réel et tout le possible, sa construction intellectuelle doit contenir toutes les connaissances. Mais pour voir les rapports scientifiques de la formule, il faut suivre l'auteur dans sa doctrine des *deux cycles*, qui constitue le premier développement de la formule elle-même. La proposition *l'Être crée les existences* implique nécessairement une action et un but, c'est-à-dire la création et le but de l'action créatrice. Mais ce but n'étant point exprimé dans le premier énoncé de la formule, la réflexion, pour s'en rendre compte, est forcée à construire un second énoncé qui peut être exprimé dans ces termes : *Les existences retournent à l'Être*. Cette proposition indique le but final de la création, et le place dans l'Être même qui constitue son principe. Voilà les deux cycles que M. Gioberti appelle *créateurs*, et qui constituent le premier développement réfléchi de l'intuition idéale. Ces deux cycles expriment un double procédé divin, dont l'un suit une marche descendante en passant de l'Être à l'existence, et l'autre une marche ascendante en remontant de l'existence à l'Être. Mais ce procédé n'est pas le même dans les deux cas, et l'auteur montre en détail quelles sont les différences qui caractérisent les deux cycles. Nous nous contenterons ici d'indiquer les deux disparités les plus essentielles, dont l'une regarde le mode de l'action et l'autre la nature de l'agent. Le premier cycle consistant dans l'action créatrice, il doit être placé hors du temps, et dans l'immanence éternelle; car la durée successive, étant un effet de cet acte, ne peut point être une condition de l'acte lui-même. Au contraire, le second cycle est placé dans le temps, et c'est même son procédé successif qui constitue l'évolution de sa durée temporaire. Dans le premier cycle, l'acteur est l'Être seul; car la création substantielle est une œuvre essentiellement divine, et il répugne que son principe puisse avoir des coadjuteurs, puisque toute cause seconde suppose une création antérieure. Dans le second cycle, il en est autrement; car les existences étant des forces et des causes secondes, libres ou fatales, elles doivent agir (l'idée d'action étant inséparable de celle de force), et c'est en agissant qu'elles constituent ce développement successif et ce perfectionnement graduel qui forment le second cycle. Ainsi, l'action des causes secondes accompagne dans le second cycle l'action de la cause première; dans l'un l'Être agit tout seul, tandis que dans l'autre les existences travaillent avec lui au but final de la création. Il suit de ces prémisses que le procédé du premier cycle est tout simplement logique et divin, tandis que le procédé du second cycle est tout à la fois logique et chronologique, divin et humain, créé et incréé. En énonçant le second cycle par ces mots : *Les existences retournent à l'Être,* il faut se garder de les prendre dans un sens panthéistique ; car, loin que la formule idéale implique le panthéisme ou y conduise, elle offre, selon l'auteur, les seuls moyens pour le détruire dans ses bases, et en démontrer rigoureusement l'absurdité. En effet, le retour panthéistique des existences à l'Être dans le second cycle, implique l'unité de substance dans les deux extrêmes de la formule, et exclut par conséquent du premier cycle l'idée de création substantielle. Si l'on admet au contraire avec lui l'idée de création substantielle comme constitutive du premier cycle, il faut nécessairement conserver dans le second la dualité des deux termes, et exclure ce retour panthéistique qui considère les forces créées comme de simples phénomènes. Hors de cette condition, la création tout entière n'aurait qu'une valeur phénoménale, et la formule idéale n'exprimerait plus une réalité objective, mais une simple fiction de l'esprit humain. Le retour du second cycle, excluant l'assimilation substantielle des existences avec l'Être, ne peut exprimer que la direction des choses créées vers le but final de l'univers. Quel est-il ce but? C'est la plus grande perfection possible dans le genre donné de l'univers lui-même, c'est cet optimisme sage et modéré qui est le seul avoué par la saine philosophie. L'univers est perfectible, et c'est dans le mouvement de sa perfectibilité vers la perfection que consiste le second cycle. Cette perfection est un rapprochement de Dieu proportionné à la nature de la force créée, qui est douée de ce privilége. C'est dans la consécution de cet état parfait que réside le but final des choses créées ; c'est donc comme but que les existences envisagent l'Être lorsqu'elles marchent vers lui, et s'en rapprochent autant qu'il leur est possible. On voit par cette courte analyse que l'idée du but exclut dans le second cycle toute idée de panthéisme, comme la notion de cause créatrice élimine cette même erreur du premier cycle. Ainsi les idées de cause et de but, d'origine et de complément, de cosmogonie et de palingénésie, sont les deux pivots sur lesquels tourne la formule idéale dans son développement le plus générique et le plus élémentaire.

La doctrine des deux cycles occupe une place considérable dans le système de l'auteur, et lui sert de principe pour résoudre un grand nombre de questions historiques et philosophiques. Ne pouvant entrer, même rapidement, dans ces applications, je me borne à montrer les rapports de ce premier développement de la formule avec la texture générale de la science. L'auteur, en montrant les liens de la formule idéale avec l'encyclopédie, prouve deux choses, c'est-à-dire, 1º que la formule est le seul principe d'où puisse sortir un arbre encyclopédique véritable ; 2º qu'elle seule fournit tous les éléments scientifiques, c'est-à-dire les données, les principes, les méthodes et les buts des différentes sciences. M. Gioberti rejette, en passant, le cadre encyclopédique dessiné par Bacon et d'Alembert, en l'accusant d'être subjectif et arbitraire. Il est subjectif parce qu'il est fondé sur les facultés de l'instrument de la connaissance, c'est-à-dire de l'esprit humain, et non sur la nature des objets connus, c'est-à-dire de la réalité même qui fait le sujet de la science. Il est arbitraire, car la distinction des différentes facultés, sur laquelle repose l'arbre scientifique du chancelier d'Angleterre et de l'illustre géomètre français, n'est point fondée en nature et ne peut résister à une analyse sévère. En s'appuyant sur la formule et en envisageant seulement ses trois termes, on a donc de suite la grande division de la science en philosophie, mathématique et physique (en prenant ce dernier mot dans un sens très-large), qui répondent aux idées fondamentales d'*Être*, de *création* et d'*existences*, et embrassent la triple sphère des connaissances humaines, c'est-à-dire les idées pures et incommensurables, les idées mixtes et commensurables, et les faits. Les idées pures et incommensurables se réduisent toutes à celle de l'Être, dans ce sens qu'elles en sont produites par voie de connexion logique ou de création; les idées mixtes et commensurables sont celles de l'espace et du temps, c'est-à-dire de la quantité géométrique et arithmétique, qui, comme l'auteur le prouve avec une rigoureuse analyse, sont renfermées dans l'idée de création. Enfin, les faits, c'est-à-dire les phénomènes sensibles, appartiennent par leur contingence au dernier terme de la formule. Voilà la partition encyclopédique la plus générale ; mais comme presque toutes les sciences renferment des idées de toute espèce et des faits, il s'ensuit qu'on doit prendre pour principe de leur coordination l'élément qui prédomine. D'après ce point de vue, la philosophie, comme science mère et fondamentale, a le privilége d'embrasser les trois membres de la formule, tout en gardant le premier comme son partage spécial, et d'être à ce titre la science universelle. Ainsi, la science première, l'ontologie, et toutes les parties les plus élevées de la science rationnelle qui sont comprises ordinairement sous le nom de métaphysique, appartiennent au premier membre de la formule; la logique et la morale, au second membre; la cosmologie, la psychologie et les autres branches secondaires, au troisième. Les bornes de mon travail m'empêchent d'énumérer les raisons que l'auteur donne pour légitimer cette classification, qu'il n'a du reste qu'ébauchée, et où il est si concis et si serré qu'il est presque impossible de le résumer. J'ajouterai seulement que la théologie révélée obtient dans son plan une place fort illustre, et participe à la prérogative de la philosophie en embrassant les trois termes de la formule rationnelle. Mais il y a entre la théologie révélée et la philosophie cette différence essentielle que celle-ci est la science de *l'intelligible* et celle-là du *surintelligible*. Toutes les deux se fondent, en dernière analyse, sur la formule; mais la philosophie prend pour base la formule en tant qu'elle est un axiome et qu'elle jouit d'une évidence rationnelle, tandis que la théologie a pour fondement la formule en tant qu'elle est un mystère dont l'obscurité ne peut être dissipée ici-bas que par le demi-jour des analogies révélées. En quoi consiste-t-il cet élément surintelligible et mystérieux, qui s'étend sur les trois membres de la formule et qui constitue le côté obscur et caché des trois grandes notions idéales? Dans l'essence réelle des choses. L'auteur entre dans une longue analyse sur l'*essence*, à laquelle je dois aussi renoncer, mais qui me paraît avoir le double mérite de la profondeur et de l'originalité. Il peut paraître que d'après la ligne de démarcation tranchante qui sépare l'intelligible du surintelligible, la dualité de la philosophie et de la théologie révélée soit séparée par un abîme. Mais M. Gioberti démontre qu'outre l'unité de la formule qui leur est commune, elles sont associées ensemble par l'unité de la parole qui joue le rôle d'instrument vis-à-vis de la philosophie, et de source scientifique à l'égard de la théologie. C'est la parole qui sert de moyen au philosophe et de principe au théologien, et qui, en découvrant des analogies cachées entre l'intelligible et le surintelligible, ajoute de nouveaux liens aux deux sciences mères de la pensée et de la civilisation humaine.

Je passe à la seconde tâche de la formule idéale. Je viens de montrer comment elle fournit, par ses trois termes, les données de toutes les sciences, c'est-à-dire la matière idéale ou phénoménale sur laquelle elles travaillent. Quant aux principes, on les distingue en deux classes, savoir : en principes apodictiques et nécessaires, relatifs et contingents. Les seconds découlent de l'observation des existences associées à l'intuition des premiers principes. Ceux-ci sont mathématiques ou métaphysiques : les premiers jaillissent de la seule inspection des données mathématiques, les seconds dérivent des deux premiers membres de la formule. M. Gioberti prouve que la notion d'Être absolu est le fondement du principe d'identité et de celui de substance, comme l'idée de création est le fondement du principe de la raison suffisante et de celui de causalité. C'est ce qu'il démontre au moyen de l'analyse rigoureuse et complète à laquelle il se livre à ce sujet. Les méthodes se réduisent foncièrement à deux, c'est-à-dire à la méthode descendante, déductive, synthétique, et à la méthode ascendante, inductive, analytique. Or, ces deux procédés ont leur fondement dans les deux cycles, dont l'un descend de l'Être à l'existence et fait la base de la synthèse, et l'autre remonte de l'existence à l'Être et contient le fondement de l'analyse. Enfin, la doctrine des buts ressort tout entière du second cycle, qui joue le rôle téléologique dans la construction de la formule. On voit par ce court aperçu de quelle manière l'auteur considère sa formule idéale, comme encyclopédique et universelle, et croit que de son seul développement jaillit toute la science.

Je ne me suis arrêté sur aucune branche de la philosophie en particulier, parce que cela mènerait trop loin. Le livre dont je publie la traduction montre au lecteur l'application que M. Gioberti fait de ses principes à l'esthétique. Mais il y a une science qui occupe aujourd'hui les esprits beaucoup plus que les arts et la littérature. Je crois donc à propos de donner une courte indication des vues de l'auteur sur cette science spéciale.

Tout le monde, dit-il, parle aujourd'hui de politique, soit qu'on la connaisse par la lecture des feuilles périodiques ou de quelques brochures, soit qu'on y ait été initié par des études préalables sur la philosophie, la législation et l'histoire. Que cette science soit le produit d'une théorie économique ou sociale, enfantée un beau jour par J. J. Rousseau, Saint-Simon, Fourier, Owen, Lamennais, et que sais-je? ou qu'elle soit le résultat d'une connaissance variée et approfondie de l'état multiforme de la société, et le fruit de cette longue expérience qu'on n'acquiert que par la pratique des hommes et des affaires, ce sont là des choses dont la plupart des individus ne se soucient pas. On veut discuter et raisonner, tant bien que mal, sur la politique; c'est la maladie de l'époque dans laquelle nous vivons, et il faut conséquemment s'y résigner. Le principe protologique appliqué à la politique peut se traduire dans la formule suivante : *Le souverain crée le peuple*. Le mot *souverain* doit être ici considéré dans la signification que lui donnent les publicistes et qu'on doit étendre aux différentes formes de gouvernement qui varient de pays à pays, de peuple à peuple. Quelle que soit la forme du gouvernement, la souveraineté est toujours la même; elle jouit des mêmes priviléges et on doit lui appliquer les mêmes principes. Le psychologisme politique, issu des doctrines de Luther et de Descartes, formula le principe contraire et fit créer le souverain par le peuple. Les publicistes anglais et français, depuis Sidney et Locke jusqu'à nos jours, ne sont arrivés à cette conclusion que parce qu'ils ont renversé le procédé logique qui les aurait empêchés de faire créer le maître par les disciples. L'examen de tout ce qu'il y a de spécieux et d'erroné dans leur formule, qui contient la raison historique de toutes les guerres civiles et religieuses des trois derniers siècles, et enfanta cette métaphysique révolutionnaire qui domine dans le nôtre, porte l'auteur à nous manifester sa pensée tout entière. Elle consiste à rejeter formellement le principe de la souveraineté populaire tout en admettant et en appuyant les progrès accessoires et secondaires qu'ont faits les sciences morales et politiques. On n'affiche pas, dans cette théorie, la prétention ridicule de vouloir remanier de fond en comble l'Europe actuelle ou d'y introduire de nouvelles formes gouvernementales. Au contraire, on y voit une conformité parfaite avec les principes de légalité et d'ordre qui sont en vigueur, et que les hommes vertueux et clairvoyants cherchent partout à maintenir et à consolider. Je n'envisage ici cette théorie que sous le point de vue français. L'auteur pose en fait que ce n'est que par la marche régulière et pacifique de ses institutions, qui ne sont au fond que le développement de la pensée dorique et chrétienne dont on trouve le germe au moyen âge, que la France pourra conserver un rang honorable parmi les nations. Toute autre direction n'aurait que des chances très-défavorables et pourrait amener par la suite les plus grands désastres. La position continentale, les antécédents, les mœurs et les habitudes politiques de ce pays ne peuvent lui permettre de nouveaux essais sans compromettre préalablement les avantages réels dont il jouit, et sans frayer la route à de nouvelles commotions dont l'issue serait peut-être l'invasion et la conquête. L'auteur ne s'inquiète pas que son opinion puisse déplaire à certains esprits fascinés qui sont la cause et l'effet des crises sociales, et qui croient que le progrès et le bonheur sont toujours au bout de chaque nouveau cataclysme. Il a même la bonne foi de déclarer d'une manière tout à fait laconique qu'il n'écrit pas pour eux; car il ne trouve ni plus moral, ni plus rationnel de défendre en théorie ces mêmes maximes qu'il désapprouve et qu'il condamne lorsqu'elles se transportent à l'application et à la pratique par la voie des émeutes et des révolutions [1].

---

[1] L'auteur a résumé lui-même ses opinions politiques à l'égard de la France, dans sa *Lettre sur les doctrines philosophiques et politiques* de M. de LAMENNAIS.

Je signale à l'attention des publicistes ses observations sur l'origine de la société, sur le droit naturel et primitif, sur le gouvernement représentatif, sur la souveraineté relative et ministérielle, sur l'autonomie du pouvoir souverain et sur son inviolabilité, ainsi que les remarques sur les révolutions et les contre-révolutions, sur le pouvoir héréditaire, sur les institutions libres, et sur la nécessité de la monarchie pour les conserver en Europe. Je passe sous silence plusieurs autres questions de cette nature que l'auteur ne pouvait se dispenser de discuter ou d'indiquer; car je crois qu'il en est de la politique comme de l'économie publique, où l'on ne peut toucher à un problème un peu important de la science sans que tous les autres qui en dépendent se présentent tout de suite, et où l'on ne peut résoudre convenablement une thèse quelconque sans s'être rendu maître de la science entière. Un auteur célèbre, dont l'ouvrage a été un événement pour ceux qui cultivent l'étude des matières pénales qu'il a traitées, nous dit pourtant quelque part que les livres ne sont plus aujourd'hui un événement. La chose étant ainsi, il est inutile de rechercher quelle serait la portée d'un livre dans des circonstances données. Il est cependant un petit nombre de lecteurs pour lesquels un ouvrage consciencieux sera toujours un événement; je veux dire ceux qui aiment à remonter aux origines en toute chose pour y puiser les principes spéculatifs et théoriques des sciences qu'ils cultivent. Le travail de M. Gioberti peut rentrer dans le cadre de ces élaborations savantes et profondes qu'on fait en Allemagne sur les différentes branches du droit philosophique, et où l'on suit ses évolutions historiques et scientifiques d'après l'impulsion et l'exemple de l'illustre Savigny. Suivant les vues de l'auteur, on pourrait résoudre en principe quelques problèmes fondamentaux du droit public, et essayer une conciliation entre plusieurs de ces opinions divergentes qu'on voit plus ou moins entachées de panthéisme. Comme il est rare qu'un ouvrage fortement pensé n'en fasse pas éclore tôt ou tard d'autres, on peut prévoir que le même sort est réservé au publiciste italien. Ainsi le jour où l'on viendra chercher dans son livre les principaux éléments du droit politique, on n'aura pas grand'peine à les extraire, et l'on trouvera que par l'étendue et les développements dont ils sont susceptibles, on peut facilement les rattacher aux meilleurs ouvrages que nous connaissons déjà sur la matière et les compléter. Tout Français qui remplirait cette tâche rendrait un double service à la science, et conséquemment aux doctrines d'ordre, qui seront toujours le résultat des études larges, sérieuses et approfondies.

Le lecteur voudra bien me pardonner si, pour lui décrire l'impression que j'ai éprouvée à la lecture des ouvrages de M. Gioberti, je dois recourir à une comparaison. Ce procédé a des avantages incontestables, à la condition toutefois qu'on n'oublie pas ce que nous a dit

Aristote à ce propos. Dans le cas actuel il est légitime et presque indispensable, puisqu'il s'agit de parler de deux auteurs qui ne désirent être jugés que par l'impression générale que peuvent produire leurs écrits, et non par telle ou telle raison séparée, mais par la masse et l'ensemble des raisons. Je dirai donc que *l'Introduction à l'étude de la philosophie* peut être comparée à *la Démocratie en Amérique*; et si les analyses profondes et judicieuses de M. Tocqueville nous font ressouvenir de Montesquieu, les vues élevées et synthétiques de M. Gioberti nous reportent à J. B. Vico. Le professeur napolitain ne rencontra de son vivant que découragement et mépris ; et peu s'en est fallu que son nom à jamais célèbre ne restât ignoré sous la dalle solitaire qui avait couvert les restes du philosophe méconnu. L'*Esprit des lois* fut livré à des attaques violentes dès son apparition ; mais plus tard justice fut rendue à l'écrivain, sauf à lui garder quelque rancune légitime pour ses *Lettres persanes*. Les deux auteurs vivants, plus heureux que leurs devanciers, se trouvent placés dès leur début parmi les penseurs éminents de l'époque, et, écrivant dans un siècle où l'on sait mieux apprécier chaque opinion profonde et sincère, voient leur nom respecté même de la part de ceux qui ne partagent pas entièrement leurs convictions. Le publiciste français étudie en détail l'influence que l'égalité des conditions exerce sur les institutions, les lois, les mœurs et la vie sociale des Américains. Le philosophe italien examine à grands traits la direction qu'a imprimée à l'Europe ce que M. de Lamennais appelle « le dogme impérissable de la souveraineté du peuple. » Le voyageur français va étudier son sujet sur la plage américaine, mais on voit que son regard se porte de temps à autre sur la France. Le professeur bruxellois déclare n'écrire que pour son pays natal ; mais on s'aperçoit que sa pensée s'arrête très-souvent d'un côté des Alpes avant de les franchir et de se tourner de l'autre côté. Par ce moyen, l'ancien membre du barreau français en poursuivant un fait, et l'ancien membre de l'université de Turin en remontant à un principe, me paraissent se rapprocher sur beaucoup de points et se tendre la main à plusieurs égards. La plume des deux écrivains est empreinte d'une sorte de terreur religieuse et inspirée par une société qui est en état de transition. En lisant leurs ouvrages, on voit que si d'un côté ils ne croient pas au retour possible d'un état de choses qui n'appartient désormais plus qu'à l'histoire, ils ne peuvent pas non plus, de l'autre, s'abandonner aux espérances décevantes qui sont le partage des factions. C'est pourquoi ils s'adressent avec confiance aux opinions qui débordent ; et c'est par le calme et l'expérience qu'ils viennent parler sagesse et modération. Les deux auteurs aiment le progrès dont ils acceptent les bienfaits et les conséquences, mais ils ne cherchent pas non plus à cacher tous les inconvénients qu'il entraîne avec lui, et n'osent soulever le voile dont la Providence se plaît à couvrir les destinées des nations. La conclusion de la première partie de l'ouvrage de M. Tocqueville *sur la Démocratie*[1], et la dernière lettre sur les *Erreurs philosophiques d'Antoine Rosmini*[2], sont de nature à troubler ces beaux rêves sur la perfectibilité indéfinie de l'espèce humaine pour ramener l'esprit à des méditations qu'on ne fait pas tous les jours. M. Tocqueville nous fait voir l'influence salutaire du principe chrétien sur l'état politique et sur l'avenir des États-Unis, où il signale les avantages du catholicisme dont il constate les progrès et prévoit les conquêtes (A)[3]. M. Gioberti nous prouve que le principe catholique est la source véritable de la civilisation, et il appelle les amis du progrès à le favoriser de tous leurs efforts pour préserver les peuples d'une seconde barbarie. Il me serait facile de pousser plus loin cette comparaison, mais je m'en abstiens à dessein, parce que je veux laisser au lecteur le soin de la rectifier et de juger par lui-même jusqu'à quel point ces deux hommes distingués, tout en traitant des sujets différents, peuvent être rapprochés l'un de l'autre. On a dit que la lecture de l'ouvrage de M. Tocqueville n'était pas une distraction, mais une étude. On a ajouté que son livre n'était pas un livre de parti, et que ceux qui viendraient y chercher des armes pour combattre y trouveraient

---

[1] *De la Démocratie en Amérique*, tome II, page 490. Bruxelles, 1855.

[2] *Errori filosofici di Antonio Rosmini*, page 471. Bruxelles, 1841.

[3] Voyez la note A à la fin.

des arguments pour la réflexion [1]. Je crois pouvoir avancer, sans crainte d'erreur, qu'on peut porter le même jugement sur les ouvrages de M. Gioberti. M. Rossi venant ajouter son suffrage à celui du public pour sanctionner la réputation que *la Démocratie en Amérique* a acquise à son auteur, lui adresse quelques observations empruntées à la science économique, et relatives à l'assiette de la propriété en France. Je crois que ces mêmes remarques peuvent s'étendre jusqu'à un certain point au livre philosophique de M. Gioberti. Que si on voulait voir dans celui-ci le même esprit systématique qu'on a remarqué dans l'auteur de la monographie dont je parle, je n'aurais qu'à répéter ici les paroles elles-mêmes de M. Rossi qui sont à mes yeux le meilleur des éloges : « On ne se livre pas, dit-il, sans s'en être fortement préoccupé, à l'étude exclusive d'un principe, à l'investigation minutieuse de toutes ses influences et de tous ses effets. Pour qu'un esprit éminent consacre pendant longtemps ses veilles et ses travaux à l'observation des mêmes phénomènes, à l'étude de la même cause, il faut qu'une intuition puissante, qu'une sorte de foi le lui commande. C'est ainsi que naissent les systèmes, Dieu merci ! car c'est au fond des systèmes qu'est la science. C'est aux systèmes que nous devons le progrès. Que serions-nous sans systèmes ? Les esprits

---

[1] Voyez le *Journal général de l'instruction publique*, 1835-1836; ainsi que la *Revue des Deux Mondes*, 1840.

systématiques, je parle de ceux qui le sont par nature, et non par imitation et servilité de disciples, ne pèchent que par excès. C'est le péché de la force. Aussi les hommes de génie n'y ont jamais échappé. Tout ramener au principe dont on est en quelque sorte le révélateur et l'apôtre ; apercevoir partout les traces de son influence, en agrandir les effets, atténuer ou méconnaître l'efficacité des causes concomitantes, ce sont là les tentatives dont l'esprit humain, dans l'ardeur de ses conquêtes, se défend avec peine [1]. »

M. Gioberti aurait dû, ce me semble, étendre sa formule idéale aux autres sciences politico-légales, telles, par exemple, que la législation et le droit pénal en particulier. On est en droit d'exiger qu'un compatriote de Gravina, de Filangieri, de Mario Pagano, de Beccaria, de Rossi, apporte le contingent de ses réflexions sur ces graves et importantes matières. Il aurait pu nous dire aussi un mot sur cette science qui a valu à ceux qui s'en occupent ses noms étranges de chrysologues, de divitiaires, de chrématisticiens. Il me paraît qu'on pourrait renfermer ses deux parties de la *production* et de la *distribution* de la richesse, c'est-à-dire ses éléments subjectifs et objectifs, dans une classification cyclique analogue à celle que l'auteur a appliquée à la cosmologie, et qu'on pourrait l'approprier aux sciences mixtes d'après des vues qui

---

[1] *Revue des Deux Mondes*, 15 septembre 1840.

me mèneraient trop loin si je voulais les indiquer. Je ne parle pas de la *consommation*, car elle rentre directement dans les deux autres branches à certains égards, où elle appartient à l'hygiène et à la morale [1]. J'essayerai peut-être dans un autre travail d'embrasser selon ce système les deux grandes phases du mouvement économique ; et tout en laissant à la science son allure naturelle et expérimentale, je tâcherai de suppléer en partie au silence de l'auteur.

Les limites que je me suis imposées m'empêchent de suivre M. Gioberti dans tous les détails où il entre pour prouver comment sa formule rationnelle, après avoir fourni la généalogie de toutes les sciences, se développe davantage et acquiert un nouveau degré de certitude lorsqu'on la rapproche de l'histoire. C'est à travers les croyances, les opinions et les révolutions de tous les âges qu'il nous montre sa *conservation* chez le peuple élu, tandis que les aberrations et les spéculations aventureuses des autres nations déroulent devant nos yeux les causes de son *altération*. L'énumération des religions et des systèmes philosophiques de l'antiquité, jusqu'à nos jours, donne à cet ouvrage un caractère tout à fait particulier, et s'appuie sur des matériaux qui seront bien précieux lorsqu'on se mettra à refaire l'histoire de la science.

---

[1] Rossi, *Cours d'Économie politique*, tome I. Paris, 1840.

Ce livre de longue haleine se termine par un aperçu très-étendu où les rapports directs de la formule idéale avec la religion révélée sont mis en relief. C'est surtout ici, comme j'ai déjà eu occasion de le faire observer, que l'auteur fournit aux théologiens des arguments *à priori* et nouveaux pour confirmer leurs doctrines, et qu'il fait intervenir la science avec tout le cortége de ses découvertes pour mieux assurer la vérité des dogmes. Pour arriver plus promptement à son but, il s'adresse au clergé, et lui inculque d'associer, à la pureté des mœurs qui le distingue, le savoir et les lumières qui furent en tout temps un des priviléges des corps hiératiques. L'empressement avec lequel le clergé italien répondit à ce noble appel nous donne la mesure de son zèle éclairé et de sa haute instruction. Ce résultat n'était pas difficile à prévoir. Tout le monde sait que le catholicisme est aujourd'hui en progrès, et que sa marche en Europe est ascendante. Le langage de la presse depuis les Pyrénées jusqu'au Rhin (B) [1], le travail intellectuel qui remue l'Allemagne, la tendance de l'école d'Oxford en Angleterre, sans parler de l'Irlande et de l'autre bord de l'Atlantique, le prouvent sans réplique. L'occasion était trop belle pour que le clergé oubliât de la saisir; car sa mission s'exerce dans un pays où l'on croit encore, quoique le nombre en soit beaucoup plus petit que dans une autre péninsule de l'Eu-

---

[1] Voyez la note B à la fin.

rope méridionale, que c'est travailler dans le sens du progrès que de faire une opposition systématique au principe religieux. D'ailleurs comme les bonnes causes n'ont pas toujours des défenseurs habiles, on est bien aise lorsque quelqu'un d'entre eux se présente, et l'on n'est que mieux disposé à recevoir l'athlète qui descend dans l'arène.

La preuve historique de la formule idéale, sa conservation par l'entremise de la hiérarchie ecclésiastique, le catholicisme, le pape et le rôle qu'ils doivent jouer dans l'avenir des peuples, voilà autant de questions qui brillent d'une lumière nouvelle dans les belles pages du philosophe italien. Le fait du siége pontifical en Italie a paru à M. Gioberti mériter une considération toute particulière, et il n'a pas reculé devant cette tâche. Nous savons ce que le Secrétaire Florentin et son école ont pensé à ce propos, et nous n'ignorons pas non plus les dernières opinions que de Maistre, Bonald et autres ont manifestées sur le pontificat. L'auteur, qui sait si bien reproduire le style grave et sentencieux de Machiavel toutes les fois qu'il le veut, n'a cependant pas été entraîné par son autorité à l'égard du sujet qui nous occupe. Il ne faut pas trop s'en étonner; car on sait que celui-ci étudia la religion sur les grands maîtres en politique de la Grèce et de Rome ancienne, et la papauté par quelques malheureuses anomalies qu'il avait sous les yeux. Ceci nous dit assez que le terrain sur lequel il s'était placé n'était certes pas le meilleur pour juger de toute la portée de l'élément chrétien et du levier catholique. Le problème était à mon avis plus difficile à l'égard des doctrines qui ont trait au pontificat lui-même ; car lorsqu'on aime à se tenir dans les bornes d'une orthodoxie rigoureuse, il faut savoir distinguer avec soin, dans ces matières, ce qui est positif et défini de ce qui n'est qu'une opinion plus ou moins controversée. Et même ici, il faut tâcher d'éviter ces discussions rebattues, et s'abstenir de rallumer ces vieilles guerres qui n'auraient aujourd'hui d'autre résultat que de diviser les esprits au lieu de les concilier et de les fortifier. Le savoir théologique de l'écrivain l'a préservé de tous ces écueils, et il a pu défendre les vrais principes sans tomber dans les exagérations des derniers auteurs que je viens de nommer [1]. Le siége papal dans la péninsule italique peut aussi être envisagé comme une affaire intérieure, et qui intéresse au plus haut degré l'honneur et la dignité nationale. Si l'on présente la question sous cette face, ce n'est certes pas aux étrangers qu'il faut se donner beaucoup de peine pour en démontrer toute la portée ; car ceux-ci connaissent par expérience tout ce qu'il y a d'imposant à leurs yeux

---

[1] M. GIOBERTI a déjà apprécié le mérite de ces écrivains, et examiné le fond de leurs doctrines théologiques, dans la *Teorica del sovrannaturale, ossia Discorso sulle convenienze della religione rivelata colla mente umana, e col progresso civile delle nazioni.* Bruxelles, 1838, page 250.

dans le pays où se trouve le foyer de l'unité la plus forte, et de l'organisation la plus puissante qui existe au monde, même en n'y regardant que du point de vue secondaire et politique. Aussi l'auteur a-t-il traité ce sujet dans le but, dit-il, de dessiller les yeux à ceux qu'il appelle les Gibelins modernes. Il n'aurait pu faire autrement. La logique l'y amenait ; car le pontificat romain et l'Italie sont pour ainsi dire la clef de voûte de son système.

Ce n'est pas à moi qu'il appartient d'examiner si l'opinion que M. Gioberti a émise sur l'état actuel de l'instruction ecclésiastique en France est exacte, et si elle est conforme à ce qui a déjà été dit par ceux-là mêmes qui sont en position de l'apprécier directement. Si l'auteur est dans le vrai, il n'y aura rien de mieux à faire que de prêter un moment d'attention à des conseils qui ne peuvent aboutir qu'à des résultats satisfaisants. Ce sera par ce moyen que le clergé français pourra répondre aux reproches qu'on dirige contre lui de temps à autre, et qui furent résumés, il y a peu d'années, dans quelques pages éloquentes, par un économiste français [1]. Ces reproches sont graves, parce qu'ils viennent de la part d'un homme sérieux, et qu'on ne pourrait pas accuser d'être hostile au christianisme dont il fait

---

[1] *Histoire de l'Économie politique*, par M. BLANQUI, membre de l'Institut, tome I. Paris, 1857, chap. IX, page 110 et suiv.

un des meilleurs éloges dans son livre (C)[1]. Au fait il n'est pas étonnant que le clergé français, harcelé de cent manières et attaqué de front et en flanc par les orages successifs qui passèrent sur sa tête, ait fini par perdre cette supériorité scientifique dont il a laissé des traces immortelles dans la littérature nationale. Ce clergé, si recommandable par ses vertus et ses mœurs, sait sans doute que les grands théologiens de la Sorbonne et de Port-Royal ont disparu, et qu'il faudrait les remplacer. Il sait aussi que la polémique n'est plus aujourd'hui la même, et que c'est aux attaques qui viennent des chaires et des universités du Nord qu'il faut répondre. Dans une circonstance comme celle-ci, où l'on a devant les yeux les encouragements et l'exemple de MM. Wiseman et Gioberti, sans parler des autres, il est juste d'espérer que les compatriotes de Bossuet ne resteront pas trop longtemps dans le silence. Comme en matière de religion la question du principe doit l'emporter sur celle de la nationalité, on peut suivre à cet égard, sans aucun inconvénient pour le pays, l'impulsion généreuse qui se manifeste à l'étranger.

J'ai parlé à dessein du principe de nationalité, afin que le lecteur soit à même de juger sous son jour véritable quelques opinions de M. Gioberti à ce propos, et afin qu'une question accessoire et secondaire ne soit pas con-

---

[1] Voyez la note C à la fin.

sidérée comme le thème principal et le point de mire direct et immédiat qu'il s'est proposé. Le coup d'œil général qu'il a donné sur l'état actuel de la philosophie en Europe devait sans doute s'arrêter d'une manière spéciale sur l'Italie. L'idée d'y rétablir son ancienne école, de réveiller les souvenirs de Vico et de ranimer le génie inventif des Italiens, était trop séduisante pour qu'il oubliât de s'en préoccuper. En présence d'une pareille entreprise, il était naturel qu'il se demandât quelle marche il fallait suivre, quelles étaient les questions préjudicielles à résoudre, quels étaient enfin les obstacles réels qu'on devait détruire ou écarter. Personne n'ignore que, parmi les obstacles de cette nature, l'influence et l'imitation des étrangers sont à coup sûr des plus graves et des plus compliqués. La division de la grande famille humaine en plusieurs associations politiques qu'on appelle nations, implique un caractère spécial à chacune d'elles, et un génie tout à fait propre et individuel. La langue, la littérature, en prenant ce mot dans sa plus large acception, les lois et les mœurs qui résument l'élément national, lui donnent en même temps ce cachet qui le sépare de tous les autres du même genre, et qui, en ajoutant à sa force, assure sa durée. Ceci est tellement vrai que lorsqu'on a voulu se rendre utile à ses concitoyens, c'est toujours dans cet élément qu'on est venu chercher ses inspirations, et l'on n'a pu obtenir de succès qu'autant qu'elles étaient conformes de tout point au goût, aux besoins, aux traditions et aux tendances naturelles du pays. L'imitation étrangère est sans doute très-louable et très-utile à certains égards, mais on ne peut jamais l'étendre sans danger à ce qui touche ce principe vital qui constitue la personnalité morale d'un peuple. Aussi nous voyons que tous les écrivains de quelque valeur ont constamment protesté contre l'influence et l'imitation étrangère, toutes les fois qu'elle pouvait porter atteinte à l'autonomie intellectuelle ou à la dignité politique de leur patrie. Certes le Dante, Machiavel, Alfieri, Botta n'auraient jamais obtenu une réputation européenne s'ils n'avaient pas puisé leurs pensées aux sources indigènes, en cherchant avant tout à dégager l'élément national de tout mélange hétérogène. La patrie est un temple dans lequel chaque auteur doit inscrire son nom, et ce n'est qu'à la condition de l'y avoir gravé en caractères ineffaçables qu'il peut devenir cosmopolite. Le cosmopolitisme dont on parle si souvent de nos jours serait un non-sens et une contradiction, s'il manquait d'un point de départ et d'un point d'appui. Je ne saurais les placer ailleurs pour mon compte que dans ce sentiment national qui nous suit partout, et qui fait que nous sommes heureux d'entendre en mourant les mêmes accents qui ont réjoui notre berceau. Si je considère ce sentiment chez le peuple helvétique, je le vois s'exprimer avec toute la poésie que respirent ses beaux lacs, ses cascades et ses rochers. Si je l'examine chez la nation française, je l'y vois revêtir les formes augustes d'une religion, les attraits et les charmes d'un culte majestueux. C'est la force de ce sentiment qui fait la grandeur d'une île placée au milieu de l'Océan. Cette force, qui accompagne ses habitants sur toutes les routes maritimes que le génie d'Albion va parcourir, a fini par faire triompher le pavillon national sur les points les plus importants du globe. Et ce sera sous l'impulsion de ce sentiment éclairé que nous verrons le canon britannique donner l'éveil à la civilisation chrétienne en Chine, quoiqu'on y ait débuté par la question mercantile d'un narcotique. Byron, qui dans ses moments d'humeur exhalait sa bile contre la patrie lointaine, avouait cependant qu'il est bien doux et bien satisfaisant d'entendre son propre éloge prononcé dans la langue maternelle.

En s'inspirant, lui aussi, à ce sentiment national, et envisageant la question d'obstacle, M. Gioberti est venu réclamer à son tour l'indépendance intellectuelle de son pays. A cet effet il a protesté contre l'influence de la philosophie française en Italie, et il a déployé pour la combattre cette même vigueur qu'a montrée l'esprit gallican dans sa lutte contre l'ultramontanisme. En supposant pour un moment que cette philosophie soit mauvaise ou insuffisante, il faudrait dire qu'il a rendu un service aux deux pays. Il y a plus, l'auteur a réfuté les doctrines philosophiques françaises comme hétérodoxes, et conséquemment contraires au principe catholique dont il s'est porté défenseur. Or, il n'y a personne qui puisse contester sérieusement que l'influence française sur le midi de l'Europe ne soit due en grande partie à l'identité des croyances et du culte religieux [1]. Si la chose est ainsi, comme je le crois, il faut conclure que le service n'en est que plus réel et plus éclatant. Mais est-il bien vrai que la philosophie française ait effectivement le caractère que l'auteur lui assigne? Ce problème attend sa solution nette et péremptoire de ces discussions calmes et sévères que le temps seul peut amener. Peut-on établir d'une manière positive et solide qu'il y ait entre le génie italo-grec et le génie celtique cette différence si profonde et si tranchée qu'il y a entre celui-ci et le génie teutonique? Belles et profondes questions qui intéressent également tous ces peuples, et que chacun d'eux est porté presque instinctivement à résoudre en sa faveur pour en déduire ensuite sa prééminence et sa supériorité. Ainsi, ce ne sera sans doute pas en France qu'on fera un grief à l'auteur italien d'avoir résolu le problème à l'avantage de sa patrie, et d'en avoir constaté le caractère éminemment synthétique. On lui dira cependant en France,

---

[1] « Il se trouve que l'influence française est partout associée au triom-
« phe de l'idée catholique; et j'ai la conviction profonde que si un
« funeste divorce s'établissait entre l'opinion publique et le principe
« catholique en France, la situation de notre pays en Europe en serait
« profondément atteinte. »
Paroles de M. de Carné dans la séance du 18 mai de la Chambre des Députés. Voyez *Moniteur Universel*, 19 mai 1842.

comme partout ailleurs, que l'amour de son pays est une très-belle chose, mais qu'il doit trouver des bornes là où il semble toucher à l'injustice envers les autres ; car on a très-beau jeu à faire de l'opposition philosophique à la France, lorsqu'on connaît ses richesses intellectuelles, qu'on a étudié ses grands modèles, et qu'on peut s'appuyer sur les travaux impérissables de ses savants, de ses érudits et de ses antiquaires. Quoi qu'il en soit, il est juste d'observer que l'ouvrage dont je parle est à la fois un livre de polémique et un système de réaction. Or, ce qui distingue les écrits de cette nature, c'est qu'il est bien rare qu'on s'y tienne dans de justes limites, et qu'on n'aille pas quelquefois plus loin que le but qu'on se propose d'atteindre. C'est ce qui arrive toutes les fois qu'un auteur sait traiter son sujet avec le talent et les ressources de la dialectique, et qu'il peut disposer à son gré d'une phrase toujours pure, souvent variée, et parfois pleine de grâce et d'élégance. Cette observation peut s'appliquer d'une manière spéciale aux remarques critiques que M. Gioberti a faites sur les ouvrages de MM. Cousin, Rosmini, Lamennais, ainsi qu'à quelques notes finales de son livre. Un style qui a quelques rapports de physionomie avec celui de Pascal et de Courier ne pouvait manquer de produire en Italie et ailleurs la même sensation que produisirent autrefois en France *les Provinciales* et les *Pamphlets littéraires et politiques*. Je croirais cependant manquer à mon devoir si je ne faisais ici à l'auteur la part de justice que lui-même a faite aux savants écrivains dont il a réfuté les systèmes. Le style âpre et railleur qui domine dans ses controverses ne porte que sur l'erreur, ou du moins sur ce qui est considéré comme tel d'après ses vues. Jamais sa parole ne va au delà de l'ouvrage qu'il réfute; elle ne cherche nullement à pénétrer la pensée intime de l'écrivain, qu'il considère constamment comme loyale et honnête; et elle s'arrête toujours devant les qualités individuelles et éminentes de l'homme public et du citoyen. C'est ici un de ces exemples de courage et de réserve dont il faut tenir compte dans une lutte engagée au nom du principe religieux, et dans laquelle Salvador et Strauss figurent à d'autres titres parmi le nombre des adversaires. Nous voyons avec le même plaisir que ce respect pour la loyauté et la bonne foi dans les intentions, l'auteur l'a aussi montré envers cet illustre poëte dont le système désespérant est tout entier dans les deux vers qui suivent :

« A noi presso la culla
« Immoto siede e sulla tomba il nulla. »

Malgré la ligne de démarcation qui le sépare dans les principes, M. Gioberti n'a pas cru faire défaut à ses convictions catholiques en consacrant quelques pages affectueuses et touchantes à la mémoire de son ami Léopardi[1]. Cette manière d'envisager les hommes et leurs

[1] Ce poëte et prosateur remarquable est mort en Italie en 1837.

opinions est digne de l'écrivain qui se propose de faire ressortir, du choc libre et impartial des doctrines les plus contradictoires, la vérité et le triomphe du principe religieux.

Le point de vue sous lequel l'auteur envisage les sciences philosophiques et la nécessité de la méthode ontologique pour les ranimer le porte à émettre quelques propositions qui peuvent frapper plus d'un lecteur. Telles sont, par exemple, celles où il dit que la philosophie est aujourd'hui éteinte dans certains endroits, expirante dans d'autres, et que ce que nous appelons encore de ce nom n'est guère que le râle d'un mourant ou le mouvement d'un cadavre excité par l'action du galvanisme. Il en est de même de quelques-unes de ses opinions sur le progrès considéré à certains égards, contre lequel il proteste hautement en concluant qu'il faut ramener les choses vers leurs principes.

Il y a évidemment ici cet esprit et cette tendance à la généralisation qui enfante et caractérise tous les systèmes. Est-ce à dire que M. Gioberti a lancé un anathème général contre les travaux philosophiques des modernes? Croira-t-on qu'il ne les a pas appréciés dans toute leur valeur scientifique, ou qu'il a voulu méconnaître leur mérite réel et leur portée? Il suffit d'ouvrir ses ouvrages pour se convaincre du contraire. Ajoutera-t-on qu'il y a ici ces phrases sonores et ces images sombres dont on se plaît à colorer toutes les doctrines qui s'éloignent d'un principe que l'on a fixé et arrêté d'avance? On ne peut pas porter un jugement semblable sur un livre plein d'élan et de réserve tout à la fois. Il n'est pas ici question, Dieu merci! de ces esprits chagrins et frondeurs qui ont la prétention de porter un défi à leur siècle, ou qui veulent tout niveler avec une équerre qui n'existe que dans leurs imaginations creuses et malades. Le bon sens de l'humanité suffit pour faire justice de ces utopies, car elles sont comme ces météores lumineux qui n'ont pas sitôt paru qu'on ne les voit déjà plus. J'avoue que si M. Gioberti avait publié son livre au commencement de ce siècle, on aurait donné la même importance à ses recherches ontologiques qu'à celles de certains moines qui s'occupaient de la lumière du Thabor lorsque l'ennemi frappait aux portes de Byzance. Plus tard on les aurait appelées un rêve théocratique, et ce nom, qui en vaut bien un autre faute de mieux, aurait suffi pour faire condamner l'ouvrage le plus grave à un oubli perpétuel. Aujourd'hui que beaucoup de mots sont usés, et que l'on a appris à juger les choses par leur fond, et non par des propositions incidentes ou détachées, on sait aussi distinguer entre les cris et les alarmes des esprits audacieux ou timides, et les protestations hardies et solennelles des hommes sérieux et compétents. Les propositions que je viens de signaler se rapportent à la partie la plus élevée de la philosophie. C'est à celle-ci que l'auteur engage de venir en aide, si nous voulons préserver les sciences morales de la décadence complète qui les menace. Le principe vers lequel il cherche à nous faire retourner n'est au fond que le principe lui-même auquel nous devons notre civilisation. L'élévation du but doit ici nous guider pour juger de la vigueur de son style et de sa polémique. Les lecteurs auxquels il s'adresse savent du reste que la sentence, que *de temps à autre il faut ramener les choses vers leurs principes*, a été formulée par Machiavel, qui est allé la puiser lui-même à des sources qui nous sont connues. Or, si l'on peut démontrer qu'il y a entre la parole, la pensée et l'action, des liens plus intimes et plus directs qu'on ne le croit généralement, on peut aussi inculquer aux philosophes une maxime dont on reconnaît toute l'utilité à l'égard des sociétés politiques.

S'il m'était permis d'anticiper sur quelques objections qu'on pourra faire au système de M. Gioberti, je dirais qu'elles me paraissent devoir porter sur ses conséquences logiques[1] et pratiques beaucoup plus que sur son principe abstrait et spéculatif. Un exemple expliquera mieux ma pensée. Lorsque Malthus publia son *Essai*, on ne s'inquiéta pas beaucoup de savoir si entre la population et les moyens de subsistance il y avait cette progression géométrique et arithmétique dont il avait parlé dans son ouvrage. Ce qui effraya le

---

[1] Voyez la note D à la fin.

monde, ce furent ses recherches sur les obstacles préventifs et répressifs, et sur les conséquences qui devaient en résulter pour la conduite des peuples et des gouvernements. C'est alors qu'on alla jusqu'à lui dire qu'il voulait faire l'éloge de la peste, de la guerre et de la famine. Maintenant que nous pouvons parler de *contrainte morale* sans nous croire en opposition avec les lois d'un ordre supérieur, et sans craindre que l'on nous accuse de manquer de cœur ou d'entrailles, nous pouvons aussi dire que la théorie de Malthus n'est au fond qu'un appel vers les principes; de même que nous pouvons le placer parmi les bienfaiteurs de l'humanité, à l'égal de Jenner et de Wilberforce, chacun selon ses vues. L'économiste anglais avait été témoin de toutes les clameurs que ses doctrines mal comprises ou dénaturées avaient produites. Malgré ce sang-froid qui caractérise tous les hommes supérieurs, n'ayant pu conjurer l'orage qui ne devait s'apaiser que sur sa tombe, il s'exprimait ainsi dans ses vieux jours : « Il est probable, disait-il, qu'ayant trouvé l'arc trop courbé d'un côté, j'ai été porté à le trop courber de l'autre dans la vue de le rendre droit; mais je serais toujours disposé à faire disparaître de mon ouvrage ce qui sera considéré par des juges compétents comme ayant une tendance à empêcher l'arc de se redresser et à faire obstacle aux progrès de la vérité[1]. » L'histoire et les écrits des publicistes nous di-

---

[1] Voy. BLANQUI, *Histoire de l'économie politique*, t. II.

sent de quel côté était courbé l'arc de la population à l'époque où Malthus manifesta son opinion. La même chose nous paraît devoir arriver à M. Gioberti. Ce sera, si je puis m'exprimer ainsi, cette espèce de contrainte intellectuelle à laquelle il faut s'assujettir pour brusquer les habitudes cartésiennes, qui formera peut-être le plus grand obstacle à l'adoption de ses doctrines. On pourra ne pas lui contester la vérité de la formule idéale abstractivement considérée, mais on s'arrêtera aux déductions logiques qui ont trait à la méthode, ainsi qu'aux conséquences qui doivent en résulter d'après son application aux sciences philosophiques. Quoi qu'il en soit, lorsque les juges compétents viendront examiner son ouvrage, nous verrons s'il tiendra le même langage que Malthus a tenu, ou s'il ajoutera de nouveaux arguments pour appuyer ses doctrines. Comme M. Gioberti nous indique dans ses livres plusieurs points importants sur lesquels il se propose de revenir et qu'il doit développer par la suite, nous nous bornons à désirer qu'il continue ses importantes recherches et ses savantes publications. Mais ce qui résulte des écrits que nous avons sous les yeux, c'est que l'auteur s'est proposé de courber l'arc italien vers le réalisme du moyen âge, Vico et la patrie, et qu'il a essayé de courber l'arc français vers Malebranche et le pays. Et, comme l'Italie est trop courbée vers la France, de même que celle-ci l'est trop vers l'Allemagne, M. Gioberti a dû remonter à la cause qui a courbé l'arc intellectuel allemand et européen vers le psychologisme, pour entreprendre ensuite de le plier vers l'ontologisme dans la vue de le rendre droit. Tel est le caractère général de l'*Introduction à l'étude de la philosophie*, tel est le sens dans lequel je considère ce livre comme national et cosmopolite tout à la fois.

Pour se tenir constamment à la hauteur de son sujet, et ne jamais fléchir sous le poids énorme qu'il s'est imposé, il fallait que l'auteur possédât des qualités qu'il serait inutile d'énumérer en détail, mais que l'on trouve bien difficilement réunies dans un seul et même individu. Quoique les prétentions encyclopédiques soient de nos jours aussi absurdes que ridicules, il y a cependant des conditions indispensables qu'il faut pouvoir remplir si l'on ne veut pas se condamner à des efforts inutiles ou passagers. Il faut, par exemple, connaître avant tout son siècle pour n'appuyer et encourager que ce qui est grand et généreux, pour flétrir et réprouver tout ce qui est mensonge et déception. Il faut pouvoir s'adresser directement aux auteurs et à leurs lecteurs, et tenir ensuite un langage qui soit digne des uns et des autres. Pour cet objet il faut posséder un vaste fond d'érudition, et être à même de discuter la valeur scientifique de la source où l'on est allé la chercher. Il faut l'habileté et le tact des écrivains sculpteurs qui commandent l'attention, frappent l'imagination et parlent à la raison sans chercher à l'égarer par un style ampoulé et ronflant, ou par des phrases ingénieuses et détournées. Si, pour abattre des doctrines qu'on croit funestes, on est quelquefois forcé d'avoir recours à l'épigramme et à l'ironie, il faut ce sentiment de justice qui sait en atténuer l'âpreté et l'amertume à l'égard de ceux qui les professent. S'il est permis de poursuivre l'erreur avec une logique imperturbable, il faut respecter en même temps la bonne foi de ceux que l'on considère comme égarés, parce que nul homme ne jouit du privilége de l'infaillibilité. Il faut en un mot avoir ce génie qui prend le catéchisme des enfants et en fait un nouveau code scientifique pour l'offrir aux philosophes, qui transforme sa plume en un pinceau animé pour saisir et incarner l'*idée esthétique* à la lueur du Tétragramme mystérieux, et qui vient nous charmer comme une harpe éolienne lorsqu'il en considère la manifestation dans la beauté, la poésie et l'harmonie de la création. Bref, il faut avoir la foi de Bossuet et l'âme humble et compatissante du vertueux Fénélon; il faut embrasser ouvertement la noble cause du catholicisme et s'abandonner ensuite à ses sublimes inspirations. Lorsqu'on possède toutes ces qualités, on peut donner son avis sur la science, on peut manifester des opinions, écrire des livres, formuler des systèmes et fonder des écoles [1]. Je félicite M. Gioberti d'avoir préféré le rôle moins bruyant, quoique beaucoup plus difficile, de restaurateur. Si ce titre est moins propre à flatter l'ambition et à donner

---

[1] Voyez la note E à la fin.

ces triomphes qui éblouissent la foule pour mourir après quelques éclats éphémères, il a l'avantage de relever du principe et de la durée de la cause elle-même qu'on vient appuyer. Le meilleur vœu que je puisse faire pour mon compatriote, c'est qu'il rencontre des opposants et des disciples qui combattent ou embrassent ses doctrines pour le plus grand avantage de la vérité et de la science, et non dans l'intérêt étroit et borné des passions et des partis. De même je désire aux différents pays dont il a combattu les systèmes philosophiques, qu'ils n'aient jamais d'autres guerres que celles qu'on fait au nom de l'intelligence, ni d'autres armées permanentes et d'autres champs de bataille que les philosophes et leurs livres. Les victoires et les conquêtes qu'on se propose d'obtenir par ce moyen ne coûtent ni les larmes ni le sang des peuples. Elles ne servent qu'à donner un nouvel essor au génie individuel de chaque pays, pour en faire mieux ressortir le caractère spécial et la physionomie. Elles finissent toujours par donner un plus grand éclat à ce principe qui, nous ayant révélé l'unité d'origine, a proclamé la fraternité humaine comme son corollaire et sa conséquence.

Je n'ai parlé jusqu'ici que de l'*Introduction à l'étude de la philosophie*. L'analyse que j'en ai donnée est loin d'être complète, et de répondre à toutes les parties qu'elle embrasse. Mon but n'a été que de parler des points les plus saillants qu'on y discute, et de mettre en relief quelques-unes des opinions fondamentales, ainsi que de montrer les différentes classes de lecteurs que ce livre peut intéresser. En accédant à un désir qui m'a été exprimé[1], j'aurais traduit cet ouvrage, qui a déjà captivé l'attention de nos voisins de la rive droite du Rhin, s'il n'était arrivé à ma connaissance qu'on s'en occupe déjà dans ce moment. Bientôt une traduction française viendra satisfaire le vœu du public, et pourra justifier ce que j'ai avancé à ce propos. Si l'on m'objectait le ton affirmatif avec lequel j'en ai parlé, je dirais avec Rousseau que je n'ai pas voulu en imposer au lecteur, ni juger un auteur que je considère comme mon maître, mais que j'ai voulu exprimer tout simplement ma pensée, et rien que ma pensée. Si l'on me reprochait ma prolixité, j'ajouterais qu'en écrivant à une époque où les préoccupations commerciales, les émotions financières et les intérêts matériels absorbent presque tous les pays, il me fallait parler avec quelque insistance d'un ouvrage qui a pour but essentiel de réveiller l'*élément idéal* des nations. Je n'ai plus qu'un mot à dire sur les *Éléments d'esthétique*.

Ce volume a été publié en italien sous le titre de *Discorso sul Bello*, et inséré dans l'*Encyclopédie italienne* que l'on imprime à Venise sous la direction du savant M. Falconetti. Le succès que ce discours obtint en Italie

---

[1] Voyez la note F à la fin.

et la rapidité avec laquelle on a épuisé le nombre des exemplaires qui ont été tirés séparément, a porté l'éditeur à en hâter la réimpression. J'ai pensé à le faire paraître en français afin que les deux pays puissent étudier et examiner simultanément un nouveau système esthétique. Les raisons qui ont déterminé M. Bénard à traduire le Cours d'esthétique d'Hegel sont les mêmes qui m'ont fait croire que ma publication aurait eu quelque utilité pour la France. Il est bien naturel que le lecteur s'attende de ma part à une traduction qui soit en harmonie avec le titre de l'ouvrage. Sans faire ici ces protestations banales qui peuvent être dictées par la modestie aussi bien que par l'hypocrisie, il me suffirait de dire que j'écris dans une langue qui n'est pas la mienne, si je croyais que le lecteur eût besoin d'en être averti. La clarté et la fidélité à la pensée de l'auteur, voilà le seul but qu'il m'était permis de me proposer. Ayant eu l'avantage de consulter M. Gioberti lui-même, toutes les fois que la concision du texte ou le génie de la langue exigeait quelque changement ou quelque développement, je puis offrir au lecteur la même garantie que je devais chercher avant tout pour ma propre conscience. Je dois aussi à l'amitié dont cet auteur m'honore la rédaction de la table des sommaires, que j'ai jointe à la fin du volume et qui ne pouvait trouver sa place dans le texte italien. Malgré tous les soins que je me suis donnés pour rendre mon travail digne du public, je suis loin de croire qu'il soit exempt de beaucoup d'imperfections. J'ai toutefois la confiance que ma version ne sera pas inutile à un autre traducteur qui essayerait de la refaire avec le secours de l'original italien. En présentant mon travail tel qu'il est à l'indulgence du lecteur, je lui tiendrai le même langage qu'un publiciste américain [1] a emprunté à Grotius : « Quam vero ego in aliorum sententiis ac « scriptis dijudicandis mihi sumpsi libertatem, eandem « sibi in me sumant omnes eos oro atque obtestor quo- « rum in manus ista venient. Non illi promptius me « monebunt errantem quam ego monentes sequar. » (*De jure belli ac pacis proleg.*, § 61.)

Bruxelles, 18 novembre 1842.

---

[1] *Histoire des progrès du droit des gens en Europe, depuis la paix de Westphalie jusqu'au congrès de Vienne*, avec un *Précis historique du droit des gens européen avant la paix de Westphalie*, par HENRI WHEATON, ministre des États-Unis d'Amérique près la cour de Berlin. Leipzig, J. A. Brockhaus, 1841.

NOTES.

NOTE A.

Le lecteur verra avec plaisir l'opinion de l'illustre M. Lerminier à l'égard du sujet dont je viens de parler. Voici comment il s'exprime dans son article sur le *Calvinisme*, inséré il y a peu de mois dans la *Revue des Deux Mondes.*

« Au XVIe siècle, la réforme de Luther et de Calvin sut imprimer à l'esprit de l'homme, et aux sociétés, une impulsion salutaire; elle ranima le sentiment religieux, et donna l'éveil à la raison. Aujourd'hui elle est dépassée par son œuvre même. Elle languit pendant que la religion catholique et la philosophie se développent. Aussi les âmes ardentes et les esprits vigoureux qui se font remarquer dans les rangs du protestantisme inclinent vers l'Église catholique, ou se vouent ouvertement à la défense de la philosophie. La situation intermédiaire que prirent il y a deux siècles, avec tant d'audace et d'originalité, les deux docteurs de Wittemberg et de Genève ne suffit plus de nos jours à ceux qu'enflamme l'amour de la foi et de la science. La religion catholique se présente aujourd'hui sur le premier plan, avec la majesté de ses traditions, la force de sa hiérarchie, avec la grandeur et les attraits de son culte. Cependant l'esprit philosophique circule partout ; il jouit, pour élever ses théories, d'une indépendance absolue, et il exerce une grande autorité sur la marche des sociétés et des gouvernements. Entre ces deux puissances il y aura plus tard de grands et solennels débats ; mais le moment n'est pas venu. Des deux côtés les hommes les plus sérieux et les plus sincères sont convaincus que la religion et la philosophie doivent travailler en présence l'une de l'autre, sans chercher des luttes inutiles ou prématurées. Personne ne sera tenté sans doute de prendre le bruit qu'ont fait, dans ces derniers temps, quelques esprits brouillons et légers, pour le signal d'une de ces grandes polémiques que Leibnitz considérait comme une des conditions des progrès de la science. »

note B.

« On voit de nos jours plus qu'aux époques antérieures des catholiques qui deviennent incrédules, et des protestants qui se font catholiques. Si l'on considère le catholicisme intérieurement, il semble perdre ; si l'on regarde hors de lui, il gagne : cela s'explique.

« Les hommes de nos jours sont naturellement peu disposés à croire ; mais dès qu'ils ont une religion, ils rencontrent aussitôt en eux-mêmes un instinct caché qui les pousse à leur insu vers le catholicisme. Plusieurs des doctrines et des usages de l'Église romaine les étonnent ; mais ils éprouvent une admiration secrète pour son gouvernement, et sa grande unité les attire.

« Si le catholicisme parvenait enfin à se soustraire aux haines politiques qu'il a fait naître, je ne doute presque point que ce même esprit du siècle, qui lui semble si contraire, ne lui devint très-favorable, et qu'il ne fît tout à coup de grandes conquêtes. »

De la Démocratie en Amérique, par M. A. Tocqueville, membre de l'Institut ; 2º partie, tome II, chap. VI. *Progrès du catholicisme aux États-Unis*, page 45. Paris, édition originale, in-18, 1840.

note C.

Tout en manifestant mon admiration pour les pensées que les souvenirs glorieux des premiers temps du christianisme, et les détails majestueux de cette organisation si simple et si savante, ont inspirées à M. Blanqui, je ne veux pas l'étendre indistinctement à toutes les opinions qu'il a émises dans les pages auxquelles je fais allusion. Je suis d'accord avec cet écrivain lorsqu'il veut faire intervenir la religion dans des questions d'économie politique qui demeureront insolubles tant qu'elle n'y mettra pas la main, et qu'il dit : « L'instruction populaire,
« la répartition équitable des profits du travail, la réforme des prisons,
« les progrès de l'agriculture, et bien d'autres problèmes encore ne re-
« cevront de solution complète que par son intervention, et c'est justice ;
« elle seule peut, en effet, bien résoudre les questions qu'elle a bien po-
« sées. » Je m'associe entièrement à M. Blanqui lorsqu'il engage le prêtre à ne vouloir plus refuser à l'insuffisance de la politique le concours et le zèle de son dévouement, et qu'il ajoute : « Ah ! si le prêtre savait aujour-
« d'hui de quelle admirable métamorphose il pourrait être l'instrument,
« et quelle prodigieuse influence il dépendrait de lui d'exercer sur les
« destinées humaines ! Hôpitaux, prisons, écoles, ateliers, relations
« publiques et privées des peuples et des individus, agriculture, com-
« munications, entrepreneurs et ouvriers, tout serait de son ressort, tous
« prendraient volontiers pour arbitre et pour guide le prêtre civilisa-
« teur, etc. » Je crois cependant que M. Blanqui s'éloigne de son but dès qu'il vient tracer la ligne de conduite que le prêtre doit suivre dans l'accomplissement de ses devoirs. Le zèle de l'illustre écrivain l'a peut-être empêché d'observer que, du moment où l'on veut que le prêtre intervienne dans les affaires sociales, il faut réclamer et accepter franchement son intervention, sans vouloir lui prescrire ce qu'il doit prêcher et ce qu'il doit passer sous silence. Mais si l'on excepte quelques vues personnelles de l'auteur, son éloge du christianisme est, à mon avis, un des plus remarquables qui puissent sortir de la plume d'un écrivain

E.

laïque. J'ai voulu le citer, parce que je remarque que depuis plusieurs années presque tous les auteurs qui se sont occupés des principes et surtout de l'application de l'économie politique à la société, reviennent souvent sur la nécessité de la religion pour en diriger le mouvement, et pour suppléer à l'imperfection des lois. Si l'on se donnait la peine de recueillir dans leurs écrits tous les passages qui se rapportent à la morale et à la religion, on pourrait donner un démenti solennel à tous ceux qui accusent les sciences sociales, et spécialement l'économie publique, d'avoir des tendances immorales, matérialistes, subversives, athées, et que sais-je? Comme la plupart des auteurs dont je parle sont laïques, leur témoignage a toute l'autorité qui résulte de l'assertion des hommes livrés directement aux affaires, sans qu'on puisse en même temps les accuser de parler par esprit de caste. Ce fait mérite d'être constaté, et n'est pas sans importance pour l'époque actuelle; car s'il nous fait voir d'une part la nécessité d'une intervention immédiate et spontanée du clergé dans les affaires publiques, il ne nous laisse aucun doute, de l'autre côté, sur tous les inconvénients auxquels la société serait exposée, si elle devait continuer sa marche sans l'appui et le concours des ministres du culte. « Non, il n'est pas si facile qu'on le pense de haïr toujours : ce sentiment ne demande souvent qu'un prétexte pour s'évanouir ; il ne résiste jamais à tant de causes agissant à la fois pour l'éteindre. » Ces paroles justes et profondes sont dignes de l'homme qui les a prononcées, il y a presque un demi-siècle, devant ses confrères de l'Institut national [1]. Aussi nous voyons que tous les citoyens sincères travaillent aujourd'hui dans le sens d'une fusion amicale entre les différentes classes de la société. Le bien général et l'honneur du pays sont les meilleurs prétextes qu'on puisse choisir pour hâter de plus en plus ce rapprochement. Et si la lutte plus ou moins sensible à laquelle nous avons assisté jusqu'ici vient à cesser, nous dirons alors, avec M. Blanqui, que la tendance pacifique du monde, sous une attitude

---

[1] Sur les avantages à retirer des colonies nouvelles après les révolutions, par M. TALLEYRAND.
Mémoires de l'Institut national des sciences et arts (Sciences morales et politiques), tome II, page 295.

NOTE D.

L'application de la dialectique aux sciences a ses avantages et ses inconvénients, et il n'arrive que trop souvent de voir confondre l'instrument de la pensée avec la pensée elle-même. Le savant traducteur de Platon a remarqué avec justesse que cette application était périlleuse, surtout à l'égard de la théologie, quoiqu'il la trouve utile, même dans ses écarts, aux progrès de la raison. Dans son beau mémoire sur le *Sic et Non* [1], après avoir comparé *l'amant de cette noble créature qui écrivit quelquefois comme Sénèque*, à Descartes, et fait ressortir une similitude frappante entre ces deux Bretons, à travers bien des différences, M. Cousin s'exprime ainsi à leur égard : « De là dans les deux illustres compatriotes, avec
« leur originalité naturelle, une certaine disposition à médiocrement
« admirer ce qui s'était fait avant eux, et ce qui se faisait de leur
« temps, l'indépendance poussée souvent jusqu'à l'esprit de querelle,
« la confiance dans leurs forces et le mépris de leurs adversaires, plus
« de conséquence que de solidité dans leurs opinions, plus de sagacité
« que d'étendue, plus de vigueur dans la trempe de l'esprit et du ca-
« ractère que d'élévation et de profondeur dans la pensée, plus d'inven-
« tion que de sens commun, abondant dans leur sens propre plutôt
« que s'élevant à la raison universelle, opiniâtres, aventuriers, nova-
« teurs révolutionnaires. » M. de Pradt, dans quelques pages brillantes où il parle du citoyen genevois (*Quatre Concordats*, tome I, page 427), s'adresse à lui en ces termes : « Plaçant ton levier sur la nature seule,
« tu y trouves ce point d'appui qu'Archimède cherchait pour donner au
« sien la force d'ébranler la terre et les cieux. La nature te prête toute
« sa force ; c'est ainsi qu'elle récompense ceux qui lui restent fidèles ;
« elle a donné à ta main le pouvoir de briser ou de dénaturer tout ce

---

[1] Mémoire sur le *Sic et Non* (oui et non), écrit théologique inédit d'Abélard, d'après les deux manuscrits de Saint-Michel et de Marmoutiers ; lu à l'Académie des sciences morales et politiques dans la séance du 1er mars 1835, par M. V. Cousin.

« qu'elle touche ; elle t'a donné d'autres yeux qu'aux autres hommes,
« et des bras d'airain pour enlacer et retenir captif tout ce qu'ils em-
« brasseront. Malheur à qui te passe un seul mot ! il faut qu'il subisse
« la chaîne de toutes les conséquences qu'en saura tirer ta dialectique,
« la plus vigoureuse qu'enfanta jamais une tête humaine ! » On
pourrait élever quelque doute sur cette puissance de dialectique de
J. J. Rousseau, et je suis porté à croire que l'ancien archevêque de
Malines a ici confondu la dialectique avec la sophistique.

NOTE E.

Pour me mettre à l'abri du reproche d'exagération qu'on pourrait
m'adresser d'après la manière dont j'ai parlé des écrits de M. Gioberti,
je vais transcrire un passage de M. Mamiani. J'aurai par ce moyen le
double avantage d'appuyer mes opinions, et de compléter mon compte
rendu. Ceux qui ont entendu les leçons de philosophie de M. Mamiani à
l'Athénée royal de Paris, ou qui ont lu ses ouvrages, savent comme moi
que ses expressions et son style sont aussi éloignés de l'emphase que de
l'hyperbole.

Voici ses paroles :

« Quest' opera del filosofo torinese di cui appena abbiam delineato i
« concetti sommari ontologici onora non poco gli studi speculativi ita-
« liani. Tutti coloro che fino a qui sonosi sforzati di trarre con ragio-
« namenti *a priori* dalla scienza dell' infinito la scienza dei finiti o
« rompono nel panteismo, o lungamente paralogizzano. Ma il Gioberti
« scampa dai due pericoli radicando l' ontologia nella visione simultanea
« dell' ente infinito, e del suo atto immanente di creazione, il che
« porga a tutta la sua metafisica un carattere nuovo. Ella offre altresì a
« nostri tempi il primo esempio forse d' un filosofare scrupolosamente
« ortodosso, e ciò non di manco ardito e originale, ed è un bello e
« nuovo tentativo di mostrare l' armonie, i collegamenti, e le illustrazioni
« reciproche tra la filosofia e la rivelazione cattolica, tenendo conto del
« crescere quotidiano delle scienze sperimentali, del progredire dell' in-

« civilimento, e del mutare delle opinioni ; anzi conviene guardare tutto
« il suo trattato sotto questo principal lume d' un contemperamento
« scientifico dei dogmi razionali coi rivelati. Mirabile è poi come il
« nostro autore, entrando in mille questioni di storia, di filologia, di
« erudizione, e di politica avvivi e informi ogni cosa della spirito filo-
« sofico, ed in tutti i subbietti applichi ingegnosamente, e quasi diremmo
« incarni la sua dottrina ontologica. Nè avrebbe poca faccenda colui il
« quale si desse ad unire insieme le verità incidenti e parziali, che si
« incontrano in questi volumi intorno a materie le più svariate e talora
« le meno attinenti a metafisica. E se a noi cadesse qui in acconcio il
« parlare dell' affetto con cui essi volumi sono dettati da un capo all'
« altro, noi diremmo che forse mai non abbiamo veduto un animo più
« nobilmente e con più schiettezza innamorato del vero, e del bene, nè
« più caldo di carità per l' Italia, nè più addolorato delle sue sventure,
« e delle sue umiliazioni. Mai non ci siamo imbattuti in maggior forza di
« convinzione o in maggior coraggio a parlare sentenze odiose a moltis-
« simi, a percuotere caporioni superbi e venerabili alle loro sette, e a
« contraddire opinioni popolari e accarezzate da tutto il secolo. Ciò fa che
« non di rado egli riesce eloquente; e sempre è grave, dignitoso e so-
« lenne; sempre mira del più alto punto le discussioni e i subbietti; sem-
« pre sforza i lettori a seguitarlo con lunga meditazione e quando pure
« non li convinca, lascia nel loro animo una durevole ammirazione. Pa-
« rimente è cosa singolarissima vedere cotesto scrittore pieno di severità
« e profondato ne' più alti misteri delle astrazioni metafisiche adornare
« la materia con dignitose lepidezze, e saper pungere i vizii e la boria
« dei tempi con motti, e con frizzi altrettanto urbani, quanto arguti e
« penetrativi. Nè la pratica del mondo e degli uomini gli fa punto difetto,
« sebbene si riconosca in quasi ogni sua parola un carattere risoluto e
« inflessibile, e una maniera sua propria di giudicare uomini e cose
« senza paura e lusinga dei biasimi e delle lodi, nè di qualunque altro
« oggetto attrae e sgomenta gli scrittori volgari: specie di coraggio più
« rara forse e più difficile che non si stima, e che Vico domandò la ma-
« gnanimità dello scrittore. Nelle sue investigazioni storiche poi splende
« una erudizione così recondita, percorre egli con tal padronanza le

« epoche più tenebrose della remotissima civiltà d'Oriente da far
« preziosi i suoi libri eziandio a coloro che non accettassero punto le
« sue teoriche. »

Dell' Ontologia e del Metodo, di Terenzio Mamiani, pag. 62-63.

Parigi, coi tipi della signora Lacombe, via d'Enghien. Nel maggio del 1841.

NOTE F.

Je dois rendre ici un témoignage public de reconnaissance aux amis de M. Gioberti, les savants MM. A. Quetelet, directeur de l'Observatoire, C. Jean Arrivabene, L. Chitti, ancien professeur d'économie politique à l'Université de Bruxelles, A. Craven, attaché à la légation britannique près le roi des Belges. L'empressement avec lequel ces personnages distingués accueillirent mes projets de traduction dès mon arrivée en Belgique, les a portés à mettre à ma disposition leurs bibliothèques particulières, et à m'offrir plus tard tous les appuis qui auraient été nécessaires pour continuer mes travaux. Je les aurais acceptés avec beaucoup de plaisir si je n'avais été prévenu par un autre traducteur que je connais personnellement, et qui satisfera, largement j'en suis sûr, l'attente du public.

AVIS DU TRADUCTEUR.

La traduction de l'*Essai sur le Beau* devait paraître à Paris à la fin du mois de septembre. A la demande de mon ami M. Meline, qui s'est proposé de publier une édition complète des ouvrages de M. Gioberti, je me suis fait renvoyer le manuscrit pour le lui confier. L'impression en était commencée lorsque j'ai appris par les journaux que je venais de perdre un professeur chéri et respecté, dont j'avais suivi les leçons à l'école de droit, et qui était une des gloires littéraires et scientifiques de la France. Si cette affligeante nouvelle me fût arrivée à temps, j'aurais consacré à la mémoire de M. le baron de Gérando les lignes que j'ai dédiées à sa personne. Ma traduction, dans tous les cas, revient de droit à l'auteur éminent qui a traité le même sujet, et qui dans un écrit adressé *aux belles âmes* a fait son portrait sans le savoir. L'espace d'une note ne me permet pas d'insérer ici cette composition, que je conserve comme un précieux souvenir, et qui est peut-être la dernière qu'il a publié. Elle serait le complément convenable d'un ouvrage d'esthétique, et le meilleur éloge qu'on puisse faire de cet homme supérieur.

Les formalités voulues par la loi, pour assurer la propriété de cet ouvrage, ont été remplies.

AVANT-PROPOS.

La science qui traite du Beau est appelée par quelques auteurs *Callologie* : les Allemands lui ont donné le nom d'*Esthétique*, qui, quoique moins propre, est sanctionné par l'usage. D'après la division de la science universelle en philosophie mathématique et physique (en prenant ces mots dans leur signification la plus générale) l'Esthétique n'appartient point aux deux dernières branches; car le Beau avec ses annexes n'est point une quantité ni une chose sensible, quoiqu'il soit toujours accompagné par une forme sujette aux sens, et par un élément soumis au calcul. Elle fait donc partie des sciences philosophiques qui s'occupent des objets immatériels et incommensurables. La philosophie se partage en deux branches dont l'une peut être appelée philosophie *première*, et l'autre philosophie *seconde*. La philosophie première fournit les données, les premiers principes et les méthodes de toutes les sciences : la philosophie seconde s'exerce sur les données philosophiques proprement dites qui lui sont communiquées par la philosophie première, et les explique selon les principes et les méthodes qui lui sont fournis par cette même branche primordiale des sciences rationnelles. Le Beau n'est point un premier principe, et par conséquent la science qui s'en occupe est du ressort de la philosophie seconde.

Toutes les subdivisions de la philosophie seconde, aussi bien que toutes les sciences en général reçoivent leur matière et leurs lois, c'est-à-dire les données, les principes et les méthodes qui leur sont propres, de la science première, et s'appuient sur elle. Le but que je me suis proposé, de décrire à grands traits les lois de l'esthétique, m'oblige à rattacher mon discours à la science fondamentale (dont j'ai indiqué les points principaux dans un ouvrage qui a déjà vu le jour) pour donner à mes conclusions la rigueur et la précision scientifique. Il aurait été aussi convenable de faire précéder mon travail d'une critique complète des doctrines callologiques qui diffèrent des miennes ; mais cette discussion me porterait trop loin et exigerait à elle seule un livre considérable. Je me suis donc borné à l'exposition des principes et des déductions plus importantes de l'esthétique selon ma manière de voir, en laissant au lecteur le soin de les comparer avec les opinions divergentes, pour saisir les raisons qui ont motivé mon choix, et qui le justifient. Je dois par la même raison passer sous silence un grand nombre d'aperçus partiels qui se rapprochent de ma théorie, quoique les livres où ils se trouvent admettent des principes contraires aux miens; car on ne pourrait sans injustice, et même sans une prétention ridicule, méconnaître dans les ouvrages des esthétiques modernes, que je serai quelquefois forcé de combattre, des remarques, des analyses, des maximes ingénieuses et vraies. C'est surtout dans les œuvres des philosophes qui puisèrent aux sources platoniciennes, tels par exemple que plusieurs écrivains de l'Écosse, de l'Allemagne, de la France et de l'Italie, que les vérités de détail abondent davantage, et sont souvent rehaussées par l'érudition et le génie. Les exemples qui confirment cette assertion ne manquent point dans cette partie de l'esthétique qui regarde l'élément sensible et les accessoires du Beau, plutôt que son essence, et qui, par cette raison même, est moins sujette à être faussée par les mauvais principes.

CHAPITRE PREMIER.

DÉFINITION DU BEAU.

Il serait difficile de trouver la véritable définition du Beau sans éloigner d'abord les obstacles qui empêchent cette recherche. Nous remplirons cette tâche en employant ce procédé que les logiciens appellent méthode d'exclusion. Il est clair avant tout que le Beau n'est point subjectif; car dans ce cas il se confondrait avec l'utile, ou avec l'agréable. Or le Beau n'est point l'utile qui est son plus grand ennemi; et quoique la beauté puisse apporter quelque profit à celui qui la possède, la jouissance qu'elle procure diminue, ou s'évanouit tout à fait lorsque l'objet qui est beau en lui-même est envisagé ou employé comme utile. Il y a un grand nombre d'objets qui sont fort utiles et dépourvus de beauté; d'autres sont beaux sans qu'on en tire ou qu'on puisse en tirer le moindre avantage. L'utile implique un rapport réel, ou du moins possible, de l'objet avec nos besoins : le Beau au contraire est indépendant de nous, ne relève que de lui-même, trouve son complément dans sa propre nature et serait ce qu'il est même dans l'hypothèse qu'il n'eût point de spectateurs. La contemplation du Beau produit la jouissance, mais exclut la propriété : celui qui y participe laisse intacte l'indépendance, et n'attente aucunement à la liberté de l'objet qui le charme ; tandis que l'emploi qu'on fait des choses utiles les détruit, ou au moins, empêche qu'elles conservent leur liberté naturelle [1]. Aussi la matière du Beau, à proprement parler, est saisie uniquement par l'ouïe et par la vue qui sont pour ainsi dire des sens intellectuels qui occasionnent la connaissance sans donner la possession de l'objet connu. La matière de l'utile au contraire tombe sous les prises du tact qui s'empare des choses qui lui appartiennent et en conserve la possession. On peut appliquer quelques-unes de ces remarques à l'agréable en tant qu'il se distingue du Beau, car le plaisir implique également un rapport de l'objet envers les êtres sensibles qui sont à même d'en jouir, rapport qui répugne à l'essence indépendante et absolue du Beau. On peut aussi démontrer la différence du Beau et de l'agréable par des raisons spéciales. Le Beau plaît en général à tout le monde, mais il ne

---

[1] Hegel a remarqué avec beaucoup de sagacité cette propriété essentielle du Beau.

s'ensuit pas que tout ce qui plaît possède une véritable beauté, ni que les degrés du plaisir répondent toujours au degré de la beauté lorsqu'elle accompagne l'objet de la jouissance. On trouve quelquefois des personnes qui ne manquent pas de goût, et qui, tout en avouant qu'une chose est parfaite et pleine de charmes, lui en préfèrent une autre sans ignorer que l'objet de leur refus est plus beau en lui-même que celui de leur préférence. Il est vrai que, selon le langage ordinaire, on donne l'épithète de *Beau* à ce qui plaît; mais les inexactitudes de la langue populaire ont moins de droit à la sanction qu'à l'indulgence du philosophe. Enfin, le plaisir s'adresse à la sensibilité seule, et le Beau à l'intelligence, quoiqu'il exige aussi le concours de la faculté de sentir : le premier affecte les sens externes, ou le sens intime, c'est-à-dire, les sens du corps ou le sentiment de l'âme, tandis que l'autre parle à l'intelligence par l'entremise des sens et de l'imagination qui les accompagne et les élève.

Si le Beau n'est point subjectif, il doit nécessairement être doué d'objectivité. Mais certes, cette objectivité n'est point une chose matérielle et extérieure quoiqu'elle soit souvent représentée par une substance de cette nature. Elle n'est pas non plus un corps ni une propriété corporelle, quoiqu'elle fasse son apparition dans la matière. Dans le cas contraire, celui qui contemple une chose qui est belle devrait tout de suite saisir sa beauté; ce qui est continuellement contredit par l'expérience. Il n'est pas rare de trouver des hommes qui par défaut de nature ou d'éducation, ou bien par une mauvaise habitude, sont peu propres ou même ineptes à goûter les beautés d'un certain genre : ceux-là même qui ont été plus heureusement partagés n'ont presque jamais l'entière jouissance du Beau au premier coup d'œil, et n'y parviennent qu'après quelque temps, moins par un instinct naturel, que par une certaine délicatesse de l'esprit qui est l'effet de l'étude. S'il est donc incontestable que pour sentir la beauté il faut le concours du temps, de l'application, de l'exercice, de l'habitude et de cette disposition naturelle qu'on appelle bon goût, il s'ensuit évidemment que la beauté est distincte de la forme corporelle où elle se montre, forme qui ne reçoit aucun changement des causes indiquées. Autrement la brute devrait percevoir le Beau toutes les fois que ses yeux ressemblent aux nôtres, et reçoivent de la même manière le spectre visuel des choses, et il en serait de même de l'homme barbare ou sauvage dont la vue égale en force et en finesse celle de l'homme civilisé, et lui est même souvent supérieure. Mais qui osera dire qu'un chien, un singe ou bien un Lapon ou un Hottentot soient capables d'admirer l'Apollon du Belvédère, quoiqu'ils le voient aussi bien que nous, s'ils ne sont pas myopes ou aveugles? Personne ne voudra avancer, sans doute, que le peuple et les personnes qui manquent d'une certaine culture d'esprit, puissent goûter les chefs-d'œuvre de l'art aussi bien que les hommes dont les facultés ont été perfectionnées par une éducation exquise. On avouera aussi que les gens bien élevés, mais étrangers à la profession des beaux-arts, doivent être inférieurs aux grands artistes dans ce genre de jouissance. On peut même croire qu'aucun des lecteurs de Virgile et des admirateurs de Raphaël n'a jamais pu avoir une connaissance aussi parfaite des beautés innombrables des Géorgiques et de la Transfiguration que les génies extraordinaires qui ont enfanté ces prodiges. Bref, le sentiment du Beau est susceptible d'un nombre infini de degrés qui sont toujours en proportion avec le génie et la capacité de celui qui l'éprouve. Un auteur italien, Castiglione, avance à ce propos une conjecture spirituelle en supposant qu'Alexandre céda à son ami Apelles la célèbre Campaspe, parce que personne ne pouvait apprécier sa beauté extraordinaire aussi bien que le plus grand peintre de la Grèce [1]. La forme matérielle et la beauté diffèrent essentiellement entre elles, parce que la première se compose de parties simultanées ou successives, et tombe sous les conditions du corps qui la soutient, tandis que la seconde est une, simple, indécomposable, et toujours identique à elle-même. Il est sans doute impossible de séparer le Beau d'une certaine forme qui affecte les sens de l'homme ; mais cette forme n'est point une chose matérielle, et ne suffit point à elle seule pour produire et constituer la beauté.

Concluons pour le moment que le Beau est un je ne sais quoi d'immatériel et d'objectif qui frappe l'esprit de l'homme et l'attire avec ses charmes. Il est évident que cette forme spirituelle n'est point une substance ; et il serait inutile de le prouver. L'objet beau est sans doute substantiel, s'il existe hors de l'imagination ; mais la beauté n'est en elle-même qu'un simple *mode*, si l'on entend par ce mot tout ce qui n'est point substance selon le sens très-large qui lui a été donné par les métaphysiciens. Le Beau n'est point un mode du même genre que les autres modifications du monde extérieur : il est une certaine chose *sui generis* qui se distingue de toute autre et qui doit être étudiée en elle-même par le philosophe qui veut en avoir une

---

[1] *Cortig.* I. Milano, 1822, pag. 122, 124 et 125.

notion exacte. Ceux qui relèguent parmi les substances tout ce qui n'est point qualité ou propriété, dans le sens ordinaire de ces mots, sont forcés à dire des choses absurdes pour leur propre compte, et à traiter fort mal les opinions des autres. Ainsi il y a des interprètes de Platon qui font de ce grand philosophe un polythéiste parce qu'il a attribué aux Idées une réalité absolue, tandis que l'on pourrait prouver que sa doctrine est la théorie orientale de l'émanation modifiée par les opinions doriennes et pélasgiques. Selon Platon, le Beau est une idée objective et absolue, mais non une substance.

Il peut paraître, au premier coup d'œil, plus difficile de définir si cette chose spirituelle qui constitue la beauté est nécessaire ou contingente. Si le Beau était contingent, il serait relatif et non absolu. Or le Beau est absolu, et pour s'en convaincre il suffit de comparer l'idée que nous en avons avec celle de la matière où il s'incarne, et où il fait son apparition. Car la matière étant contingente, si le Beau qui l'ennoblit était de la même nature, il s'ensuivrait que la forme active, et l'être qui la reçoit, seraient assujettis aux mêmes conditions. Mais il est clair que cette supposition seule est absurde. La matière d'une belle statue peut être modifiée de mille manières par la main de l'homme, et même anéantie par la puissance divine, tandis que la beauté de la statue est immuable, et il est impossible d'y ajouter ou d'en ôter quelque chose sans nuire à sa perfection. L'artiste aurait pu sans doute incorporer son idée dans une matière différente, faire un ouvrage en fonte au lieu d'une sculpture, le réaliser en petit, ou lui donner des formes colossales; mais dans tous les cas le Beau aurait été essentiellement le même. On m'objectera peut-être qu'entre la matière et la forme d'une statue il n'y a point la différence que je suppose, parce qu'elles sont toutes les deux nécessaires comme idées, et contingentes comme réalités. Le marbre, dira-t-on, peut être brisé, anéanti, modifié de plusieurs manières; on peut lui substituer le bois, le bronze, ou une autre substance; mais l'idée du marbre est immuable, nécessaire, éternelle ni plus ni moins que cette beauté divine que le génie de l'artiste a su imprimer dans sa forme extérieure. On ajoutera d'ailleurs que cette beauté, en tant qu'elle est réalisée dans le marbre, est soumise aux éventualités de cette substance, et peut périr et être remplacée par une forme différente; l'immutabilité ne regarde que son état idéal, et sa possibilité qui est inaltérable, précisément comme la matière qui en porte l'empreinte. Je réponds que lorsqu'on compare le Beau avec la matière, la comparaison n'a point lieu entre deux choses du même genre, mais entre deux êtres fort différents; car d'un côté, il y a une idée, et de l'autre une substance dans sa subsistance concrète et individuelle. Ce qui constitue le Beau n'est point sa réalisation dans une matière donnée, qui est toujours contingente, et peut être et ne pas être. C'est dans la forme idéale que réside son essence; forme qui est toujours identique à elle-même et qui ne peut point être altérée sans être foncièrement détruite. Au contraire ce qui constitue la matière comme telle, ce n'est point son idée mais sa réalité, c'est-à-dire, l'individualisation de cette idée de force qui fait l'essence de la matière. Ainsi la différence qui sépare ces deux choses est incontestable, et si la contingence de la matière n'admet aucun doute, on doit en conclure que le Beau est en lui-même nécessaire et absolu.

Du reste la nature absolue du Beau sera encore mieux démontrée par la suite de notre discours.

Si la forme spirituelle de la beauté n'est point contingente, on pourrait croire qu'elle est identique au vrai métaphysique ou mathématique, ou bien à la bonté morale, qui constituent les trois catégories d'êtres et qui, quoique dépourvus de substantialité, possèdent une nécessité apodictique. Mais le Beau n'est point le vrai pris en lui-même; car il y a des vérités qui ne sont pas belles; et quand la vérité est belle c'est par une qualité qui survient et s'ajoute à sa nature, et non pas par elle-même, qu'elle participe à ce privilége. Ainsi par exemple une équation algébrique ne peut être jugée belle qu'autant qu'elle exprime des éléments de quantité réunis avec une certaine harmonie et revêtus d'une forme élégante; elle ressemble à une idée énoncée avec des phrases charmantes, où bien à un emblème ingénieux gravé sur une pierre précieuse. Lorsqu'on dit d'une façon générale que le vrai est Beau, on prend ce dernier mot dans un sens impropre comme synonyme de bon et d'agréable, parce qu'en effet la vérité est le bien qui charme notre intelligence; mais le plaisir intellectuel, tout noble qu'il est, se distingue du Beau parce qu'il est subjectif; et ne peut pas même être confondu avec ce genre de plaisir qui est la suite de la beauté. L'entendement intervient sans doute dans le sentiment du Beau, parce qu'il est inséparable de toute espèce de connaissance, mais loin d'être seul, il est accompagné par la sensibilité qui saisit la contingence matérielle, et par une faculté spéciale dont le Beau est le produit. Je définirai bientôt cette faculté; pour le moment je me borne à conclure que le vrai métaphysique ou mathématique, étant par lui-même l'apanage de l'entendement seul, doit être soigneusement distingué de l'idée du Beau.

Le Beau n'est pas non plus le bien moral parce que le bien dans tous les cas ne peut recevoir l'épithète de Beau que d'une façon impropre. Une bonne action n'a pas toujours l'apparence de la beauté, et lorsqu'elle prend cette qualité cela arrive par l'addition d'un nouvel élément qui se distingue de celui de la bonté morale. Il arrive aussi quelquefois que les bonnes actions appartiennent à l'esthétique plutôt comme sublimes que comme belles; telle est par exemple la vertu héroïque. Le bien moral implique l'idée d'une obligation : il n'en est pas ainsi du Beau, considéré en lui-même sans aucun rapport extérieur. Il n'y a aucune loi qui nous oblige à faire de beaux ouvrages, comme il y en a une qui nous impose le devoir de faire de bonnes actions. Aussi tomberait-on dans le ridicule, si on disait par exemple que Raphaël aurait violé la loi morale en appliquant à la pureté de ses mœurs ce soin extrême qu'il portait dans l'exécution de ses chefs-d'œuvre. Il serait tout aussi plaisant de vouloir prouver qu'un grand artiste peut être un homme méprisable et qu'un mauvais versificateur est capable comme homme d'une vertu supérieure. Si l'homme (en considérant la chose sous un point de vue général) a aussi une obligation morale d'exercer son art le mieux possible et de soigner ses ouvrages, ce devoir ne dérive point de l'idée du Beau, mais du but moral, et de la dernière fin qui préside à ses actions. Et en effet c'est uniquement de ce but que dépend le mérite acquis par un artiste qui exerce sa profession d'une manière morale et religieuse, en la dirigeant à un but honnête et estimable. Car il est hors de doute que si l'artiste négligeait son œuvre, il serait digne de blâme à plusieurs égards; d'abord à cause des engagements conventionnels qu'il a envers ceux qui lui ont commandé cet ouvrage, et des engagements naturels, que tout homme a envers sa patrie qui attend de lui un surcroît de renommée, et envers l'humanité en général qui a des droits à ce que chacun de ses membres augmente selon ses moyens la somme de son bonheur ; ensuite il serait coupable envers l'art même qu'il professe, dont il doit rehausser l'éclat, et envers son honneur personnel qu'il doit garder comme un bien précieux, et qu'il ne peut mépriser que dans les cas fort rares où le mépris est ennobli et sanctifié par un but supérieur. Or, ces considérations sont étrangères à l'essence du Beau, et appartiennent à celle du bien. Donc si le bien moral a sa propre fin en lui-même, et si le Beau ne peut revêtir une qualité et une valeur morale qu'autant qu'il se dirige au bien, il s'ensuit que le bien diffère du Beau, et que la différence est essentielle.

Si donc le Beau appartient à la catégorie des choses nécessaires parce qu'il est une idée objective, et si cette idée diffère du vrai et du bien, on pourra croire avec les Platoniciens que le Beau est une idée *sui generis* qui réside dans le *Logos* et qui est communiquée à l'esprit de l'homme par les rapports qui mettent cet esprit en société avec la raison divine et absolue. Mais les idées platoniciennes sont génériques ou spécifiques. Les idées génériques peuvent être telles plus ou moins, mais dans tous les cas elles sont abstraites et représentent leur objet d'une façon incomplète qui répugne à leur existence réelle. Il est hors de doute que nous avons l'idée générale du Beau et que cette idée se subdivise en plusieurs autres notions moins générales qui répondent aux différents genres de beauté; mais ces conceptions abstraites seraient impossibles si elles n'étaient pas précédées par une connaissance concrète. Le concret est de deux espèces, c'est-à-dire réel ou idéal. Le concret réel est la substance individuelle des choses : le concret idéal est l'idée spécifique qui les représente. Cette idée nous fournit l'image de la chose avec toutes ses parties et ses propriétés essentielles, à l'exception de sa subsistance individuelle, qui est la seule chose qui lui manque pour exister réellement. Ainsi dans l'ordre de la connaissance, l'idée spécifique contient le plus haut degré de détermination et d'existence concrète dont la notion des choses soit capable. Il faut donc admettre une connaissance particulière du Beau qui embrasse les idées spécifiques de toutes les choses belles; connaissance qui se distingue de la notion générique du Beau, et qui a envers elle le même rapport qu'a le concret vis-à-vis de l'abstrait. Parmi les platoniciens il y en a plusieurs qui admettent une seule idée esthétique douée d'objectivité et innée par son origine; c'est l'idée du Beau en général qu'ils définissent de plusieurs manières. Selon la plus commune de ces définitions qui doit sa célébrité à saint Augustin et à Leibniz, le Beau est *une variété réduite à l'unité*. Cette définition a quelque analogie avec l'opinion pythagoricienne qui considérait la beauté comme une *harmonie*. Il est difficile de pénétrer au juste et de saisir dans toute son étendue le sens que les disciples de Pythagore attachaient à ce mot; car, outre l'obscurité du symbole, la plupart des monuments de cette philosophie mystérieuse sont perdus. Mais ce qui me paraît clair c'est que les pythagoriciens voulaient indiquer par leur harmonie une certaine synthèse des principes positifs, et des principes négatifs des êtres ; synthèse d'où découlait la vie, la beauté, et la conservation de l'univers. Les principes positifs des pythagoriciens se réduisaient à l'unité, et les principes négatifs à la multiplicité, ainsi qu'on peut le voir par la troisième catégorie du catalogue qu'Aristote nous a conservé [1]. Ainsi l'harmonie de ces philosophes devait être dans le fond une variété réduite à l'unité, quelle que fût d'ailleurs la manière spéciale dont cette réduction était conçue. On peut donc considérer la définition pythagoricienne du Beau comme foncièrement identique à celle des platoniciens que nous venons de citer. Cette définition n'est applicable au Beau qu'autant qu'il se compose d'éléments réductibles à la quantité; ce qui convient spécialement à quelques arts tels que l'architecture et la musique. Il est vrai de dire à cet égard que la réduction du multiple à l'unité est une condition nécessaire du Beau, puisque la quantité est plus ou moins partie intégrante de toute œuvre esthétique. Mais certes elle n'en est pas le seul principe; elle n'est pas la source de cette perfection absolue qui est le plus haut degré où la poésie et l'art puissent parvenir, et qui a reçu des modernes le nom d'*idéal*. Les artistes se moqueraient probablement du philosophe qui assignerait à des raisons de quantité cette beauté céleste, cette grâce ineffable qu'on admire dans les Vierges de Raphael, et dans les statues de Canova ; car c'est là ce qu'on appelle la beauté d'expression. La justesse des propor-

---

[1] Arist. *Metaph.*, I, 5.

tions est sans doute inséparable d'un beau visage, mais elle n'est point la source d'où découle la partie plus exquise, la plus difficile à atteindre, et plus mystérieuse de cette beauté; elle n'est point la cause de cette perfection spirituelle, de ce charme incomparable qui échappe aux règles, qui est inexprimable par la parole, et qui, malgré son essence mystérieuse, excite l'admiration de tout le monde, et fait souvent le désespoir des artistes, qui, tout en l'entrevoyant, ne peuvent point le réaliser dans leurs ouvrages. Si l'on prétend que même dans ce cas le Beau dérive d'un accord caché, d'une harmonie secrète, d'une proportion indéfinissable des différentes parties du visage, et du corps humain, il est évident que toutes ces phrases ne sont que des métaphores, et qu'il est impossible d'en tirer une véritable définition de l'objet que nous avons en vue. Un poëme quelconque pour être beau doit également représenter une certaine variété de choses et d'événements liés ensemble par une espèce d'unité; il ne s'ensuit pas pourtant que les plus grandes beautés dont la poésie soit capable, consistent dans cette unité, et que le génie du poëte ne doive pas se soucier du reste. S'il en était ainsi, les écrivains médiocres pourraient rivaliser avec les talents supérieurs, et la poésie serait plutôt une affaire d'érudition, de mémoire, de patience, d'étude, de calcul, de goût, que d'invention et d'inspiration proprement dite. L'*Italie délivrée* du Trissin serait égale à l'*Iliade* d'Homère, et supérieure au *Roland* de l'Arioste; car le premier poëme a une unité aussi rigoureuse que le second, et surpasse à cet égard de beaucoup le troisième. La variété et l'unité esthétique ne sont point des choses abstraites et mortes, mais concrètes et vivantes; et c'est dans cette vie intime qu'il est impossible de réduire à la quantité, que consiste l'essence du Beau, comme nous le verrons bientôt. Si en disant que le Beau est la réduction de la variété à l'unité on voulait entendre sous le nom de variété le multiple soumis aux sens où la beauté est incarnée, il faudrait toujours rechercher le principe constitutif de cette unité mystérieuse qui accompagne la beauté. C'est dans ce sens que j'ai ailleurs affirmé que le Beau est un composé de deux éléments dont l'un, qui est intelligible, consiste dans une certaine unité, et l'autre, qui est sensible, réside dans une espèce de multiple qui est associé à l'unité [1]. Mais quel est-il le principe essentiel de cette unité? Voilà le problème que nous avons à résoudre.

Il y a une seconde classe de platoniciens qui, outre le Beau générique, admettent une beauté spécifique qui a sa source dans les idées particulières des êtres. Les idées spécifiques représentent toutes les propriétés et les conditions des objets dont le concours est nécessaire pour constituer l'individu et contiennent tout ce qu'il y a dans l'individu même, à l'exception de sa subsistance réelle, des défauts ou des excès accidentels qui se trouvent en lui, et nuisent à sa perfection. On peut donc les considérer comme les types des individus, qui, à l'exception de leurs lacunes et de leur superfluité, ont avec eux la même ressemblance qu'un portrait avec l'original. Il ne faut pas en conclure que les idées spécifiques n'aient pas aussi une réalité qui leur est propre; mais

---

[1] *Introd. allo studio della filosofia*, l. I, c. 5, art. 5. Brusselle, 1840, tom. 2, p. 200, 201.

elles sont réelles à titre d'idées et non pas à titre de substances ; leur réalité est dans un esprit et non pas hors de tout esprit ; loin d'être contingente, temporaire, relative elle est nécessaire, absolue, éternelle ; elle est en un mot quelque chose d'apodictique, qui n'exprime point une subsistance soumise aux accidents de la création, mais une simple possibilité qui, comme telle, est douée d'une réalité et d'une nécessité véritable. Peut-on dire que ces idées spécifiques suffisent pour constituer le Beau, selon l'opinion de quelques philosophes [1] ? Je ne le pense pas et voici mes raisons. Les idées spécifiques sont véritablement les types intelligibles des choses et en conséquence elles les représentent comme l'original représente sa copie, et non pas comme la copie représente l'original qu'elle imite. Cependant cette représentation est purement intellectuelle et dépouille les objets de leur individualité propre. Aussi les idées spécifiques ne s'adressent point à l'imagination, mais à l'intelligence seule ; et quoique l'imagination, comme faculté reproductive des qualités sensibles, fournisse à l'entendement les propriétés qui constituent l'essence spécifique des choses, cette intervention est tout à fait subordonnée à l'entendement lui-même qui s'empare de ces matériaux épars et dépourvus de vie, et les groupe ensemble d'une façon purement intellectuelle, sans que l'imagination puisse jouer dans cette synthèse un rôle qui lui soit propre en ajoutant quelque élément nouveau à la connaissance de l'esprit et aux impressions de la sensibilité. Bref, l'imagination intervient dans la formation des idées spécifiques

---

[1] Le plus récent défenseur de cette opinion est M. de La Mennais dans son *Esquisse d'une philosophie*.

comme une faculté placée au service de l'esprit, et médiatrice entre lui et les choses extérieures, et non pas comme une puissance supérieure, maîtresse et créatrice de ses œuvres. Or toute idée qui s'adresse directement à l'intelligence seule est à ce titre vraie, et non belle, puisque le vrai se distingue du Beau. Le vrai c'est l'essence rationnelle des choses saisies par l'intelligence, et telle est précisément l'idée spécifique, le type intelligible de chaque objet créé. Le Beau au contraire implique je ne sais quoi de différent qui dépasse la portée de l'intelligence pure. Où faut-il donc placer cet élément propre du Beau, si ce n'est dans la vie, dans l'individualité de l'objet qu'on se représente; individualité par laquelle l'idée spécifique descend de la haute sphère des idées pures, apparait pour ainsi dire sur la terre, acquiert une espèce de personnalité qui lui est propre, sort du cercle des simples connaissances et des conceptions inanimées pour devenir une réalité vivante? Si le Beau consistait uniquement dans les types intelligibles, il n'y aurait aucune différence entre le poëte et le savant, l'artiste et le philosophe; tout homme doué d'un esprit juste et capable d'acquérir une idée exacte et précise des choses pourrait fort bien atteindre la perfection dans le domaine de l'art, et de la poésie. Mais tout le monde sait que le plus grand génie scientifique et l'érudition la plus vaste ne peuvent point créer l'artiste et le poëte, s'il n'y a pas le concours d'une faculté spéciale qui s'appelle imagination, verve, invention esthétique et qui a avec le Beau les mêmes rapports que le talent des découvertes avec les vérités dont s'occupe la science. Le Beau réside donc dans les produits de cette faculté particulière, et non pas dans les seuls types intelligibles qui sont du ressort de la connaissance. L'individualité et la vie qui constituent l'essence de la beauté diffèrent de l'individualité et de la vie qui appartiennent aux choses réelles; car dans le cas contraire le Beau artificiel serait impossible puisque les ouvrages de l'art n'ont point une personnalité et une vie réelle. Le Beau naturel lui-même ne pourrait point avoir lieu à l'égard des hommes; car nous avons déjà remarqué que les œuvres de la nature ne nous paraissent point belles à cause des perfections qui leur sont propres, et qu'en conséquence leur beauté réelle est souvent méconnue par le spectateur quoiqu'il ait devant les yeux leur subsistance et leur vie. Le Beau naturel à l'égard des hommes ne se distingue point du Beau artificiel. Tous les deux consistent dans un élément qui leur est commun, et qui ne peut point être confondu avec cette individualité, et cette vie extérieure réelle dont l'art est incapable. Il faut admettre que cette vie individuelle, mais étrangère aux choses externes, est l'ouvrage d'une faculté spéciale qui, en donnant aux types intelligibles des objets une vie spirituelle, est la véritable source de la beauté qu'on y trouve. Cette faculté est l'imagination esthétique.

Je demande pardon au lecteur si je m'arrête encore un instant à examiner la différence qui passe entre le Beau, et la connaissance intellectuelle des objets, afin que le défaut dont j'accuse la doctrine platonicienne ne soit douteux à personne. Nos idées, depuis les conceptions les plus abstraites jusqu'à la perception immédiate des objets concrets et réels, forment une espèce d'échelle ou de hiérarchie de connaissances qui appartiennent à des catégories fort différentes. L'idée générale est la plus incomplète de toutes; car elle est une simple abstraction sur laquelle l'imagination n'a point de prise, et qui ne peut point sortir du domaine de l'intelligence. Elle peut être plus ou moins générale, et son extension à cet égard est en raison inverse de sa compréhension, selon le langage des logiciens. L'idée spécifique représente complétement son objet, à l'exception de son individualité, de ses défauts et de ses accidents, et quoique l'abstraction soit requise pour éliminer ces conditions, l'objet sous ses autres faces est considéré par l'esprit d'une manière concrète. C'est en vertu de cette détermination et de cet état concret que l'idée spécifique peut être saisie par l'imagination et être transformée par elle en fantôme esthétique; ce qui arrive toutes les fois que cette faculté en s'emparant de l'idée spécifique l'anime, la colore, la vivifie d'une manière spirituelle en lui communiquant ces gestes, ces attitudes, cette physionomie sensible qui lui donnent une espèce de corps et en font une image parfaite de l'individu, dans laquelle l'idée se réalise ou peut être réalisée. La seule différence qui existe entre l'idée spécifique qui est déjà complète et déterminée par elle-même, et le fantôme esthétique, consiste dans l'addition d'un nouvel élément, c'est-à-dire de cette subsistance et individualité mentale qui animent, vivifient et représentent comme réel aux yeux de l'esprit le type intelligible qui en lui-même est dépourvu de toutes ces qualités. Cette individualité mentale ne subsiste point hors de l'esprit; mais elle représente d'une manière fantastique la subsistance réelle des objets, comme l'idée spécifique représente d'une façon intellectuelle les autres propriétés des choses. Le fantôme esthétique occupe donc une place intermédiaire entre l'idée spécifique et l'objet réel, tel qu'il nous est donné par la perception; il appartient à l'imagination dont il est le produit, comme l'idée spécifique est du domaine de l'intelligence; et de la même manière que l'idée spécifique est le type intelligible des objets, le fantôme engendré par la faculté esthétique en est le type fantastique ou imaginaire.

Le type intelligible ne contient point en lui-même le type fantastique, puisque ce dernier ajoute un nouvel élément aux données de l'intelligence. Au contraire le type fantastique embrasse le type intelligible, et ne peut point subsister sans lui; car le fantôme esthétique, étant l'idée spécifique douée d'une individualité mentale, doit être précédé par cette idée, se fonder sur elle, et en acquérir pour ainsi dire la propriété en l'amalgamant avec sa propre nature. Sans l'idée spécifique le fantôme est aussi impossible que l'existence réelle de la matière sans la *forme*, pour parler le langage d'Aristote; car le type intelligible est la *forme* du type fantastique comme les forces créées sont la *matière* de l'individualité réelle. Les platoniciens ont donc raison lorsqu'ils envisagent l'idée spécifique, c'est-à-dire le type intelligible, comme partie intégrante et essentielle du Beau; mais ils se trompent lorsqu'ils le jugent suffisant pour constituer la beauté, sans s'apercevoir que celle-ci résulte de deux éléments dont l'un appartient à l'intelligence et l'autre à l'imagination. Je définis donc le Beau : *L'union individuelle d'un type intelligible avec un élément fantastique faite par l'entremise de l'imagination esthétique.* La suite de notre discours fixera d'une manière plus précise le sens de notre définition dans toutes ses parties.

CHAPITRE DEUXIÈME.

ORIGINE DE L'IDÉE DU BEAU.

Notre définition montre d'abord l'erreur de ceux qui soutiennent que l'idée du Beau dérive de la seule considération, et de la comparaison des objets extérieurs, et que par conséquent elle est un résultat de l'expérience. Peut-on en effet concevoir que les données expérimentales produisent une notion qui leur est étrangère, telle que le type intelligible et le type fantastique qui en est la suite? Tout le monde convient que le type intellectuel d'une chose ne peut point sortir de la seule observation d'un objet particulier; car la nature ne contient aucun être qui soit la réalisation complète de ce type, et même en supposant le contraire, il est certain qu'un grand nombre d'hommes ont la connaissance du type, sans avoir jamais eu la bonne fortune de rencontrer sa réalisation extérieure. Mais il y a des philosophes qui prétendent que le type intelligible est un ouvrage de l'esprit, qui compare les individualités réelles, et se sert de cette comparaison pour éliminer leur défaut, et remonter à l'idée d'une perfection absolue. Mais si l'esprit doit faire le type, il doit avoir une règle sûre qui le dirige; car le moyen d'atteindre son but s'il marche au hasard où selon les caprices de son imagination? Or, cette règle ne peut être autre chose, que la connaissance préalable du type. Le raisonnement des philosophes qui professent un empirisme esthétique, implique donc une pétition de principe. Mais, dira-t-on, l'esprit acquiert la notion du type par la comparaison des objets. J'en demande bien pardon à mes adversaires, mais ces paroles ne signifient rien. Il est impossible de puiser le type dans les objets qui ne le contiennent point; car un objet ne peut point donner ce qui lui manque. La comparaison peut fort bien nous révéler les rapports des objets; mais le type n'est point un rapport; il est une chose absolue, et non pas relative; il exprime un accord unique, parfait, indécomposable, et non pas une simple collection d'éléments divers. On répliquera peut-être qu'un individu contient les perfections qui manquent à un autre, et qu'en conséquence on peut fort bien se représenter l'idée d'un parfait modèle en éliminant tous les défauts et en comblant toutes les lacunes qui se trouvent dans les choses particulières. C'est ainsi que Zeuxis forma son Hélène en réunissant dans un seul corps les beautés éparses des plus jolies femmes de Crotone. Cette explication peut être admise si l'on parvient à montrer la manière dont un artiste peut découvrir dans un objet ce qui lui manque pour avoir une perfection esthétique. Est-ce que par hasard, dans les compositions de ce genre, l'excès est moins blâmable que le défaut? Et si l'artiste doit éviter le premier aussi bien que le second, comment pourra-t-il connaître en comparant deux individus de la même espèce, dont l'un contient quelque chose qui manque à l'autre, que l'imperfection esthétique est plutôt dans le défaut de celui-ci que dans le superflu de celui-là? Supposons par exemple qu'une personne ait un nez ou une bouche plus grande que les autres. Comment peut-on affirmer que la laideur consiste plutôt dans cette exagération exceptionnelle que dans la mesure commune? La rareté du premier cas lui est plutôt favorable que contraire, puisqu'on tombe d'accord que la parfaite beauté est fort rare. Aura-t-on recours aux proportions pour expliquer le jugement esthétique? Mais de quelle manière peut-on connaître les proportions qui conviennent à un beau visage? Ce n'est pas sans doute par l'expérience, puisque la nature ne nous montre jamais un visage doué d'une beauté parfaite. Supposons que ce visage existe, et que nous soyons assez heureux pour le rencontrer, comment saurions-nous que ce visage privilégié est plus parfait que tous les autres? Notre jugement serait sans doute motivé par une voix secrète antérieure à tout raisonnement qui nous obligerait à dire : Cela est beau. Mais qu'est-ce que cette voix intérieure, sinon l'intuition mentale d'un type dont l'accord avec l'objet externe nous révèle la perfection de celui-ci? Les proportions qui résultent de la quantité ne sont point applicables à tous les genres de beauté; mais même dans les objets qui en sont capables, elles ne peuvent point être saisies par le raisonnement ou par le calcul, sans la base d'un modèle préalable révélé à l'esprit par l'intuition primitive. Si Zeuxis par exemple n'avait point eu l'idée anticipée d'une beauté parfaite, il lui aurait été impossible de l'acquérir, même en supposant qu'il eût passé en revue toutes les femmes du monde. Il n'aurait eu aucun moyen pour diriger son choix dans l'assemblage des différentes parties du corps humain pour lui donner cette mystérieuse harmonie par laquelle chaque membre est d'accord avec lui-même et avec les autres, et concourt à cette perfection qui réside dans le tout aussi bien que dans chaque partie de l'ensemble. On doit donc conclure que le jugement qu'on porte sur la beauté est en effet le résultat d'une comparaison ; mais que cette comparaison a lieu entre les individus réels et le type spirituel, et non pas seulement entre les individus considérés en eux-mêmes, sans aucun rapprochement avec le type dont chacun d'eux est une copie fautive. Ce type peut être comparé au célèbre modèle de Polyclète, qui n'aurait jamais pu le réaliser et fournir au sculpteur une règle infaillible pour les proportions du corps humain, s'il n'en avait pas eu la connaissance anticipée.

L'observation et l'étude de la nature sont sans doute indispensables afin que l'homme puisse avoir une connaissance réfléchie des types qui lui sont fournis par la raison ; types qu'il doit revêtir d'un corps par l'entremise de l'imagination et reproduire extérieurement avec le secours de l'art. Les idées esthétiques tombent à cet égard sous les conditions qui sont communes à toute idée rationnelle. Les psychologues de quelque valeur conviennent aujourd'hui qu'il y a un grand nombre de notions qui ne dérivent point des sens, et qui néanmoins ne peuvent être saisies par la connaissance réfléchie, si la sensibilité n'entre point en exercice et n'est point affectée par les objets qui répondent à ces conceptions. Ainsi la sensibilité n'engendre point ces connaissances, elle se borne à les réveiller, et joue à leur égard le rôle d'une simple occasion, et non pas d'une cause efficiente et matérielle. On est aussi disposé à reconnaître que l'élément sensible et l'élément intelligible sont simultanés sans qu'aucun d'eux puisse revendiquer une précédence chronologique sur l'autre; car il est clair que dans le cas contraire il serait insaisissable par la pensée. Il en est de même des idées esthétiques et des types imaginaires, qui, tout en ayant une origine *supersensible*, ne peuvent point entrer dans l'esprit humain si celui-ci n'a point la perception de quelque objet qui leur ressemble. Bref, le type ne peut point tomber dans le domaine de la réflexion s'il n'est pas accompagné par la perception de sa copie; mais comme celle-ci n'est jamais parfaite, et même en la supposant telle on ne pourrait point s'en assurer sans la connaissance de son modèle, il s'ensuit que l'idée du type ne naît point de l'observation de la copie, quoiqu'elle l'accompagne dans la connaissance humaine. Les différentes copies peuvent se rapprocher plus ou moins de l'original intellectuel qu'elles représentent; d'où il suit que le génie de l'artiste doit étudier un grand nombre d'individus et choisir les meilleurs pour former son goût et développer ses forces. Aussi l'expérience nous montre que la connaissance du type est susceptible d'une infinité de degrés à l'égard de la clarté, de la précision, de la finesse qui l'accompagnent; et que ces différences, d'où dérivent les variétés spéculatives et esthétiques des esprits et des talents, répond pour l'ordinaire au degré analogue de l'observation extérieure. Ce phénomène a sa cause dans la loi psychologique par laquelle l'élément intelligible ne peut point être conçu sans l'élément sensible, et la supériorité du premier sur le second est logique et non chronologique. C'est dans l'union intime de la raison et de la sensibilité qu'il faut chercher l'explication de cette loi; union qui dérive de l'unité substantielle de l'esprit, où la raison et la sensibilité se confondent comme l'esprit et le corps se réunissent dans l'unité personnelle de l'homme. Je ne m'arrêterai pas à prouver que l'observation extérieure et la pratique sont également requises afin que l'artiste sache manier et maîtriser à son gré la matière dans laquelle il réalise ses conceptions; matière qui peut être le marbre, le métal, la couleur, ou bien la voix, le son, le langage; mais qui, dans tous les cas, doit obéir à la volonté de l'artiste. Ainsi quoique l'art et la poésie ne soient point, à proprement parler, une imitation de la nature (nous le verrons bientôt), l'étude assidue et profonde des beautés naturelles est cependant nécessaire pour former les hommes supérieurs dans ces deux créations de l'intelligence humaine. L'observation de la nature est pour ainsi dire l'éducation esthétique et une espèce de préparation intellectuelle qui accoutume l'imagination à saisir les types intellectuels qui lui viennent d'en haut dans leur plénitude, à les transformer en types fantastiques, et à les représenter extérieurement par le moyen de l'art ou de la parole.

Mais quelle est-elle cette source d'où découlent les types intelligibles? Quel est-il le principe d'où naît cet élément spécial qui les change en types fantastiques? Quelle est-elle en un mot l'origine de l'idée du Beau puisqu'elle n'est point enfantée par les sens ni par l'expérience? Voilà une question d'une haute portée qui exigerait à elle seule tout un livre pour être traitée d'une manière convenable. Je me bornerai ici à indiquer la solution du problème sans la développer, et puisque le Beau se compose de deux éléments, cherchons d'abord l'origine de l'élément intellectuel. Selon une doctrine fort ancienne, l'homme possède les idées spécifiques des choses, parce qu'il les voit en Dieu même en vertu de cette communication naturelle et immanente qui lie chaque esprit créé avec l'intelligence créatrice, et qui est la source de notre propre entendement, et de l'intelligibilité des choses. Cette doctrine remonte aux premières origines du genre humain : les philosophes de l'Orient l'ont conservée en partie, Platon ne l'a point ignorée, l'école Alexandrine l'a mûrie, les Pères de l'Église et surtout saint Augustin l'ont purifiée en la séparant de toute ombre de panthéisme, les plus grands réalistes du moyen âge l'ont professée, et enfin Nicolas Mallebranche l'a élevée à la rigueur d'un théorème scientifique. La méthode de Mallebranche est sans doute exacte, et Sigismond Gerdil l'a prouvé; mais comme elle procède par voie d'exclusion, et n'est que négative, elle ne suffit point à la science, et n'a point réussi à sauver la théorie du philosophe français des attaques des mauvais philosophes et à lui assurer l'avenir de la philosophie. J'ai tâché, dans un de mes ouvrages, d'établir la doctrine ancienne dont Mallebranche fut le simple rénovateur sur une base plus solide en démontrant que la vision idéale est une conséquence directe des premiers principes de la science universelle, et qu'elle résulte rigoureusement des rapports apodictiques qui lient l'esprit humain avec l'intelligence créatrice. L'homme en tant qu'il réfléchit et raisonne remonte de lui-même à Dieu; mais ce procédé impliquerait contradiction si l'esprit auparavant n'était pas descendu de Dieu à lui-même par l'entremise d'une opération antérieure, c'est-à-dire de l'intuition sans laquelle toute réflexion est impossible. La manière dont notre pensée descend de Dieu à elle-même est analogue à la manière dont l'esprit qui pense et toutes les créatures dérivent de leur principe; car l'ordre de la connaissance première doit répondre à celui de la réalité et le lien idéal de la notion de Dieu avec la connaissance que l'homme a de lui-même doit s'identifier avec le lien réel qui met la Divinité en rapport avec ses œuvres. L'opposition entre les idées et les choses, entre l'ordre de la connaissance et celui de la réalité, implique contradiction et mène droit au scepticisme. Or, le lien réel du nécessaire avec le contingent réside dans la création : donc l'esprit, en tant qu'il connaît, prend son point de départ dans la Divinité même, et cette loi psychologique a sa raison dans la nature ontologique des êtres. Car c'est Dieu qui a créé l'esprit qui, en vertu de son intuition, perçoit l'acte créateur qui l'a produit et étant continuellement témoin et spectateur de cet acte, le saisit d'une manière directe et immédiate avec le sens de l'âme, comme il saisit avec les organes les propriétés des corps. Toutes les parties de ce procédé se tiennent, et l'une est inséparable de l'autre, car il répugne que la connaissance des choses dans son acte premier ne soit point immédiate, ou bien qu'elle les représente dans un ordre contraire à leur coordination réelle. Toute abstraction se fonde dans un concret; or, si d'un côté il est vrai de dire que l'abstraction est requise pour réfléchir et pour raisonner, il n'est pas moins indubitable, de l'autre, que l'abstraction est impossible sans la perception d'un concret qui lui sert de base, de la même manière que la connaissance réfléchie est impossible sans une intuition précédente. L'intuition doit donc fournir d'une façon concrète toutes les connaissances qui, après avoir été transformées en notions abstraites par la réflexion, deviennent la matière de nos pensées et de nos raisonnements. Or n'est-il pas évident que toute pensée se réduit en dernière analyse aux idées de Dieu, du monde et de la création, dont la dernière est le lien des deux premières? Donc le concret primitif qui est saisi par l'intuition et constitue la source de toute connaissance réfléchie, peut être exprimé d'une manière adéquate par cette proposition : *L'Être crée les existences.* J'ai donné à ce principe le nom de *formule idéale*, parce qu'il est la source de toutes les idées. La formule idéale embrasse la réalité universelle dans la dualité du nécessaire et du contingent; elle exprime leur lien réciproque, et en plaçant ce lien dans la création substantielle elle réduit le dualisme réel à un principe unique, c'est-à-dire, à l'unité primordiale de l'Être, qui est concret, individuel, infini, absolu et créateur, et non pas abstrait, collectif et générique. L'esprit voit l'Être comme cause, parce qu'il le perçoit en rapport avec le monde qui est son effet. Il le voit comme cause première et absolue parce qu'il est nécessaire, et a en lui-même la raison suffisante de sa propre réalité : il le voit comme cause libre et créatrice du monde, parce qu'il contient la raison suffisante des existences cosmiques qui peuvent être et ne pas être. Toute cause est créatrice en tant que cause; mais les causes créées, étant contingentes et finies, produisent de simples modifications, tandis que la cause première étant absolue et infinie, produit des substances. En effet elle a avec les causes secondes le même rapport que celles-ci avec leurs propres effets; si donc les causes secondes produisent des modifications et des effets accidentels, la cause première doit créer des substances, ce qui est d'autant plus évident qu'elle crée les causes secondes qui sont des forces et par conséquent des substances véritables. Ceux qui nient la création substantielle doivent rejeter de même la causalité absolue, et avec elle la causalité relative : car le moyen d'admettre les causes secondes, si l'on ôte la cause première ? Il faudrait donc éliminer toute espèce de cause, anéantir le principe de causalité, et embrasser avec David Hume un scepticisme sans bornes. Ainsi la seule analyse de l'idée de cause suffit pour abattre le panthéisme; car si ce système était conforme à la vérité, il n'y aurait plus aucune cause, le principe de causalité qui joue un si grand rôle dans la science serait un misérable rêve, et le panthéisme lui-même, qui ne peut point se passer de cet axiome, serait absurde. Voilà comment la constitution essentielle de l'esprit humain présuppose nécessairement une intuition concrète et primitive, qui a pour objet immédiat les trois conceptions indiquées dans la formule idéale, disposées selon l'ordre qui est fixé par la construction même de cette formule.

J'esquisse à grands traits un procédé philosophique que j'ai développé avec une certaine étendue dans un livre qui pourra être consulté par ceux de mes lecteurs qui ne jugent point ces considérations indignes d'examen [1]. La théorie de la formule idéale ainsi conçue résout complètement la question de l'origine des idées, et fournit une démonstration rigoureuse et directe de la solution de ce problème adoptée

---

[1] *Introd. allo stud. della filos.*, l. I, chap. 4, 5.

par Mallebranche. Toutes les idées naissent d'une idée première, comme toutes les choses dérivent d'une première chose, comme toutes les causes secondes proviennent d'une cause première et absolue, puisque l'ordre de la réalité doit être en harmonie avec celui de la connaissance. Dieu est la première chose et la première cause en tant qu'il est, et crée les existences; il est la première idée en tant qu'il se connaît lui-même comme intelligent et doué d'une intelligibilité qui lui est propre, et qu'il rend intelligibles les effets de sa création, parce qu'il les connaît et leur communique l'intelligibilité essentielle à sa nature. L'intelligibilité est communiquée par l'idée première aux autres conceptions, comme la réalité est transmise par la cause première aux effets de sa puissance; et le moyen unique de cette double communication est l'acte créateur. L'esprit humain se perçoit lui-même, et saisit simultanément les autres existences dans l'acte immanent de la création dont il est le témoin : il perçoit son moi, et le monde parce qu'il a l'intuition de la cause créatrice, et parce qu'il est éclairé par cette lumière intelligible qui découle de la cause première et se répand sur les effets de son action souveraine. Certes, l'esprit serait incapable d'avoir la perception de lui-même et des autres choses finies, si elles n'étaient pas intelligibles, et il est contradictoire que les créatures soient intelligibles par leur propre essence, c'est-à-dire, sans le concours de cette intelligibilité supérieure qu'elles reçoivent du même principe qui leur donne l'existence et la vie. Qu'est-ce que l'intelligibilité d'un objet créé, sinon son idée spécifique et le type intelligible dont l'objet créé est une copie? Mais le type intelligible représente une simple possibilité; il est nécessaire, éternel, absolu, et appartient à l'essence de l'esprit créateur.

Donc, si l'esprit a la perception de lui-même et des autres créatures par l'entremise de l'intelligibilité qu'elles reçoivent du Créateur, il est clair que cela arrive, parce qu'il saisit les individus réels dans les types intelligibles qui les représentent, et contemple ces types en eux-mêmes, en remontant à leur propre siège, c'est-à-dire, à Dieu, et en communiquant avec l'intelligence divine en vertu de l'acte créateur, dont l'esprit tire son existence et toutes les facultés qu'il possède. L'esprit, en un mot, voit les types intelligibles des choses dans l'intelligence suprême, les choses intelligibles et relatives dans l'Être intelligible et absolu, et les idées spécifiques dans l'idée infinie. En conséquence, si l'individualité des choses créées est apprise par l'intuition, lorsqu'elle passe du premier membre de la formule idéale au dernier à l'aide du terme intermédiaire, les idées spécifiques de ces mêmes choses sont acquises par l'esprit lorsqu'il s'arrête au premier terme qui est le lieu où elles demeurent. Mais comme d'autre part les rapports de l'entendement avec la sensibilité sont si intimes que l'élément intelligible ne peut être saisi par la réflexion qu'à l'occasion d'un élément sensible qui appartient au dernier membre de la formule, il s'ensuit que les types intelligibles ne peuvent être perçus par l'esprit s'il ne parcourt point d'un seul coup d'œil toute la formule, et s'il n'embrasse simultanément l'idée de l'Être avec celle de l'existence.

Les types intellectuels expriment la simple possibilité des choses, possibilité qui est contemplée par l'esprit dans l'idée de l'Être, par le concours des deux autres membres de la formule. La raison saisit les notions idéales qui rendent intelligibles les individus contingents et constituent leur possibilité, dans le même temps qu'elle perçoit avec le secours de la sensibilité les individus mêmes et la cause qui les produit. Il y a des philosophes qui éprouvent une espèce de scrupule à charger l'esprit d'autant d'êtres intellectuels qu'il y a de types intelligibles, et pour éviter cet inconvénient ils dérivent les idées spécifiques de la perception sensible des individus et de la considération du monde extérieur. On pourrait approuver cette réserve, si les types intelligibles étaient renfermés dans le cerveau comme dans une boite, dans une armoire, dans un nécessaire; car dans cette hypothèse la capacité cérébrale aurait un fardeau fort lourd à porter et devrait excéder toute espèce de mesure. Ces plaisantes hypothèses se rattachent au vieux préjugé philosophique qui considère l'idée objective comme une simple forme de la pensée et non pas comme une chose qui en est indépendante, et qui jouit d'une réalité propre. Cette opinion est professée à peu près par tous les rationalistes modernes, sans même excepter ceux qui disent le contraire; car puisqu'ils s'accordent tous à nier l'intuition immédiate de l'absolu et à introduire une espèce de médiateur idéal entre l'esprit créé et l'Être qui contient objectivement toutes les idées, ils sont forcés de donner aux notions idéales, bon gré mal gré, une valeur contingente, subjective, et, rationalistes ou réalistes en apparence, ils sont sensualistes ou nominalistes en effet. C'est à cette catégorie qu'appartiennent MM. Cousin et Rosmini, l'un en France, l'autre en Italie, et plusieurs autres psychologues également estimables qu'il serait trop long d'énumérer. M. Cousin place entre Dieu et l'homme un médiateur dépourvu de substantialité objective, et en déduit toutes les idées rationnelles sans s'apercevoir qu'un médiateur de cette espèce ne vaut pas mieux que les formes de Kant ou le sentiment de Destutt-Tracy, pour fournir une base solide à la vérité absolue [1]. M. Rosmini en renouvelant le demi-réalisme du moyen âge, qui était un nominalisme déguisé, réduit avec beaucoup d'esprit toutes les idées à une seule qui est celle de l'être possible, et n'échappe au panthéisme et au scepticisme (qu'il déteste d'ailleurs par principe de religion et par ce bon sens qui est commun à tous les philosophes de l'Italie), qu'en renversant sa propre doctrine comme je l'ai démontré dans un autre ouvrage [2]. Quoiqu'il se propose d'expliquer toutes les connaissances humaines par un seul principe, il ne réussit pas mieux dans cette tâche que Condillac qui eut les mêmes prétentions, ou les philosophes Ioniens qui voulaient expliquer la formation du monde par un élément unique. Ce qui est sûr c'est que l'esprit de l'homme, étant fini et imparfait, ne peut point réduire ses conceptions élémentaires à une seule idée mère qui les produise par voie de génération; car l'engendré étant contenu dans le générateur, si l'assertion rosminienne devait être admise, les idées ne différeraient point entre elles, ou bien l'idée primitive ne serait point simple. Or la notion de l'être possible est simple au plus haut degré : on a beau la presser et la remanier en tout sens il est impossible d'en tirer les idées du Beau, du bien moral, de l'espace, du temps, et les autres notions rationnelles. En vain M. Rosmini invoque-t-il le secours de la sensibilité; car le sens ne peut fournir aucun élément intelli-

---

[1] Cousin, *Fragm. philos.* Paris, 1838, tome I, p. 224, 225, 226, 227, 316, 317 et suiv.

[2] *Errori filosofici di Antonio Rosmini.* Brusselle, 1841.

gible et moins encore un élément intelligible doué d'une objectivité absolue. Il n'y a qu'une seule unité d'origine qui puisse convenir à toutes les idées, c'est celle qui réside dans la dépendance logique ou dans la création. Mais la création est absurde si l'idée primitive nous représente l'être dans un état d'abstraction et de possibilité ; car un tel être est improductif par sa propre nature. Il faut donc reconnaître que les idées rationnelles et les types intelligibles des choses ne sont point engendrés en nous par une conception unique, et que l'esprit les perçoit dans une réalité objective; et puisqu'ils sont nécessaires, absolus, éternels, immuables, il s'ensuit que la réalité qui les soutient doit être une essence douée des mêmes perfections. Dans l'esprit il y a la simple intuition de ces types ; et l'intuition intellectuelle d'un nombre indéfini d'êtres intelligibles est une chose aussi naturelle à l'égard de la raison, que la réception d'un grand nombre d'impressions sensibles à l'égard de la sensibilité. De la même manière que l'homme sensible passe, dans le cours de sa vie mortelle, par une succession de sentiments et de sensations qui diffèrent par leurs degrés et par leur nature, l'esprit est successivement affecté par une longue série de types intelligibles, qui ne sont pas plus un effet de la sensibilité que les impressions sensibles ne le sont de la raison.

Après avoir analysé l'origine de l'élément intelligible, passons au fantastique. Les types intellectuels produisent le Beau par l'entremise de l'imagination qui les transforme en types imaginaires. Ce qui établit une différence entre ces deux espèces de types, c'est que le premier n'a point cette individualité mentale qui se trouve dans le second. Si l'on veut pénétrer le secret de cette transformation, il faut examiner la nature de cette individualité fantastique qui constitue la différence des deux facultés dans les représentations qu'elles produisent. Il est clair d'abord que tout fantôme est une chose sensible. Toute chose sensible impliquant une modification du sens externe ou du sens interne, il est également clair que le fantôme ne peut point appartenir à la sensibilité extérieure, car dans la supposition contraire l'imagination se confondrait avec la faculté qui saisit les choses du dehors par l'impression qu'elle en reçoit. Le fantôme est donc une modification de la sensibilité intérieure, c'est-à-dire de l'âme elle-même. Mais cette modification intérieure est d'une nature *sui generis*, qui la distingue de toutes les autres choses sensibles, et sa spécialité consiste en ceci, qu'elle ne représente point une autre chose parce qu'elle a en elle-même son propre complément et peut se passer d'un objet extérieur qui soit avec elle en correspondance. Je m'explique par un exemple. La conception idéale du peintre est une chose qui appartient à la sensibilité intérieure puisqu'elle est l'image d'une physionomie, d'une personne, d'un être corporel, qui n'existe point en dehors de l'imagination de l'artiste avant que celui-ci l'ait représenté sur une surface externe par des lignes et des couleurs. Ce fantôme est un type qui nous représente un être créé, doué de perfection, qui n'existe point dans le monde, mais dont l'existence est possible; néanmoins ce défaut de réalité n'apporte aucun préjudice à la perfection du fantôme, à qui rien ne manque, parce qu'il n'est point destiné à représenter un être distinct de lui-même. Aussi dans l'hypothèse que Dieu créât par miracle un objet parfaitement semblable, le fantôme n'y gagnerait rien, et il ne serait ni plus ni moins parfait qu'auparavant : l'objet représenterait le fantôme sans qu'on pût dire que le fantôme représentât l'objet, de la même manière que l'original est représenté par sa copie, et une personne vivante par son portrait. De même quand quelqu'un de nous assiste à une tragédie représentée par de bons acteurs, il pleure, il se réjouit, il craint, il espère, il éprouve la compassion ou la terreur, et passe par une série d'affections différentes selon la nature des événements exposés dans le drame et représentés sur la scène. Ces affections sont des modifications de la sensibilité intérieure qui ressemblent en apparence à de certaines passions, comme les figures idéales d'un tableau ressemblent à certains objets. Cependant ces passions ne sont pas plus réelles que ces objets ; car si les impressions excitées par un drame tragique se changeaient en passions réelles, la tragédie n'aurait plus pour nous aucune espèce d'intérêt esthétique, elle se changerait en un spectacle prosaïque et désagréable, la fiction se confondrait avec la réalité, et cette confusion pourrait avoir des suites analogues à celles qu'on attribue aux Euménides d'Eschyle. Car il n'est pas probable que cette tragédie ait amusé beaucoup les dames d'Athènes, si l'on veut juger des impressions qu'éprouve le beau sexe par les effets qui en résultent. Concluons donc que les modifications sensibles et intérieures excitées par le théâtre, tout en ressemblant à certaines passions, ne les représentent point en effet, comme les figures idéales d'un tableau ne représentent point une réalité extérieure.

Il peut paraître étrange que le fantôme soit une chose sensible qui a de la ressemblance avec une autre chose, sans être cependant la représentation d'aucun objet étranger à lui-même, et qu'il possède tout ce qu'il lui faut pour être achevé et complet selon sa nature. La raison de ce fait, qui est évident et irrécusable, doit être cherchée dans cette individualité mentale dont le fantôme est doué. Si le fantôme était dépourvu de toute personnalité, s'il était une simple image et une forme destituée de vie, il devrait tirer son complément de la représentation de quelque chose réelle ou au moins possible, et son essence consisterait dans cette représentation extérieure. Mais comme il jouit d'une vie et d'une individualité qui lui est propre, il n'est point destiné à représenter une chose différente de lui; car l'individu n'est point représentatif par lui-même, comme le genre et l'espèce, et il ne représente pour ainsi dire que sa propre personne. Un individu peut avoir une ressemblance parfaite avec un autre individu, ainsi que Plaute, Firenzuola, Shakspeare, Goldoni et plusieurs autres auteurs l'ont supposé dans leurs comédies, et l'histoire même en fournit quelques exemples; mais certes il serait étrange de dire que dans ces ressemblances fortuites, l'un des individus doive par son essence représenter l'autre comme le portrait représente l'original. D'ailleurs le fantôme ressemble ou peut ressembler à quelques objets réels et les représenter accidentellement, puisqu'il répond à une idée spécifique qui représente un être possible. Bref, le type fantastique est propre à représenter quelque chose en tant qu'il contient une idée spécifique; mais il ne représente rien en réalité en tant que cette idée est pour ainsi dire incarnée et douée d'une individualité qui lui est propre, et qui contient son complément en elle-même.

Si le fantôme est un élément sensible qui exprime une idée spécifique, et si le Beau se compose de deux éléments dont l'un est sensible et l'autre intelligible, le premier de ces éléments peut être réduit à l'agréable ou au bien physique, parce que toute impression de sensibilité apporte du plaisir ou de la douleur à celui qui la reçoit. De même le second élément peut être rapporté au vrai. On pourrait donc en conclure que l'utile ou l'agréable associé au vrai suffit pour constituer le Beau. Mais s'il en était ainsi, la beauté se confondrait par son essence avec l'utilité et le plaisir, contrairement à ce que nous avons prouvé plus haut. La propriété spécifique du Beau consiste dans la manière par laquelle on réunit ensemble ces deux éléments. Cette réunion n'est point produite par un simple rapprochement, un contact, une agrégation, une conjonction morale des deux éléments constitutifs de la beauté, mais par une véritable et rigoureuse unité esthétique, sans laquelle le Beau ne serait point un, mais multiple. Il ne faut pas cependant croire que les deux éléments cessent d'être distincts, car la confusion des deux choses est absurde et implique le panthéisme; aussi les monophysites esthétiques sont panthéistes ou au moins ont beaucoup de penchant pour ce système. L'union, dans notre cas, est aussi grande qu'elle peut l'être sans anéantir la distinction, et on peut la concevoir comme l'accord de deux natures différentes qui se réunissent sans se confondre dans une personne unique. C'est de cette simplicité personnelle, qui a lieu malgré la multiplicité de la forme sensible, que provient l'unité du Beau, qui prend une espèce de personnalité mentale à l'aide de laquelle l'idée s'incarne et vit dans l'apparence fantastique, comme l'esprit de l'homme anime ses organes. L'union de l'âme ou du principe sensible avec le corps dans l'homme et dans la brute nous fournit un analogue frappant de cette unité esthétique qui réunit l'élément sensible avec l'élément intelligible, et produit la beauté.

Les deux éléments constitutifs du Beau ne sont point sur un pied parfait de parallélisme et d'égalité entre eux, et n'ont point l'un avec l'autre les mêmes rapports de dépendance réciproque; car dans ce cas l'unité qui en résulte n'existerait plus, ou bien il faudrait, contre notre hypothèse, un troisième principe pour la produire. Donc l'un des deux éléments doit prédominer sur l'autre de telle manière qu'il le maîtrise et le règle sans le dénaturer et en détruire l'indépendance, ce qui arriverait si le principe moins noble avait le dessus. Il faut donc nécessairement que le type intelligible prédomine dans l'idée du Beau sur l'élément sensible, et qu'il en constitue la partie principale. C'est en effet ce qui arrive; aussi le Beau est détruit ou du moins atténué et obscurci par l'élément sensible, lorsque celui-ci a trop d'éclat et parvient à égaler ou à surpasser l'élément intelligible dans l'impression qu'il produit. Voilà la raison qui assure à la beauté artificielle la supériorité sur la beauté naturelle; car dans celle-là l'élément sensible est moins en relief et la matière de l'art est plus maîtrisée par le type qui l'anime. Ainsi, par exemple, une statue parfaitement belle est supérieure dans l'ordre des impressions esthétiques à une personne vivante, même en supposant que celle-ci soit aussi parfaite que celle-là, et qu'elle en soit la reproduction exacte. C'est par le même motif que la jouissance esthétique produite par le Beau est toujours en raison inverse du plaisir sensuel qui quelquefois l'accompagne. Ainsi par exemple l'amour platonique qui se rapporte à la beauté seule est fort différent de l'amour physique qui a pour but la volupté ; et les mythographes de la Grèce signalaient cette différence des deux amours, en assignant au premier pour mère Vénus céleste, et au second Vénus terrestre, dont l'une était la source de la *vénusté* et l'autre de ces plaisirs dont la seule épithète qui se rattache à la même étymologie suffit pour indiquer l'origine impure. Cependant la prééminence de l'élément intelligible dans le fantôme, comme l'empire de l'âme sur le corps de l'homme, ne doit point dépasser une certaine mesure, ni excéder tellement l'élément sensible qu'il l'absorbe ou l'efface ; car si cela arrivait, l'effet esthétique participerait au même sort, et le vrai remplacerait le Beau. C'est là le malheur qui arrive aux poëtes métaphysiciens, qui à force de vouloir subtiliser sur le Beau en lui ôtant pour ainsi dire son embonpoint et sa charpente osseuse, en font un pur esprit, et produisent des images si fines et si vaporeuses, et des tableaux si maigres et si secs, qu'il n'y a plus rien de poétique, excepté le mètre et la rime. Ce défaut est assez fréquent chez les peuples du Nord, tandis que l'Italie, l'Espagne, la Perse, fourmillent de poëtes voluptueux et sensuels qui tombent dans l'excès opposé. Rien de plus difficile, en effet, pour les poëtes et les artistes que de conserver une juste mesure, et éviter en même temps ces deux extrêmes, en rehaussant sobrement l'élément sensible sans nuire à la supériorité de l'élément intelligible, et en conservant à ce dernier le privilége légitime, qu'il a de constituer l'unité hypostatique du Beau et d'harmoniser l'ensemble de la représentation esthétique, comme le moi personnifie l'homme et produit l'accord de ses organes. Personne n'a possédé ce talent à un degré aussi haut que Raphaël dans ses chefs-d'œuvre, et le Dante dans son divin poëme.

La supériorité de l'élément intelligible dans le type fantastique sert aussi à expliquer l'influence salutaire que la littérature et les beaux-arts exercent sur les sentiments et sur les mœurs des hommes, et le pouvoir qu'ils ont d'élever l'esprit au-dessus des choses sensibles en le transportant sur les ailes du Beau dans un monde supérieur où l'on respire un air plus pur et plus vital que cette atmosphère qui nous entoure. La contemplation du Beau implique la supériorité de l'idée sur la sensation, accoutume l'homme à reconnaître la prééminence de la vérité sur les faits, de l'esprit sur le corps, des choses immortelles et éternelles sur les plaisirs et sur les intérêts périssables, et commence à délivrer l'âme humaine de la tyrannie des sens, et à lui procurer cette émancipation spirituelle qui est augmentée et accomplie par la morale, et par la religion ici-bas et dans une existence ultérieure. Ainsi la philosophie et la religion sont sœurs de l'esthétique qui est une espèce d'apprentissage qui initie le mortel au vrai et au bien suprême, de la même manière que la beauté est l'expression, la physionomie et le dehors et pour ainsi dire le vestibule de la vertu et de la science. La vue et l'étude du Beau sont une douce et puissante consolation parmi les maux inévitables de cette vie : l'homme, affligé et oppressé par le spectacle des misères qui l'entourent, s'en délivre en quelque sorte d'une manière spirituelle, et cherche avec sa pensée un refuge dans cette région idéale mais riante et joyeuse où il n'y a rien de triste et où tout ce qui s'y passe est réglé par les lois d'un ordre parfait selon lesquelles chaque chose est de tout point ce qu'elle doit être. Effet merveilleux qui est produit plus ou moins par toute espèce de beauté et de consonnance, mais surtout par la musique qui est l'art le plus puissant pour nous enlever à ce bas monde, et nous transporter dans un séjour idéal où tout est harmonie et beauté. Ce spectacle nous rend moins malheureux et meilleurs en nous faisant éprouver par la puissance de l'esthétique un avant-goût de ce bonheur céleste où la vertu et le plaisir se pénètrent et s'identifient. L'histoire nous montre que lorsque la soif des plaisirs physiques, de l'argent et du pouvoir prédomine dans un peuple sur le culte des lettres et des beaux-arts, et que ceux-ci, en dégénérant, deviennent maniérés et sensuels, la société s'en ressent et voit tarir la source des belles actions et des pensées magnanimes.

La simplicité, qui est une autre propriété essentielle du Beau, dérive de la même origine. Elle doit sans doute changer selon le genre des ouvrages littéraires et artistiques, et être plus ou moins grande; mais elle est toujours en quelque sorte nécessaire au Beau, et depuis l'épopée jusqu'au madrigal et à l'épigramme, depuis le Panthéon jusqu'à un bijou, à une tabatière, rien ne peut revendiquer les priviléges de la beauté, s'il n'a pas la simplicité convenable. La simplicité naît du relief et de la prééminence du type idéal sur l'objet sensible dans lequel ce type est incarné. Les idées spécifiques des choses contiennent tout ce qui est nécessaire à déterminer les objets d'une manière concrète, à l'exception de leur individualité; mais elles ne contiennent rien de superflu. C'est de là que dérive cette simplicité qui nous charme dans les arts; c'est de là que provient cette ingénuité, cette candeur qui est le caractère des grands écrivains : car la simplicité du style n'exclut point les ornements convenables au sujet, et a lieu toutes les fois que l'idée surnage à la parole, et brille dans le signe qui lui sert de cadre et la rend sensible à la pensée. Aussi lorsque la civilisation dégénère, et que la barbarie se glisse peu à peu pour prendre sa place, l'élocution se corrompt également et perd cette douce et heureuse simplicité qui distingue l'âge d'or de toutes les littératures ; car la barbarie en tout genre est l'empiétement de la sensibilité sur la raison, des images sur les idées. La matière qui reçoit l'empreinte du modèle esthétique peut quelquefois nuire au Beau par la variété inséparable de sa forme naturelle ; ainsi, par exemple, la blancheur de l'albâtre est beaucoup plus assortie à la sculpture que la couleur variée d'une autre espèce de marbre. Cependant le Beau est foncièrement le même dans les deux cas pourvu que la forme soit simple. On accuse ordinairement les anciens artistes orientaux d'avoir nui à cette simplicité par ces symboles, ces ornements, ces grecques, ces arabesques, ces bas-reliefs, ces peintures, ces accessoires de toute espèce dont ils surchargeaient leurs édifices ; mais je crois qu'on peut les excuser en partie en remarquant que cette parure architectonique avait si peu de proportion par la petitesse des détails avec l'ensemble des palais et des temples, qu'elle appartenait à la matière plutôt qu'à la forme de ces monuments, et ne nuisait pas plus à la simplicité de cette forme que quelques petites taches à la blancheur du marbre. Ce que je dirai plus tard sur la symbologie orientale qui appartenait à la religion plutôt qu'à l'art, justifiera ma pensée. Les dessins de l'ancienne architecture orientale ont presque toujours une simplicité sublime. Rien de plus majestueux qu'un pylône égyptien, un pronaos, une salle hypostyle, un hypogée, une pyramide : la multiplicité et la confusion n'a lieu que dans les décorations qui par leur exiguïté relative ne gâtent aucunement l'harmonie et la simplicité de l'ensemble. Ajoutons encore que le mérite prédominant de l'architecture orientale consiste moins dans le Beau que dans le sublime.

Le type intelligible qui prédomine sur l'élément sensible dans la synthèse esthétique, répond à ce que les auteurs modernes, surtout en Allemagne, signalent par le nom d'*idéal*. Mais en général ceux qui en parlent plus à leur aise se soucient peu d'être clairs, et se gardent bien de définir l'objet dont il s'agit, aussi est-il difficile de se faire une idée nette de leur doctrine. Le véritable idéal est le type intelligible en tant qu'il prédomine sur le type fantastique et y brille dans toute sa pureté, sans que l'élément sensible qui l'accompagne en diminue l'éclat. Si cette supériorité du modèle intelligible vient à manquer et que l'élément sensible l'emporte sur l'idée ou lutte avec elle et en gâte les contours, l'idéal disparaît, parce que le type intelligible perd l'excellence qui lui est propre, et participe plus ou moins aux défauts de la réalité. On peut en trouver de nombreux exemples parmi les ouvrages des peintres hollandais, flamands et espagnols, et dans la plupart des romans et des drames modernes, où la manie de reproduire exactement la nature nuit à la perfection idéale des fictions. Quelques philosophes se trompent en assignant à l'idéal la représentation de l'homme seul, et en excluant de ce privilége les autres parties du Beau. Ainsi Hégel avec son langage panthéistique considère l'idéal comme une forme de l'absolu, lorsqu'il se développe sous la forme de l'esprit et non pas sous celle de la nature. Cette restriction porte à faux, parce que

4

l'idéal étant le type intelligible, et tout objet naturel ayant son type, il y a autant de modèles intellectuels saisissables par l'esprit de l'homme, qu'il y a d'objets dans la nature. L'idéal accompagne toujours la parfaite beauté, mais il change de perfection selon la nature des objets qui s'y rapportent. Ainsi l'idéal de l'homme est le plus grand de tous, parce que l'homme occupe la place la plus élevée de la hiérarchie des êtres, dans lesquels un élément sensible est associé à un élément intelligible. En descendant de cette hauteur jusqu'au plus bas degré des choses naturelles, il n'y a point d'être qui n'ait son type, et qui en conséquence ne soit susceptible de quelque beauté idéale lorsqu'il reproduit la perfection de son modèle. Si malgré cela il y a des choses qui ne sont pas belles, si la laideur se voit à côté de la beauté dans les productions de la nature, et si la beauté parfaite ne se trouve point au monde, ou bien elle est excessivement rare, il faut chercher la cause de ce phénomène dans l'état actuel de la nature qui n'est plus normal tel qu'il était à son origine. Nous nous arrêterons bientôt sur ce point important de l'esthétique.

La faculté qui associe l'élément intelligible avec l'élément sensible est l'imagination. Elle occupe une place moyenne entre la sensibilité et la raison, et participe du subjectif et de l'objectif, du sensible et de l'intelligible, du spirituel et du corporel, quoique, en tant qu'elle est une faculté de l'âme, elle soit dégagée de tout mélange physique et parfaitement immatérielle. Mais si l'imagination se bornait à réunir les impressions sensibles avec les idées, elle ne serait point une puissance à part, une faculté *sui generis*, mais une simple réunion de deux facultés différentes. Ce qui la caractérise, et en fait une faculté séparée, ce sont des modifications spéciales qu'elle donne aux éléments étrangers qu'elle reçoit et qu'elle met en œuvre en leur donnant sa propre empreinte, en leur ajoutant, ou en ôtant quelque chose, et enfin en les jetant dans son propre moule. L'individualité mentale que nous avons remarquée consiste dans la supériorité de l'élément intelligible, qui est l'hypostase ou la personne qui soutient l'apparence sensible ; l'imagination ne fait à cet égard que combiner d'une certaine manière les éléments qui lui sont fournis par les autres facultés. Nous devons donc faire l'analyse de l'imagination et chercher la manière dont elle produit le Beau, pour découvrir l'élément nouveau et original qui caractérise ses ouvrages.

CHAPITRE TROISIÈME.

DE L'IMAGINATION ESTHÉTIQUE, CRÉATRICE DU BEAU.

L'imagination esthétique est la faculté qui, en transformant les fantômes en types intelligibles, et en donnant aux images de l'esprit une vie mentale, crée le Beau. Elle est reproductive parce qu'elle renouvelle les impressions et les représentations des objets produites par les sens; elle est combinatrice parce qu'elle réunit ces impressions entre elles et avec les éléments intelligibles; elle est enfin transformatrice et productive, parce qu'elle modifie ces données et leur ajoute des éléments spéciaux qu'elle tire de sa propre nature. Nous la signalons par l'épithète d'*esthétique* ayant égard à ses trois dernières propriétés, par lesquelles elle combine, transforme, et produit; car c'est à ce triple titre qu'elle se distingue de l'imagination prise dans un sens plus étendu, telle qu'elle est dans tous les hommes sans excepter même ceux qui sont ineptes à sentir et à créer la beauté. L'imagination est une branche spéciale de cette force ou activité en qui réside la nature intime et essentielle de l'esprit humain. Toute force est simple et indivisible, comme substance et comme cause; mais elle est multiple dans ses attributs et ses propriétés. Ainsi les facultés de l'âme humaine sont pour ainsi dire le premier rayonnement de son unité substantielle, et forment la couche plus intérieure ou l'écorce qui couvre le noyau essentiel de la substance spirituelle et animique. La faculté d'entendre et celle de sentir saisissent les premiers éléments des choses, c'est-à-dire les notions intelligibles et les impressions sensibles qui répondent aux extrêmes de la formule idéale. La perception sensible et l'intuition reçoivent ces éléments comme des matériaux bruts et informes, qui sont ensuite élaborés et transformés par la connaissance réfléchie. Mais le travail de la réflexion en tant qu'il dérive de la raison ne sort point des termes de la simple connaissance. L'imagination prend les matériaux qui lui sont fournis par la sensibilité et la connaissance intuitive, remaniés plus ou moins par la réflexion, et les transforme de nouveau en complétant le procédé dynamique déjà commencé par les facultés antérieures. Elle remplit cette tâche en réduisant d'un côté à une forme spirituelle les éléments sensibles, et en prêtant de l'autre côté un corps aux éléments intelligibles, afin que les uns et les autres en perdant quelque chose de ce qui leur est propre, et en empruntant en revanche quelque donnée à la nature opposée, puissent se réunir dans l'individualité esthétique que nous avons décrite. En vertu de cette opération les éléments sensibles sont détachés mentalement de la matière qui les soutient et amincis pour ainsi dire jusqu'à devenir une feuille subtile et délicate, qui, quoique dépourvue de corps, comme la surface des géomètres, n'est point abstraite comme elle, et conserve les formes, les couleurs et les autres apparences extérieures et concrètes, avec je ne sais quoi de vague, d'indéfini, de mobile, de mystérieux qui appartient en propre à l'imagination. Au contraire, les intelligibles prennent un corps, se dépouillent des propriétés qui les accompagnent dans la sphère de la raison, telles que l'éternité, l'universalité, la nécessité, entrent dans le cadre circonscrit d'un lieu et d'un temps déterminé, s'assujettissent à des bornes comme les choses réelles, et deviennent ressemblants à des êtres animés, doués de corps, qui vivent, respirent, parlent, marchent, opèrent dans l'esprit du poëte comme les individus vivants et réels dans le monde de la nature. C'est dans cette double opération que s'exerce la puissance de l'imagination, et ses créations sont d'autant plus exquises qu'elle réussit mieux à faire ce travail. Les éléments intelligibles et les éléments sensibles, réduits à la condition de fantômes, perdent quelque chose d'un côté, mais ils ont de l'autre leur revanche, et, transformés de cette manière, jouent leur rôle esthétique dans la conception du poëte ou de l'artiste. Leur composition est facile à comprendre, car cette espèce de surface qui est le reste de la soustraction exercée sur les éléments sensibles sert de parure et de complément aux éléments intelligibles, qui, dépouillés d'une partie de leurs richesses, reçoivent en compensation ces données étrangères et constituent avec elles le fantôme où réside la beauté.

Les types intelligibles en sortant de leur généralité, et en prenant un aspect semblable à celui des choses réelles, pourraient se confondre facilement avec la réalité, s'il n'était pas évident qu'ils n'ont point de subsistance, et qu'il leur manque la condition requise pour exister réellement. La forme qu'ils ont reçue de l'imagination n'est que l'écorce des choses sensibles séparée mentalement des objets matériels par l'entremise d'une certaine abstraction fantastique qui diffère de celle de l'intelligence. Il arrive donc (ce qui est assez singulier) que la même opération qui change le concret en abstrait, transforme simultanément l'abstrait en concret, de telle manière que ce qui d'un côté est le résultat de l'abstraction enfante de l'autre côté une existence concrète. D'où il suit que les types fantastiques manquent de subsistance extérieure et réelle et n'ont aucune connexion nécessaire avec les œuvres et les buts qui constituent et gouvernent la vie du dehors, ni avec le bonheur ou le malheur de l'homme comme être terrestre : aussi sont-ils incapables d'exciter en nous des impressions et des sentiments semblables à ceux qui sont réveillés par les choses réelles. Cela nous explique pourquoi la terreur, la pitié et les autres émotions produites par l'artiste, par le poëte épique et lyrique, et surtout par l'auteur d'une tragédie, sont agréables et diffèrent par leurs effets des impressions qu'on éprouverait à cause des mêmes événements transportés hors du champ de la fable dans celui de la vie réelle. Cette contradiction apparente a souvent embarrassé les philosophes qui ont voulu l'expliquer. La véritable cause du phénomène c'est que les sentiments produits par les fantômes esthétiques n'appartiennent pas plus au monde réel que les fantômes eux-mêmes, et ne font partie que du monde imaginaire; l'effet répond en tout à la cause qui le produit. La crainte et la pitié éprouvées par le lecteur ou le spectateur d'une belle tragédie sont des phénomènes purement fantastiques comme les événements qui les produisent; les uns et les autres sont des ombres de la réalité et non pas la réalité même.

Cette fantasmagorie esthétique ne se passe point dans le monde extérieur, mais au dedans de nous, et l'imagination qui crée les personnages apprête également la scène de leurs mouvements et de leurs actions. Le travail de l'imagination esthétique ressemble sous ce point de vue à celui qu'on fait dans le rêve, dans les visions produites par le délire, ou par d'autres accidents naturels et surnaturels, normaux et anormaux de l'homme. La scène fantastique comprend un lieu et une durée, et implique en conséquence l'espace et le temps; mais cet espace et ce temps sont fantastiques et se distinguent aussi bien du temps et de l'espace purs qui sont propres de l'intelligence, que du temps et de l'espace empiriques qui appartiennent à la perception sensible. Comme la scène doit précéder le drame, et la représentation des événements dont il se compose exige un temps convenable, la première fonction de l'imagination consiste à appareiller le théâtre où l'action dramatique doit être jouée, et à monter pour ainsi dire l'horloge qui doit en mesurer la durée. A cet effet elle emprunte à la raison le temps et l'espace purs et leur ajoute l'élément discret et l'élément sensible qui lui sont fournis par la raison et par la sensibilité. De là ressortent quelques différences assez importantes entre la notion esthétique et la notion mathématique ou physique qui représente ces deux formes. D'un côté le temps et l'espace purs sont infinis, continus, supersensibles ; tandis que dans la sphère de l'imagination ces formes deviennent indéfinies, discrètes et douées, l'une de succession de nombre, de mouvement, l'autre de parties, de figure, de couleurs. D'un autre côté le temps et l'espace empiriques sont concrets et déterminés, tandis que le temps et l'espace fantastiques n'ont que l'apparence du concret et sont indéfinis, dépourvus de précision, et de contours. Le temps et l'espace fantastiques sont donc une espèce de milieu entre les deux autres catégories et forment un mélange des deux formes autant qu'elles répondent à la sensibilité et à l'intelligence ; mélange qui constitue une synthèse intermédiaire de ces produits comme l'imagination occupe une place moyenne entre les deux facultés d'où ils dérivent. Ainsi on peut concevoir le travail dynamique de l'imagination de telle sorte que cette faculté en se développant produise d'abord par un acte premier l'expansion indéfinie de l'espace et du temps tels qu'ils lui conviennent, et qu'ensuite elle peuple par un acte second cette scène phénoménale avec cette multitude d'individus fantastiques qu'elle forme par le procédé que nous venons d'indiquer. Cette marche s'accorde admirablement avec celle de Dieu dans la création de l'univers réel, et avec la texture ontologique et psychologique de la formule idéale comme nous le verrons bientôt.

La nature de l'espace et du temps fantastiques donne lieu

à une science spéciale qu'on peut appeler *mathématique esthétique* : la synthèse des fantômes placés sur cette scène enfante une autre science qui peut être désignée par le nom de *physique esthétique*. C'est à ces deux facultés qu'appartient la recherche spéciale des lois qui gouvernent le Beau. Réunies ensemble elles forment une *esthétique secondaire* qui tire ses principes de l'*esthétique première*, dont j'esquisse les premières lignes, et qui est la philosophie du Beau comme les deux autres branches en sont l'application. La mathématique et la physique esthétiques ont avec le Beau le même rapport que les mathémathiques et les sciences physiques proprement dites avec le vrai considéré dans la quantité abstraite et dans la nature sensible. La raison de cette correspondance doit être cherchée dans l'affinité du Beau avec le vrai, de l'art avec la nature, et de l'esthétique avec la cosmologie. La mathématique esthétique travaille sur la quantité eurythmique des figures dans l'espace, des sons harmoniques dans le temps, des mouvements et des gestes dans les deux formes : la physique esthétique s'exerce sur la qualité eurythmique des couleurs, de certains sons mélodiques et des affections qui répondent au sentiment extérieur et intérieur. De là naissent plusieurs catégories dans les arts, dont quelques-unes, comme l'architecture, la mimique, la danse, opèrent sur les types intelligibles qui se rapportent à l'harmonie de quantité ; d'autres, comme la sculpture, la peinture, la poésie, l'éloquence, la musique, se servent des types relatifs à l'harmonie de qualité ; ou bien embrassent les deux genres et sont d'une nature mixte. La musique qui travaille sur le nombre, et sur la succession des sons, est l'arithmétique de la mathématique esthétique, l'architecture en est la géométrie, la musique et la danse en sont la mécanique; tandis que la peinture et la sculpture sont principalement l'anthropologie de l'art. La poésie et l'éloquence embrassent tous les genres, sont universelles et encyclopédiques. Je ne fais qu'indiquer en passant un thème qui exigerait de longues explications.

La mathématique esthétique nous explique un fait singulier, c'est-à-dire le privilége de la vue et de l'ouïe qui parmi nos sens sont les seuls qui soient esthétiques et qui servent d'instrument à la perception du Beau extérieur, tandis que les autres sens ne peuvent sentir autre chose que le bien matériel et le plaisir. La raison de cette différence consiste en ceci que l'imagination étant le siége propre du Beau (car le Beau externe, soit naturel, soit artificiel, ne peut être saisi par l'imagination qu'autant qu'il est reproduit par elle), tout ce qui répugne à la nature de son contenant, c'est-à-dire du temps et de l'espace fantastiques, n'est point susceptible de beauté. Or la vue est le seul sens de l'espace, l'ouïe est celui du temps et du nombre qui en résulte, parce que ces deux sens servent à l'esprit d'occasion pour saisir les deux formes du lieu et de la durée dans les objets matériels qui leur sont assujettis. Ainsi la vue et l'ouïe, étant les seuls organes qui soient en rapport avec la nature de l'imagination, ont le privilége de saisir les propriétés esthétiques des choses. Le tact ne perçoit, à proprement parler, que la solidité, et ne peut point aller au delà sans le concours des yeux ou l'aide de la mémoire. La vue et l'ouïe sont donc les seuls sens qui méritent le nom d'esthétiques, et le tact ne peut partager cette qualification s'il n'est accompagné par la faculté de voir.

Si l'espace et le temps fantastiques sont le siége des œuvres de l'imagination, il s'ensuit que la synthèse de l'élément sensible et de l'élément intelligible, et l'individuation des fantômes n'arrivent que dans le domaine de l'imagination, et que l'homme par conséquent voit toujours le Beau en soi-même. Ainsi, si l'on veut s'exprimer avec précision, on doit dire que l'objet beau n'est point tel hors du spectateur, ou plutôt qu'il n'est connu comme tel qu'autant qu'il se réfléchit et réside dans l'esprit qui le connaît. Cette opinion peut paraître étrange et absurde au premier coup d'œil; car si les objets doués de beauté naturelle ou artificielle sont appris en eux-mêmes par une perception immédiate (chose dont il est impossible de douter, après les analyses savantes de l'école écossaise), il paraît s'ensuivre que la beauté, qui en est inséparable, est connue de même. Peut-on supposer que les beautés répandues dans un tableau de Raphaël ou dans une statue de Canova ne soient point l'objet immédiat de l'imagination, et qu'elles se trouvent en nous et non pas dans l'ouvrage extérieur, puisque l'objet immédiat de la perception sensible n'est point dans notre âme, mais réside dans la statue et dans la peinture elle-même? Cette contradiction apparente disparaît si l'on distingue l'occasion de la cause et les véritables principes du phénomène psychologique des conditions qui l'accompagnent. Nul doute que la perfection de l'ouvrage extérieur soit nécessaire pour éveiller dans la plupart des hommes le fantôme qui lui répond; car il y en a peu qui puissent créer avec les seules forces de leur génie ces modèles de beauté qui n'existent point dans la nature. L'objet immédiat de l'intuition esthétique ne doit point être cherché dans le chef-d'œuvre offert aux yeux ou aux oreilles, même quand il s'agit des amateurs vulgaires : cet objet est dans tous les cas le fantôme produit par leur imagination à l'occasion de l'expérience sensible qu'ils ont de l'objet extérieur qui est la copie de ce fantôme. En voulez-vous une preuve? Remarquez que lorsque, par une imperfection organique du cerveau qui est l'instrument de la pensée, ou par de mauvaises habitudes, ou par défaut d'éducation et de culture, ou par une autre cause quelconque, le type fantastique qui répond à l'objet externe n'est point excité dans l'âme du spectateur, celui-ci est incapable de saisir cette beauté, ces charmes, ces grâces que tout le monde sent, quoiqu'il ait devant les yeux la chose qui les représente. Combien d'hommes ineptes à goûter les beautés de la nature! Combien qui restent froids et stupides à la présence des merveilles de l'art! Peut-on supposer qu'un homme barbare ou sauvage puisse apprécier la beauté du Parthénon, ou qu'un nègre trouve fort beau l'Apollon du Belvédère, et le Gladiateur? Cependant la perfection du travail est matériellement saisie par tout homme qui n'est point affecté par une ophthalmie ou par la cécité. On doit dire la même chose des autres arts, de la poésie, de l'éloquence, et de tout ce qui tient à l'imagination; car il serait impossible d'expliquer autrement le mauvais goût qui de nos jours est si fréquent en Europe. La même raison nous explique le cas opposé, lorsque quelqu'un trouve beau et parfait un travail médiocre et même sans mérite, non pas précisément par mauvais goût, mais parce que son imagination corrige et transforme l'objet extérieur en lui ajoutant ce qui lui manque. C'est ainsi que les jeunes gens dont l'imagination est ardente lisent avec passion des livres frivoles, tels que des romans et des drames écrits sans talent et sans artifice, parce que les affections et les aventures qui y sont décrites acquièrent dans l'esprit du lecteur ce coloris, cette vie, cette beauté qui leur manquent dans la conception du romancier et du poëte. Il faut donc conclure qu'à l'égard de l'essence du Beau, l'auteur ne diffère point du lecteur et du spectateur, et que le Beau artificiel est soumis aux mêmes conditions que le naturel. Car celui qui crée le Beau, et celui qui le contemple le voient également dans leur imagination, et le dernier de ces personnages ne peut en jouir qu'en le recomposant à l'imitation du premier : d'où il suit que le plaisir enfanté par les arts et par les fictions poétiques est toujours proportionné à la force de l'imagination dans la personne qui l'éprouve. Il y a entre eux une seule différence ; c'est que l'auteur du Beau crée le type fantastique avec la seule force de son imagination, et le reproduit ensuite au dehors, tandis que l'amateur marche à rebours et passe de la copie extérieure au modèle intellectuel.

Le privilége attaché à l'imagination, par lequel cette faculté est dans tous les cas le siége du Beau, suffit pour combattre la prétention de ces critiques qui assujettissent irrévocablement toute composition dramatique à l'unité de temps et de lieu. Manzoni, dans sa préface du *Carmagnole*, a remarqué avec sa sagacité ordinaire que le spectateur est étranger au drame, et que par conséquent la fable dramatique peut passer d'un lieu à l'autre et embrasser un temps considérable sans sortir de la vraisemblance. La remarque est juste et digne du grand écrivain qui l'a faite, mais elle ne suffit pas pour ôter la difficulté ; car ce n'est pas le spectateur seul qui est immobile puisque la scène même participe à cette immobilité, et l'action réelle qui représente le drame se passe dans l'intervalle d'une durée continue et excessivement courte en comparaison de l'action elle-même. Ainsi, même en faisant abstraction de la personne du spectateur, le changement de lieu, et la longueur de la durée idéale du drame, ne sont point vraisemblables. La répugnance n'est pas moins objective que subjective, et l'observation ingénieuse de Manzoni ne résout que la moitié de l'objection proposée. Pour que la réponse soit complète, il faut nier que la scène esthétique soit le théâtre réel, et affirmer que le lieu où les acteurs jouent la pièce n'appartient pas plus au théâtre esthétique que celui où les spectateurs demeurent. Ni les acteurs qui représentent le drame, ni l'appareil de la scène, n'appartiennent au spectacle esthétique, dont le véritable théâtre est dans l'imagination des spectateurs et ne se trouve point hors d'elle. La représentation extérieure, et tous les moyens qu'on emploie pour en augmenter l'effet et produire ce qu'on appelle illusion fort mal à propos, ne servent qu'à mettre en mouvement l'imagination, et à la monter sur le ton nécessaire pour qu'elle puisse refaire intérieurement ce qui est saisi par la vue ; mais ils ne constituent d'aucune manière l'objet immédiat de la jouissance esthétique. Dans le théâtre de l'imagination, il y a unité d'espace et de temps qui embrasse une étendue et une durée indéfinie que l'imagination même circonscrit à son gré. Guillaume Schlegel, dans son spirituel et savant ouvrage sur la littérature dramatique, se montre enclin à placer la représentation esthétique hors du temps, comme si le temps était une simple forme de l'esprit selon le dogme de la philosophie critique, et comme si l'existence placée hors du temps n'était pas un privilége de la raison et des choses supersensibles ! Les fantômes sont dans le temps; mais la faculté qui les produit a la prérogative de passer d'une époque à l'autre, et de changer de temps comme de lieu, sans tenir aucun compte des lacunes et des intervalles plus ou moins grands qu'elle franchit dans ses passages: elle est douée d'une espèce de force magnétique dont les effets sont naturels en ce qui concerne l'imagination. Ainsi la loi des deux unités (selon qu'elle est entendue par les rhéteurs) introduite par une fausse conception de l'imitation poétique, appuyée sur l'autorité mal comprise d'Aristote, protégée par le code arbitraire des critiques français des deux derniers siècles, mais combattue par Métastase [1], par Baretti, par Poli, et par d'autres écrivains plus judicieux que les romantiques de notre âge, et capricieuse et arbitraire par la manière dont on la conçoit, est contraire même à l'exemple des Grecs, et aux véritables principes de l'esthétique. Les seules bornes légitimes de l'espace et de la durée dans les fictions dramatiques sont celles qui contribuent à former l'unité d'action, et l'harmonie de cette impression esthétique que le lecteur et le spectateur doivent recevoir du drame.

Les mêmes considérations peuvent nous aider à comprendre plusieurs genres de beautés poétiques, qui sans cela sont inexplicables. Tout le monde connaît l'opposition rencontrée par le merveilleux de Shakspeare et des dramaturges espagnols; merveilleux dont l'exemple le plus ancien, au moins à l'égard de l'Europe, nous est fourni par les Euménides d'Eschyle. Ce genre de merveilleux n'est pas sans doute toujours louable; mais lorsqu'on s'en sert avec réserve et d'une ma-

---

[1] *Estr. della Poetica di Aristot.*

nière conforme aux lois de l'esthétique, il a un grand pouvoir sur l'imagination du lecteur et du spectateur. Personne n'ignore les endroits dramatiques du plus grand poëte de l'Angleterre, où ce qui se passe dans l'âme des personnages du drame est placé devant les yeux de ceux qui assistent à la représentation de la pièce. Si cette liberté poétique était blâmable, on devrait rejeter les plus grandes beautés poétiques dont la littérature du théâtre nous donne l'exemple. Cependant l'opinion qui les réprouve, et l'usage qui les exclut, ont obtenu tant d'empire, que même des écrivains du premier ordre n'ont point osé les admettre. Je ne parlerai point de Ducis, homme de talent, mais sans génie, qui a gâté les chefs-d'œuvre de Shakspeare ; mais il est clair que Racine, Alfieri et Monti n'osèrent point résister au torrent, et représenter sur la scène les rêves et les visions, qui agitaient l'imagination malade ou extatique d'Oreste, de Zamorre, de Saül et d'Aristodème. Ces grands poëtes croyaient avec le public que c'est sortir du vraisemblable que d'imiter sur cet article le père de la tragédie grecque et le plus grand poëte dramatique moderne. Sans doute qu'on blesserait le vraisemblable en les imitant, si l'imagination est soumise aux mêmes lois de la réalité; car il est sûr que le spectre de Banquo ne s'assit pas plus à table que celui du commandeur dans la pièce de don Juan, et que les ombres des victimes de Richard III, qui troublaient son sommeil et charmaient par d'heureux présages celui de son adversaire, ne parlaient point réellement à l'oreille de ces deux hommes. Mais il n'est pas moins vrai qu'une âme coupable est souvent assaillie par d'affreuses images, dont la vivacité est proportionnée à la force du remords, et quelquefois rendue si puissante par d'autres causes, que l'homme dont l'esprit est en proie à ces illusions les échange avec la réalité, et tombe dans une espèce de folie ou de délire habituel, dont Walter Scott, dans son ouvrage sur la sorcellerie, raconte quelques exemples. Tacite, qui n'est pas un poëte, mais un historien et un moraliste de premier ordre, nous décrit les remords cuisants de Tibère et les fureurs qui agitaient son âme ; et à propos de Néron il nous raconte qu'après avoir tué Agrippine, il fuyait les lieux ensanglantés par le parricide, et croyait entendre des sons lugubres et de longs gémissements qui sortaient des montagnes voisines et du tombeau de sa mère[1]. Le poëte n'est point un historiographe qui expose un fait réel, mais un artiste qui incarne et rend sensible un fait fantastique ; il peut donc reproduire (pourvu qu'il le fasse avec beaucoup d'adresse et de modération), sous les apparences de la réalité, les phénomènes qui sont propres de l'imagination. Rien de plus raisonnable, puisque la scène où apparaissent et agissent ses personnages est l'âme de celui qui lit son poëme ou assiste à sa représentation. Qu'est-ce qu'il y a de plus convenable que de donner un corps aux êtres fantastiques et de les peindre tels qu'ils paraissent à l'imagination ? N'est-ce pas là ce que chacun fait, même quand le poëte ne se soucie point de le faire ? Quel est l'homme capable de goûter la haute poésie, qui en lisant dans *Macbeth* cette exclamation impossible à traduire : *the table is full!* ne croie presque voir le spectre, et ne participe d'une certaine manière à l'illusion du personnage qui prononce ces mots terribles ? Or si le fantôme de Banquo est présent à l'imagination du lecteur, (déjà préparé par les antécédents à la sublime

---

[1] Ann., VI, 6 ; XIV, 10. Voyez aussi une indication semblable, XV, 56.

terreur de cette scène unique), comme à l'esprit du roi coupable, pourquoi sera-t-il interdit au poëte de mettre sur la scène cette apparition épouvantable, puisque le théâtre esthétique n'est point, je le répète, une misérable estrade tapissée de quelque toile peinte qui représente, Dieu sait comment, un château d'Écosse, mais l'imagination du lecteur ou du spectateur de la tragédie? Ceci est tellement vrai que lorsque l'âme est émue et montée sur un registre plus élevé que celui de la vie réelle, ces apparitions extraordinaires paraissent fort naturelles, et produisent quelquefois des effets étonnants qui dérivent de l'habileté avec laquelle l'écrivain sait maîtriser et échauffer l'imagination d'autrui pour la disposer peu à peu à ce genre d'illusion. Tel est le mérite de ces romans où le surnaturel, véritable ou apparent, est employé pour produire la terreur; comme par exemple ceux d'Anne Radcliffe, de Lewis, d'Hofmann et de plusieurs autres, dont le modèle le plus ancien nous est fourni par l'*Ane d'or* d'Apulée. Quelques épisodes de Walter Scott, l'Éléonore de Bürger, la Vénus d'Ille de Prosper Mérimée, et plusieurs légendes du moyen âge (dont quelques-unes ont été reproduites avec une évidence et une candeur de style incomparables par Cavalca et Passavanti), sont des modèles de ce genre qui doit être manié avec beaucoup d'art, et employé sobrement pour ne pas s'opposer au but du poëte. L'usage de représenter au dehors les rêves fantastiques, qui a fourni à Shakspeare les deux scènes les plus admirables de son Richard III, n'est pas moins audacieux et pas plus légitime. Le rêve est un drame imaginaire qui se passe dans l'âme lorsqu'elle est livrée à l'état de sommeil, comme les fictions poétiques dans l'esprit de l'homme éveillé, mais livré à son imagination exaltée et momentanément subjugué par elle. Lorsque le poëte met en action les fantômes du rêve, il ne faut pas croire qu'il passe de la sphère de l'imagination à celle de la réalité, ni qu'il traduise la fable en fait historique et la fiction en événement véritable : il ne fait que transporter dans l'imagination d'autrui ce qui arriva ou put arriver à celle d'un homme placé dans les circonstances convenables, et se sert à cet effet des priviléges de son art, employant les moyens extérieurs qui sont plus appropriés à l'effet qu'il désire, et qui lui sont fournis par la matière dont il dispose. Il y a donc passage d'imagination à imagination entre plusieurs individus, et non pas d'une faculté à une autre dans le même homme : il y a changement numérique dans le théâtre intérieur où les objets sont représentés, et non pas changement spécifique du théâtre même et des choses qui font le sujet de la représentation.

On m'objectera peut-être que si l'imagination est le siége unique des fictions esthétiques, le Beau est subjectif; ce qui répugne aux principes que nous avons établis. Je réponds que lorsqu'on affirme que l'imagination est le siége, le lieu, le théâtre du Beau, il faut prendre ces mots dans un sens métaphorique; car l'imagination est dans l'âme, et l'âme étant immatérielle, n'a point, s'il plaît à Dieu, des salles ou des places où les fantômes puissent loger et faire leurs manœuvres. Ces manières de parler sont justes, si on les prend dans un sens figuré comme lorsqu'on parle des trous, des recoins et des réservoirs de la mémoire. Si l'on veut s'exprimer avec plus de rigueur, il faut dire que l'imagination contient une seule chose, c'est-à-dire la force qui combine les éléments sensibles avec les éléments intelligibles; cette force est subjective, mais les éléments dont le Beau se compose, pris séparément, existent chacun à sa place ; c'est-à-dire les éléments sensibles et extérieurs dans les corps, les éléments sensibles et intérieurs dans l'âme, les éléments intelligibles dans l'Idée, où l'esprit les puise en les contemplant. Séparés, ces éléments ne suffisent point pour constituer la beauté qui résulte de leur union. La faculté qui les réunit étant l'imagination, si on les considère dans leur synthèse, ils résident dans cette faculté, et non pas dans le monde extérieur où l'élément sensible existe sans l'élément intelligible, ni dans la raison objective où a lieu le contraire. Dieu, certes, outre les types intelligibles connaît aussi le Beau, non pas en lui-même, car Dieu est une intelligence pure, mais en nous qui en sommes les auteurs sous l'influence de l'action divine. Disons mieux, Dieu connaît le Beau en soi-même en tant qu'il contient le modèle idéal de l'homme avec toutes les propriétés de sa nature. L'action par laquelle l'esprit s'empare des éléments sensibles et des éléments intelligibles n'appartient point à l'imagination qui se borne à les combiner ensemble, mais aux deux autres facultés, qui saisissent l'objet qui leur est propre d'une manière immédiate et avec cette opération directe, à laquelle Thomas Reid a attaché son nom. L'imagination s'empare de ces richesses étrangères et leur donne sa propre empreinte, sans pourtant les déplacer en les arrachant à leur siége naturel. Par un de ces miracles qui sont des événements ordinaires hors du cercle des choses matérielles, elle transporte et concentre dans son propre monde celui de la sensibilité et celui de la raison avec leur entourage ; car il ne faut pas croire que les esprits fassent leurs opérations précisément comme les corps et soient soumis aux mêmes lois. L'imagination est la chambre obscure dans laquelle se réfléchissent et s'associent sans se mêler les objets du dehors. Du reste cet *anatopisme* n'est point propre de l'imagination seule, mais il appartient en commun à toute faculté qui, en s'appropriant, selon ses besoins, les productions étrangères, les transporte dans son propre domaine, et, pour ainsi dire, les naturalise sans les dépouiller des droits de leur propre patrie. Ainsi l'intuition rationnelle contemple l'homme et la nature en Dieu, *dans lequel nous vivons, nous nous mouvons et nous sommes* [1] : la perception sensible fait de la nature le siége de Dieu et de l'homme : l'imagination enfin concentre dans l'homme la nature et Dieu même, quoique chacune de ces réalités soit substantiellement distincte des autres.

Le monde fantastique, en tant qu'il se compose d'éléments séparés et hétérogènes, est subjectivement et numériquement multiple selon la multiplicité des imaginations individuelles, et non pas unique et objectif comme le monde sensible et le monde intelligible. Cependant comme ces deux ordres de choses se concentrent dans le monde de l'imagination, l'unité des premiers est multipliée par la pluralité numérique du monde fantastique dans les différents individus, sans perdre ce qui la caractérise ; car cette multiplicité accidentelle consiste uniquement dans les rapports extérieurs, et ne touche d'aucune manière à l'essence intime des éléments sensibles et des éléments intelligibles qui persévèrent sans altération dans l'unité qui leur est propre et les derniers aussi dans leur simplicité. Nous avons un exemple de ceci dans la manière dont

---

[1] Act., XVIII, 28.

l'Être parfaitement simple se multiplie dans ses rapports extérieurs, comme le centre du cercle en qui se réunissent tous les rayons, et qui a des rapports numériquement différents envers chaque point de la circonférence. C'est de la même manière que l'Être infini répond dans son immanence éternelle aux flots successifs des années et des siècles, ce qui fait que l'immensité et l'éternité divines sont en rapport avec l'étendue et la durée de l'espace et du temps empiriques. Quand on demande si le Beau a une unité numérique comme le vrai, le bien moral, l'Idée, il est impossible de répondre convenablement sans distinguer l'acte synthétique de l'esprit qui réunit ensemble les éléments de la beauté, de ces éléments séparés et considérés en eux-mêmes. On voit donc de quelle manière les caractères opposés de subjectivité et d'objectivité se mêlent ensemble et se modifient dans les ouvrages de l'imagination. Le monde fantastique est subjectif en tant qu'il a l'apparence d'un ensemble de choses individuelles et réelles ; il est objectif en tant qu'il se présente à l'esprit comme possible. La contradiction apparente de cette assertion s'évanouit si l'on considère que le possible est seulement subjectif comme abstraction de l'esprit ; abstraction qui ne pourrait avoir lieu si l'esprit, avant de la faire par l'entremise de la réflexion, ne voyait pas les possibles dans l'objectivité de l'Idée qui les renferme. Donc le possible est foncièrement objectif, et, comme l'imagination représente en tout cas un type intelligible, et par là une chose possible, elle exprime à cet égard une véritable objectivité. D'ailleurs cette faculté confère au monde possible une existence imaginaire, l'individualise mentalement, l'embellit avec les propriétés des choses réelles, et produit une ombre de subsistance et de réalité qui a une valeur purement subjective, et dont personne n'est dupe, sauf le cas d'aliénation mentale ; car le jugement qu'on porte sur la réalité des objets appartient à la raison seule, qui, tout en aimant l'imagination comme sa bonne sœur et en lui ouvrant ses trésors, conserve les priviléges qui conviennent à la reine du monde et à l'aînée des facultés humaines.

La synthèse du possible avec les apparences du réel dans une seule hypostase est donc un ouvrage de l'imagination. Cette faculté est créatrice, non pas de substances, mais de phénomènes, et imite de son mieux la sagesse divine dans la disposition de ses œuvres. Dieu crée l'univers en donnant aux types intelligibles qu'il contient en lui-même une existence contingente et substantielle hors de sa propre intelligence. L'homme crée de nouveau à sa guise ses idées modèles, en les individualisant dans les fantômes, et en les réalisant dans le monde de l'art. On peut donc dire qu'il possède et exerce véritablement cette puissance que les panthéistes accordent à leur fausse divinité ; car le dieu du panthéisme, ne pouvant créer de véritables substances, est forcé à jouer et à se tromper lui-même par de vaines apparences qui représentent des choses impossibles à réaliser. Le monde fantastique de l'artiste et du poëte répond en effet à la célèbre *maya* des écoles indiennes, et l'union individuelle mais factice de l'élément sensible avec l'élément intelligible enfanté par l'imagination, ressemble aux *avatars* des *Saïvas* et des *Vaïshnavas*, et aux théophanies permanentes des sectateurs de Bouddha. Rien de plus convenable au génie du panthéisme, qui, en mêlant ensemble les deux extrêmes de la formule idéale, et transportant dans l'Être les imperfections des existences qui forment son point de départ, compose son dieu à l'instar de l'homme et change l'Être créateur de véritables substances en un artiste de fantaisies et de chimères. Selon les panthéistes rigides, l'univers n'est point une réalité, mais un songe, une hallucination, une poésie, et l'esthétique se confond avec la cosmologie, comme celle-ci s'identifie avec la science théologique. Mais, en revenant à nous, comment pouvons-nous attribuer à une intelligence finie telle que l'esprit de l'homme, le pouvoir de créer quelque chose, et même de simples phénomènes? La création n'est-elle pas en tout genre un privilége de la Divinité? Avant de résoudre cette difficulté pour conclure notre doctrine sur l'origine de l'idée du Beau, il nous faut expliquer deux autres notions qui se rapprochent de cette idée et en sont cependant distinctes. Ces deux notions sont celles du *sublime* et du *merveilleux*, qui jouent un si grand rôle dans les beaux-arts et dans la littérature, et constituent avec le Beau l'objet de l'esthétique.

CHAPITRE QUATRIÈME.

DU SUBLIME CONSIDÉRÉ DANS SES RAPPORTS AVEC LE BEAU.

La théorie plus satisfaisante du sublime est celle de Kant dans sa Critique du jugement. Ce philosophe distingue deux espèces de sublime, c'est-à-dire le sublime mathématique qui résulte des intuitions du temps et de l'espace, et le sublime dynamique qui dérive de l'idée de force. Le sublime dynamique est matériel ou immatériel, selon la nature de la force physique ou spirituelle qui en est la source : la force spirituelle donne lieu à une seconde subdivision en tant qu'elle peut être intellectuelle ou morale. Ainsi, par exemple, un tremblement de terre, un ouragan, une éruption volcanique, occasionnent le sublime dynamique physique, tandis que le génie et la vertu héroïque produisent le sublime dynamique immatériel dans ses deux aspects, dont l'un regarde la force intellectuelle de l'esprit, et l'autre se rapporte à l'énergie morale de la volonté humaine. Mais les conceptions de temps, d'espace et de force soit corporelle, soit spirituelle, ne peuvent point engendrer le sublime sans le concours d'une autre idée, c'est-à-dire de la notion de l'infini et de l'absolu, dans laquelle l'esprit humain cherche naturellement un refuge lorsque la forme de l'objet qui lui apparaît est insaisissable à cause de sa grandeur, et dépasse même les forces de l'imagination qui essaye en vain de s'en rendre maître. Il y a donc dans le sublime, comme dans le Beau, un élément sensible accompagné de plusieurs éléments intelligibles. Parmi ces derniers il y a d'abord la conception mathématique ou la conception dynamique, qui ne pouvant être embrassée par l'imagination dans la forme qui l'exprime, excite l'idée de l'infini et de l'absolu, et avec son secours produit le sublime.

Cette doctrine est vraie, profonde, mais incomplète, et donne lieu à plusieurs questions sans fournir le moyen de les résoudre. D'abord elle se tait sur les rapports du sublime avec le Beau et avec la science première ; ensuite elle n'explique point la manière dont deux choses aussi différentes que la conception mathématique et la conception dynamique, parviennent à avoir la même propriété et à produire le même effet en enfantant le sublime. Enfin elle ne montre point la correspondance du sublime avec les différents arts en particulier, et n'explique pas non plus la place occupée par le sublime dans l'histoire de l'art et dans celle de la nature : ce qui du reste n'est pas étonnant ; car Kant ne pouvait d'aucune façon résoudre complétement ces trois problèmes, en suivant le procédé psychologique et cartésien de sa philosophie, et en adhérant aux principes erronés de sa *Critique de la raison pure*. Je tâcherai de suppléer en peu de mots à ces lacunes, et je me servirai à cet effet de la synthèse aussi bien que de l'analyse ; car sans synthèse il est impossible de trouver les origines des choses, et de remonter à cette science première qui est le point de départ de mes raisonnements. Car dans les sciences spéculatives, on voit arriver le contraire de ce qui arrive dans les sciences naturelles. Dans celles-ci la synthèse peut être employée dans l'exposition du connu, mais elle est incapable de découvrir l'inconnu, tandis que dans celles-là, si l'on excepte les parties qui appartiennent à l'observation et à l'expérience, c'est la synthèse qui découvre la vérité, et l'analyse n'est bonne qu'à éclaircir davantage et à servir de contre-preuve aux découvertes.

Le sublime appartient à l'esthétique aussi bien que le Beau, parce qu'il a en commun avec lui les propriétés suivantes : 1° Il n'est point une chose uniquement intelligible, ni uniquement sensible, mais un composé de ces deux éléments. 2° L'élément intelligible et l'élément sensible y sont réunis dans un seul individu dont l'unité résulte du premier élément, et implique sa supériorité sur l'autre. 3° Son siége c'est l'imagination. 4° De l'imagination il peut passer dans le monde de l'art, comme il réside déjà dans le monde de la nature. 5° Il produit un plaisir pur et vif dans l'âme de celui qui en jouit, quoique son essence ne consiste point dans cette impression agréable qui en est un simple effet. 6° Il est un mélange d'éléments subjectifs, et d'éléments objectifs. Pour être court et ne pas répéter ce que j'ai dit sur le Beau en l'appliquant au sublime (ce qui peut être fait aisément par le lecteur), je n'entrerai point dans l'explication détaillée de ces assertions.

Ces ressemblances sont accompagnées par des disparités importantes dont voici les principales : 1° L'élément intelligible du sublime est absolu, tandis que celui du Beau est relatif. Le premier consiste dans l'idée d'un temps ou d'un espace infini, ou bien d'une force également infinie et absolue ; l'élément intelligible du Beau est au contraire le type d'une chose créée, qui, tout infini qu'il est à l'égard de l'intelligence divine qui est son propre siège, est contingent et fini à l'égard de sa copie, c'est-à-dire à l'égard de l'objet qui en est la réalisation. 2° Le plaisir engendré par le sublime diffère par sa nature et par ses degrés du plaisir excité par le Beau. Il diffère par sa nature ; car qui pourrait confondre le plaisir qu'on goûte à lire les passages sublimes d'un écrivain avec celui qu'on éprouve en parcourant les endroits signalés par le Beau proprement dit ? Le plaisir du sublime est sérieux, grand, austère et élève l'homme au-dessus de lui-même : le plaisir du Beau se distingue par ses attraits et par sa douceur, et n'a rien de fier et de terrible. Il y a aussi une différence dans les degrés de l'impression que sent l'âme placée sous l'empire de ces deux conceptions esthétiques. Le sublime produit ordinairement une émotion plus énergique et plus profonde. Elle nous porte hors de nous, nous élève jusqu'au ciel, nous élance dans l'infini, et enfante une espèce de stupeur qui est plus puissante que l'admiration même; car la beauté on l'admire, mais le sublime imprime dans l'âme une sorte de frayeur qui ne laisse pas d'être agréable, et une horreur délicieuse qui a quelque chose de religieux et dont il n'y a pas même l'ombre dans les émotions excitées par le Beau. 3° Le sublime et le Beau peuvent quelquefois être associés dans le même objet, mais à leurs propres dépens, et ne peuvent parvenir à leur comble qu'en s'excluant dans leur apparition esthétique : d'où il suit que réunis ensemble l'un d'eux est toujours en raison inverse de l'autre. La cause de cette loi réside dans l'essence des deux choses; car celle du Beau réside dans le fini, et celle du sublime dans l'infini. Or, il est clair que plus l'attention est occupée par un objet qui a des bornes, moins elle peut être saisie et dominée par un objet infini, et réciproquement. 4° Le sentiment du sublime est essentiellement religieux ou irréligieux, parce qu'il naît de l'affirmation expresse et directe ou de la négation de l'absolu. Le sentiment du Beau, au contraire, n'est point en lui-même pieux, ni impie, quoique en vertu de sa pureté et de sa nature tout intellectuelle, il soit propre à disposer indirectement l'âme à la religion. 5° Le Beau dans la poésie et dans l'éloquence dérive en grande partie de l'élégance du style et ne peut point s'en passer tout à fait, tandis que le sublime n'a que faire de l'élégance, et n'exige qu'une modeste simplicité. Il rejette même tous ces ornements qui rendent le style moins simple et transportent sur les accessoires l'esprit de l'auditeur ou du lecteur, en l'éloignant de l'idée principale. Le sublime brille d'autant mieux que le style a plus de candeur, de concision, de rapidité, et s'éloigne davantage de toute pompe et de toute recherche, *omni ornatu, tanquam veste, detracto;* car, sans cette condition, l'impression qu'il produit serait contre-balancée par le Beau son rival, et ne pourrait s'emparer à son aise de celui qui lit ou qui écoute. Voilà pourquoi les endroits les plus sublimes des écrivains conservent leur mérite dans les traductions, pourvu qu'elles expriment avec simplicité la pensée de l'auteur; ce qui n'arrive point aux passages remarquables par la beauté seule qui est toujours obscurcie, et quelquefois même détruite par l'œuvre des traducteurs fidèles. Les écrivains sacrés, et surtout Moïse, Job, l'auteur des Psaumes, Isaïe, perdent beaucoup moins à être traduits que Valmiki ou Homère, même quand la version est faite dans un style inculte et barbare. Ainsi le mauvais latin de la Vulgate et de l'ancienne version italique conservent beaucoup mieux le sublime de la Bible, que nos langues modernes malgré leur élégance. Les écrivains bibliques sont en effet les plus sublimes de tous par la divine origine de leurs pensées, et parce que le sublime est associé par sa nature avec les idées religieuses. On doit donc admirer le goût du rhéteur païen Longin, qui préféra la Bible à Homère et à Pindare, pour avoir des exemples du véritable sublime. Aussi cette propriété n'est point étrangère aux sciences mêmes toutes les fois que les vérités dont elles s'occupent, transportent naturellement l'esprit dans le champ de l'infini mathématique ou dynamique, et présentent à l'imagination quelque chose de fantastique en harmonie avec ces notions. C'est dans ce sens que le calcul infinitésimal et intégral et les conjectures des astronomes sur les nébuleuses ont une sublimité esthétique; et qu'on peut dire qu'il y a peu de livres aussi homériques dans leur savante et magnifique simplicité, comme les dialogues de Galilée, et quelques parties du grand ouvrage de Kepler. Toute l'astronomie, en effet, est sublime; et plusieurs recherches de géographie physique et de géologie, comme par exemple celles qui traitent de la figure et de la formation des montagnes, participent au même privilége. Plusieurs autres sciences, telles que la physique et l'histoire naturelle, ont moins de rapports avec le sublime qu'avec le Beau; car la connaissance de la vérité acquiert accidentellement une valeur poétique de quelque genre toutes les fois qu'elle réveille l'imagination esthétique du savant et du philosophe.

Le sublime dynamique, soit physique soit moral, peut être positif ou négatif. Le premier nous représente la force infinie comme productive du bien, de l'ordre, de l'harmonie : le second nous la montre comme le principe du mal, du désordre, de la confusion, dans la sphère des choses matérielles ou dans le système moral du monde. L'un se fonde sur l'idée de création et a pour terme le *cosmos*, c'est-à-dire l'harmonie universelle; l'autre tourne sur l'idée de destruction et a pour résultat le chaos et le néant. Ainsi si l'exemple que Longin a emprunté à Moïse produit le sublime de la première espèce, c'est à la seconde qu'il faut rapporter tous ces endroits des écrivains sacrés ou profanes qui nous décrivent les villes, les royaumes, le monde entier en proie au désordre et à l'épouvante, lorsque les forces brutes de la nature ou plutôt la toute-puissance d'un Dieu irrité brise son propre ouvrage, et remplit tout l'univers de ruines et de ténèbres. Il faut rapporter à la même source de sublime, l'horreur excitée par l'athéisme qui, représenté d'une certaine manière, peut être poétique et produire dans les lecteurs une émotion salutaire ou dangereuse selon les vues et l'habileté de l'écrivain. Leopardi dans ses poésies et dans ses proses, et Byron dans plusieurs endroits de ses poëmes, et surtout dans le morceau qui a pour titre *The darkness*[1], peuvent fournir des exemples de ce genre de sublime. Mais rien n'égale peut-être à cet égard en puissance le rêve fameux de Jean-Paul Richter, dont l'idée a été reproduite sous une autre forme par M. Edgar Quinet dans son Ashaverus. Tel est aussi le sublime infernal, sivaïtique, satanique, qui peint le crime, la révolte, le massacre, le malheur, le supplice du corps et de l'âme porté au plus haut degré, et dont l'impression dégénère facilement en horreur désagréable lorsqu'elle n'est point maniée par la plume des grands maîtres. Les poëtes hindous, Milton, Gœthe, excellent quelquefois dans ce genre de poésie, sans être pourtant comparables à Shakspeare, et au Dante qui surpassent tous les autres écrivains dans cette espèce terrible de sublime. La folie de Roland dans l'Arioste, la discorde au camp d'Agramant, Rodomont dans le siége de Paris, chez le même auteur, l'Adamastor du Camoëns[2], imité avec bonheur par Leopardi dans un de ses dialogues, doivent être rapportés à la même classe de sublime esthétique. Il ne faut pas croire cependant que ce sublime soit produit par la notion négative ; car c'est dans l'idée positive d'une force infinie qu'il a sa source, et la négation ne consiste que dans l'effet. De même cette espèce de poésie lugubre qui jaillit quelquefois de l'athéisme a sa racine dans l'idée de Dieu, qui est présente à l'esprit de l'impie lors même qu'il le nie, ou lui refuse ses hommages. Aussi la sentence du psaume : *L'insensé dit dans son cœur : Il n'y a*

---

[1] Les Ténèbres.
[2] Os Lusiadas, V. 39 seq.

point de Dieu, est sublime ; car cette qualité est toujours affirmative dans son fond et inséparable de l'idée religieuse. Un écrivain dont l'érudition vaste et profonde et les rares talents ne jouissent point de la renommée qu'il mérite, Joseph Biamonti[1] se trompe à mon avis en croyant que le sublime est toujours associé à l'idée des ruines ; car cette idée est étrangère au sublime mathématique, et la force infinie dont l'idée constitue le sublime dynamique se manifeste aussi bien en créant ses œuvres qu'en les réduisant au néant. Les ruines sont sans doute fort propres à remplir d'enthousiasme l'âme des spectateurs ; il suffit même de les imaginer pour sentir poindre dans l'âme quelque chose de grand et de noble qui relève toutes les autres pensées. C'est là le seul mérite d'un livre malheureusement trop célèbre, et dont le style, le raisonnement, l'érudition sont d'une médiocrité à faire peur, et qui malgré ces défauts, jouit d'une vogue passagère, parce que l'auteur plaça la scène romanesque de ses fictions au milieu d'un grand désert, et représenta les populations de l'Orient et de l'Occident réunies ensemble parmi les ruines de Palmyre. Cette ville est sublime par l'immense solitude qui l'entoure, par les colonnes gigantesques et les énormes débris

---

[1] Joseph Biamonti, prof. d'éloquence italienne à l'univ. de Turin, et collègue de M. Ch. Boucheron, fut un des littérateurs les plus distingués de son époque. Il est à regretter que ces deux hommes supérieurs, qui pouvaient rivaliser avec les plus illustres professeurs européens, ne nous aient presque pas laissé d'autres écrits que quelques discours prononcés à l'occasion de l'ouverture des études ou autres solennités universitaires. Les *Lettres de Panfilo à Polifilo* de M. Biamonti, et la *Biographie de l'abbé Caluso*, écrite en latin par Ch. Boucheron, mériteraient d'être beaucoup plus connues. (*N. du Tr.*)

qui nous rappellent à l'esprit l'éclat de l'ancienne métropole, par le souvenir de la puissance romaine qui effaça ses merveilles, par l'âge reculé où cet événement nous reporte, par le néant des choses de ce monde qui disparaissent à côté des choses éternelles et dont la destruction seule défie les siècles, et jouit des priviléges de l'immortalité.

L'horrible et le difforme, en tant qu'ils font partie de l'esthétique, appartiennent quelquefois à ce genre de sublimité négative. La représentation de la laideur morale et physique bien employée est non-seulement permise, mais quelquefois même nécessaire, et s'accorde avec le but de la poésie et des beaux-arts. Cependant le laid n'est point esthétique d'une manière absolue : il ne peut avoir une valeur de ce genre qu'autant qu'il se lie avec le Beau ou avec le sublime et avec le merveilleux, et sert à augmenter l'impression produite par ces données. Il y a donc entre lui et les autres éléments cette différence, que ceux-ci ont leur propre but en eux-mêmes, tandis que le laid ne peut être employé qu'autant qu'on le dirige à un but extérieur, et, considéré en lui-même, est pour ainsi dire *anti-esthétique*. Voici les principaux rapports du laid avec le Beau : 1° Le laid sert à mettre en relief le Beau et à lui donner de l'éclat par le moyen du contraste. Ainsi le Thersite homérique est introduit par le poëte pour relever davantage la valeur et la beauté des héros de la Grèce. Mais Homère, avec cette finesse de jugement et de goût qui le distingue, ne s'arrête point longtemps sur ce monstre, et, après l'avoir peint avec quelques traits qui décèlent la main du maître, il n'en parle plus dans tout le poëme; car la laideur nuit au but esthétique si elle n'est pas employée par le poëte, et par l'artiste avec une grande sobriété. Ce précepte est oublié par la plupart des écrivains modernes qui se plaisent à peindre ce qui est dégoûtant ou difforme, et lui consacrent une large place dans leurs ouvrages. Même lorsqu'il est convenable de toucher au difforme, il ne faut point le charger et dépasser une certaine mesure ; autrement on excite le dégoût du lecteur, et on tombe dans un défaut qui est si commun de nos jours. Je citerai comme un illustre exemple M. Victor Hugo à qui on peut pardonner son Quasimodo, mais qui obtiendra difficilement la même indulgence en ce qui regarde les atrocités et les saletés de ses drames et sa singulière sympathie pour les araignées. 2° Il provoque le sentiment du ridicule, et trouve sa place à cet égard dans la satire, dans la comédie, dans les pièces burlesques et quelquefois dans le roman et même dans le poëme épique. Car quand il s'agit de peindre les vices et les défauts des hommes pour les corriger, et que l'on veut faire ressortir les qualités contraires, le laid remplit à l'égard du type intelligible de la perfection humaine, le même rôle que le sublime négatif vis-à-vis du positif dans la forme dynamique de cette conception. Mais il faut aussi, dans ce cas, procéder avec beaucoup de mesure en modifiant le mal avec le bien, et c'est par cet heureux mélange que le don Quichotte de Cervantes, le Falstaff de Shakspeare, et l'Abbondio de Manzoni peuvent être cités comme les trois créations comiques les plus parfaites qui soient connues dans aucune langue. On ne peut pas faire le même éloge du Tartufe de Molière et du Timothée de Machiavel, malgré le génie de ces écrivains ; car la laideur morale de ces personnages excède les bornes assignées au poëte. Goldoni excelle dans ce genre, et montre une grande délicatesse de pinceau lorsqu'il dessine les défauts et les faiblesses des hommes dans ses pièces vénitiennes. Je citerai seulement les *Rusteghi* qui sont un véritable chef-d'œuvre et l'ouvrage peut-être le plus parfait du Ménandre italien. 5° Il sert à décrire la lutte du bien avec le mal dans l'époque présente du monde, et la victoire finale du bien ; car ce combat et ce triomphe transportés dans la sphère de l'esthétique deviennent le conflit de la laideur avec la beauté et le succès définitif de la seconde sur la première. La peinture du laid est à cet égard une partie intégrante du Beau ; car elle est nécessaire pour représenter complétement le type cosmique selon les dogmes de la foi véritable et les déductions d'un optimisme sage et modéré. Mais si le difforme doit entrer dans les ouvrages d'imagination pour donner une image fidèle de l'époque actuelle et la mettre en contraste avec l'âge primitif et l'âge final du monde où le Beau aura une supériorité absolue, il ne doit jamais l'emporter sur la beauté même, l'obscurcir et atténuer la vivacité de ses impressions. L'iconographie religieuse des peuples émanatistes a souvent oublié cette règle ; car le principe du mal y occupe une place trop grande et va jusqu'à l'horrible et à l'atroce. Tels sont les monstrueux symboles du sivaïsme indien et du bouddhisme dans le Japon ; telle était la Téoyaómiqui des Aztèques [1], le Herlick-han, le Yamandaga et plusieurs autres idoles diaboliques des Kalmouks [2]. Cette faute a été commise par quelques artistes modernes d'Italie et d'autres pays, parmi lesquels

---

[1] Humboldt, *Essai polit. sur le royaume de la Nouvelle-Espagne*, chap. VIII, § 1.

[2] Chappe d'Auteroche, *Voyage en Sibérie*, Paris 1768, tome I, planches 17 et 18.

Spinello Spinelli en fut châtié d'une manière assez désagréable. On raconte qu'après avoir donné à Lucifer une figure hideuse dans un de ses tableaux, il le vit en songe sous cette forme même, crut entendre ses reproches et voir ses menaces pour l'injure qu'il lui avait faite ; ce qui lui inspira une telle frayeur qu'il fut près d'en mourir, et ne survécut que quelques années, portant dans ses yeux hagards et dans son air effaré l'empreinte de la secousse qu'il avait reçue [1]. L'excès de la laideur, inspiré par un culte sanguinaire et farouche, a été probablement commun à tous les peuples chamitiques des temps anciens, et on en voit seulement quelques traces sur les monuments japhétiques après l'époque où la race qui les a érigés emprunta en partie la civilisation dure et sauvage de ses prédécesseurs. Aussi les êtres laids et méchants qui paraissent dans le Ramayana et dans les autres poëmes où domine le culte de Vichnou sont soumis aux puissances contraires ; et Valmiki introduit les Rakchasas pour donner lieu aux exploits de Rama, et met en scène ces singulières armées d'ours et de singes, commandées par Jambavanta et Hanouman comme des auxiliaires du divin héros dans la conquête de Lanka [2]. On trouve la même mesure dans l'Arhiman des livres zends, et dans plusieurs mythes reproduits par Ferdoucy, et imités en partie par les conteurs arabes et par les romanciers de la Géorgie. Le Typhon égyptien, quelle que soit son origine, occupe une place conforme dans le système hiératique des Sabéens[3], qui appartenaient à la souche japhétique

---

[1] Borghini, *Riposo*, l. 5, Milano 1807, tome II, page 74.
[2] Ceylan.
[3] Les *hiérogrammates* ou prêtres de l'Égypte.

aussi bien que les brahmanes et les mages. Les *Typhonium*, ou temples de Typhon, étaient petits comme on peut encore en voir des exemples à Philœ, à Hermonthis et parmi les ruines de la *Magna Apollinopolis*. Le dieu était nain, trapu, avec un gros ventre, et une barbe épaisse : la laideur de ses traits, sa tête énorme, son front incliné, ses yeux obliques, le ricanement qui contractait ses lèvres, et l'attitude grotesque de ses jambes en faisaient une figure moins horrible que ridicule, et semblable de tout point à nos caricatures [1].

La difformité des images poétiques ou monumentales a quelquefois des rapports avec le surnaturel (dont je parlerai bientôt) et se rapproche du sublime. Les symboles chamitiques du dieu destructeur, que nous avons indiqués plus haut, sont souvent sublimes par le grandiose effrayant de leurs formes ; rien ne surpasse à cet égard le Satan de Milton et le Lucifer du Dante. Qui ne connaît la terreur sauvage des fables de la Scandinavie et en particulier du Voluspa? Mais l'imagination des nations septentrionales n'a jamais rien conçu de plus fier et de plus terrible que les mythes sacrés de quelques populations polynésiennes. Les habitants de Haouaï placent l'Olympe de leurs dieux au fond d'un vaste cratère qui est toujours en incandescence. C'est là que réside la grande déesse Pélé (semblable à la Bhavani des Hindous et desservie comme elle par des prêtresses avec des autels, une liturgie compliquée, une fable fort riche et des *avatars* comme ceux

---

[1] *Description de l'Égypte*, Paris, Panckoucke, 1821, tome I, p. 95, 327, 337, 415 et 419.

de l'Inde) au milieu d'une cour nombreuse. Le bruit et les mugissements intérieurs qui se font entendre par intervalles sont attribués par les insulaires à la musique des divinités infernales qui, ennuyées de jouer au *kouana*, font une espèce de danse qu'on appelle *hura* dans l'île [1]. C'est ainsi que nos bons ancêtres, accoutumés à mêler les dogmes chrétiens avec les phénomènes de la nature, croyaient voir dans l'Etna une bouche de l'enfer, et attribuaient à la mort de quelque grand pécheur ses éruptions volcaniques [2]. On pourrait ajouter les cyclopes, les furies, les harpies, les gorgones, la chimère, Scylla, les centaures, les satyres des anciens poëtes de l'Italie et de la Grèce, les sorcières de Shakspeare et de Gœthe, l'Orrile, l'ogresse, les géants du Boyard et de l'Arioste, plusieurs tableaux de l'Enfer du Dante, et la nombreuse famille des monstres enfantés par les imaginations orientales. Mais dans ces fictions le difforme est moins esthétique qu'étrange, et tient davantage de la nature des symboles monstrueux communs aux anciens; tels, par exemple, que le sphinx, le griffon, l'hippogriffe, le *Marticoras*, Anubis, Ganesa, les théophonies demi-humaines et demi-belluines de l'Inde et de l'Égypte, le Fenris des Scandinaves, le coq gigantesque de la Perse et de quelques rabbins, et les animaux fabuleux décrits par Ctésias ou représentés sur les marbres de Persépolis. Je remarque, en passant, qu'on pourrait subodorer dans quelques-uns de ces emblèmes une obscure connaissance des fossiles ou des singularités zoologiques de l'Australie, dont une

---

[1] *Revue Britann.*, 6 mai 1826.

[2] Passavanti, *Specchio*, dist. 5, cap. III. *Cronaca di Amar. Mannelli. Cronichette antiche*, Firenze, 1733, p. 125.

partie n'a point été probablement inconnue aux peuples asiatiques des époques les plus reculées. Quand ce genre de surnaturel n'arrive point au sublime par la grandeur des images, il ne peut avoir de valeur esthétique qu'autant qu'il sert à débarrasser l'imagination des liens prosaïques de la vie actuelle, et à la transporter dans un autre monde et dans un autre âge cosmique.

Je reviens au sublime. Quelle est la manière dont son idée se produit en nous? Il est clair que le sublime dynamique, physique ou moral, positif ou négatif, implique toujours la notion d'une force infinie, et naît de l'idée de création. C'est de cette même idée que jaillit aussi le sublime mathématique, et, en conséquence, toute espèce de sublime. Le sublime mathématique naît de l'intuition de l'espace et du temps infinis, associée à la perception d'un élément sensible qui, quoique fini, surpasse par sa grandeur la force de l'imagination. L'espace et le temps constituent le passage de l'Être à l'existence, et impliquent, à l'égard du premier, la possibilité de l'étendue et de la succession, et, à l'égard de la seconde, la réalisation de cette puissance. Ainsi l'espace et le temps ont la nature d'un contenu vis-à-vis de l'Être (car l'espace est en Dieu et non pas Dieu dans l'espace, selon la remarque profonde de saint Augustin) et ont la nature de contenant vis-à-vis des existences ; car c'est dans ces deux formes que l'esprit contemple les choses étendues et temporaires [1]. D'autre part, comme le passage de l'Être à l'existence consiste dans la création exprimée par le second membre de la formule idéale, il est évident que la

[1] *Introd. allo studio della filosofia,* lib. I, cap. V, art. 2 ; et not. 19 et 20 del vol. II.

seule idée de création nous fournit tous les éléments intelligibles qui concourent à produire le sublime sous toutes ses formes. Ainsi la conception du sublime esthétique dans sa plus grande généralité est expliquée et justifiée par les principes de la science première.

La nouveauté et la difficulté de la matière me serviront d'excuse, si je m'arrête encore un instant sur cette genèse du sublime. L'Être, en émettant l'acte créateur, produit au dehors le temps et l'espace qui, comme simples possibilités nécessaires et éternelles, appartiennent à sa nature. Le passage de ces deux formes de la puissance à l'acte et de l'état continu et pur à l'état discret et empirique, est simultané avec la création substantielle des choses créées qui subsistent dans ces deux modes et sont embrassées par eux. L'espace et le temps sont un anneau intermédiaire entre l'Être et l'existence, et forment une conception moyenne qui participe de la nature des deux extrêmes : d'où résulte le caractère mixte de ces formes, et ces contradictions apparentes qui ont fait jusqu'ici le désespoir des psychologues et des ontologues, et fournirent un prétexte spécieux au scepticisme de l'école critique ; car l'espace et le temps nous apparaissent comme des choses incréées et créées, absolues et relatives, infinies et bornées, nécessaires et contingentes, en un mot Dieu et monde tout ensemble, selon qu'on les considère sous le point de vue pur ou sous le point de vue empirique. Cette contrariété est inévitable, si l'on étudie l'espace et le temps isolés de toute autre notion, selon l'usage des philosophes ; tandis qu'elle disparaît si on les considère dans leurs rapports avec les idées qui les accompagnent et si on les place dans le lieu qui leur convient, c'est-à-dire dans le moyen terme de la formule idéale. Ils acquièrent à cette place deux rapports ontologiques qui diffèrent à l'égard des extrêmes de la formule, et deux rapports psychologiques également divers vis-à-vis de l'esprit humain, selon qu'en réfléchissant il monte des existences à l'Être, ou descend de l'Être aux existences. Ainsi la seule position convenable de ces conceptions, selon la formule première de la science, répand sur elles une nouvelle lumière, en écarte toute contradiction réelle, explique les antinomies apparentes, et fait connaître leur nature, autant que cela est possible à l'esprit humain qui trouve dans l'essence de toute chose un mystère insondable. Mais le passage de l'Être à l'existence comprend aussi, outre les notions de temps et d'espace, l'idée de force créatrice. La notion d'une force infinie et capable de créer appartient sans doute au premier membre de la formule ; mais la production extrinsèque de cette force, et son passage de la puissance à l'acte appartient au second membre comme ses effets composent le troisième. L'idée de création nous fournit donc les trois notions concomitantes de *temps*, d'*espace* et de *force*, qui, réunies ou séparées, constituent les différentes espèces du sublime. Le sublime est la création en tant qu'elle est perçue, ou pour mieux dire exprimée symboliquement par la faculté productive des images, comme la création est le sublime en tant qu'il est réalisé par Dieu et qu'il s'adresse à la faculté rationnelle.

Il nous sera facile, après ce préambule, de découvrir les rapports qui lient le sublime avec le Beau. Il est impossible de se faire une idée de la création sans la concevoir comme la réalisation des types intelligibles des choses dans des forces substantielles et finies, qui tirent leur existence de cet acte et constituent la partie sensible, et, pour ainsi dire, la matière (en prenant ce mot dans le sens d'Aristote) des objets créés, dont les types sont la forme. Si l'union individuelle de la forme avec la matière constitue le Beau, il s'ensuit que Dieu, en imprimant ses idées dans les substances qu'il tire du néant, crée aussi le Beau, et que le Beau dérive de cette même force créatrice qui sert de base au sublime dynamique. D'un autre côté, les types intelligibles, en tant qu'ils sont réalisés dans les substances finies, subsistent dans le temps et dans l'espace : en conséquence, ces deux formes de l'univers d'où découle le sublime mathématique, sont aussi le siége du Beau. La force créatrice est le principe du Beau, parce qu'elle le fait; l'espace et le temps en sont la condition parce qu'ils le contiennent : celle-là a avec le Beau le rapport de cause, ceux-ci ont avec lui le rapport de contenant, et pour ainsi dire de réceptacle. D'où il suit que la formule esthétique peut être énoncée ainsi : *Le sublime crée et contient le Beau;* ce qui veut dire que le Beau est créé par le sublime dynamique et contenu dans le sublime mathématique. Ainsi, par exemple, si la création de la lumière décrite par Moïse et citée par Longin est sublime, l'effet de cette création, c'est-à-dire la lumière, est beau et constitue la principale des conditions requises pour la perception visuelle des différentes beautés qui sont parsemées dans la grande étendue de l'espace cosmique comme dans le lit de l'océan lumineux. Il est vrai que le Beau naturel et artificiel appartient à la sphère de l'imagination; mais l'espace et le temps fantastiques renferment l'intuition de l'espace et du temps purs saisis par la réflexion; d'où il suit que le contenant propre de l'imagination s'identifie objectivement avec l'espace et avec le temps réels, et en conséquence avec le principe du sublime mathématique. C'est dans ce sublime que le Beau fait son apparition par l'entremise de l'imagination qui l'enfante, en associant l'élément sensible avec l'élément intelligible. Or, l'imagination qui tire des objets les apparences sensibles, et les objets d'où ces apparences sont tirées, sont également des forces finies, spirituelles ou matérielles, produites par la vertu créatrice. Donc les acteurs qui jouent sur le théâtre de l'imagination sont les effets d'une force qui s'identifie avec le principe du sublime dynamique. Ainsi la formule esthétique que nous venons d'énoncer répond parfaitement à la formule idéale : celle-ci la contient comme le général contient le particulier, et comme le premier principe contient les principes secondaires. La formule idéale : *l'Être crée les existences,* traduite en langage esthétique, nous donne la formule suivante, plus explicite que celle que nous avons énoncée tout à l'heure : *l'Être crée le Beau par l'entremise du sublime dynamique, et le contient par l'entremise du sublime mathématique.* Cette formule nous montre les rapports ontologiques et psychologiques de l'esthétique avec la science première. Quand on dit Beau et sublime, ces mots indiquent un rapport de l'objet rationnel avec l'imagination : ôtez le rapport, ce qui reste ce sont les seules notions rationnelles contenues dans la formule idéale. Le Beau est l'élément intelligible relatif des choses créées saisies par l'imagination : le sublime est l'élément intelligible absolu de temps, d'espace et de force infinie, représenté à la même faculté. Bref, la formule esthétique est la formule idéale elle-même, en tant qu'elle s'adresse à l'imagination par le moyen des sens, et non pas à la raison seule : dans l'une, aussi bien que dans l'autre, l'ordre réel des choses s'identifie avec le procédé psychologique de l'esprit humain.

Si l'on passe en revue les exemples plus célèbres du sublime naturel et artificiel, on s'aperçoit facilement que le sublime dynamique et le sublime mathématique ne doivent point, tout compté, être placés sur la même ligne à l'égard des effets qu'ils produisent et des conditions qui les accompagnent. L'impression esthétique produite par le sublime dynamique est la plus forte de toutes; mais elle exige un esprit plus cultivé pour être sentie, tandis que l'émotion produite par le sublime mathématique est plus à la portée de tout le monde, quoiqu'elle soit moins profonde, moins puissante, moins propre à élever l'âme jusqu'au plus haut degré où elle puisse parvenir à l'aide des images. La raison de cette différence résulte de la place que les deux sublimes occupent dans la formule. Car quoiqu'ils appartiennent également à son terme moyen, ils ne sont pas placés précisément dans la même situation vis-à-vis des extrêmes, à cause des différents moments dont se compose le membre intermédiaire. Or l'idée de force créatrice est le premier moment parcouru par l'esprit, lorsqu'il descend de l'idée de cause absolue à la notion des existences : les conceptions d'espace et de temps constituent un second moment qui se rapproche davantage de l'idée des choses créés, selon la remarque que j'ai faite ailleurs [1]. Mais d'autre part, plus un moment idéal se rapproche du dernier terme de la formule, sur lequel le sensible se greffe, et où la réflexion prend son point de départ, plus

---

[1] *Introd. allo stud. della filosofia*, lib. I, cap. V, art. 5, tome II, pag. 199 et 200.

aussi il doit être facile de le saisir distinctement, et d'en recevoir l'impression. Aussi, le sublime mathématique est plus propre à frapper les esprits grossiers, peu habitués à la spéculation; et par la même raison l'espèce morale du sublime dynamique est moins proportionnée à la capacité du vulgaire, que l'espèce physique du même genre de sublime. Si le juste d'Horace, imperturbable au milieu d'un monde qui tombe en ruine, produit une impression merveilleuse sur l'esprit du philosophe qui sait apprécier les forces de l'âme et le prix unique de la vertu, le peuple goûtera davantage la force musculaire et sauvage des Titans, et plus encore le saut homérique des chevaux de l'Olympe; cette dernière espèce de sublime se fonde sur la forme sensible de l'espace. Ainsi le sublime est beaucoup plus parfait quand l'élément mathématique est réuni à l'élément dynamique, comme dans l'exemple biblique cité par Longin, où l'idée de force prédomine, mais associée à celle de l'espace, et l'imagination est frappée par l'idée d'une obscurité universelle qui, dans un clin d'œil, est transformée en un océan de lumière par la parole toute-puissante du Créateur. Tels sont aussi le sublime du *cuncta supercilio moventis*, qu'Horace emprunta à Homère, et presque toujours celui des prophètes et des autres écrivains sacrés.

Quelques philosophes esthétiques ont confondu le Beau avec le sublime, parce que le premier, quand il est parfait, produit un tel étonnement et une telle extase dans l'âme de celui qui le considère, que ses effets diffèrent fort peu de l'émotion extraordinaire produite par l'autre. Cependant, même dans ce cas, l'objet qui frappe directement l'esprit ne dépasse point les bornes de la beauté, et manque de cet infini qui enfante le sublime. Mais il est facile d'expliquer ce phénomène par l'affinité du sublime dynamique avec le Beau ; car l'incarnation du type intelligible dans un élément sensible et créé est l'ouvrage de la force infinie et créatrice. Lorsqu'une beauté extraordinaire se présente tout à coup à l'esprit, la pensée de celui qui la contemple est tout de suite portée par l'association des idées à envisager l'être qui en est la cause, et la sagesse qui sut concevoir et réaliser une telle merveille. Cette considération d'une force plus qu'ordinaire, dont on voit l'empreinte dans son œuvre comme on trouve l'image du père dans le visage de son enfant, excite en nous l'idée de l'infini, et suffirait à elle seule pour produire le sublime *intellectuel* de Kant, qui appartient à la seconde espèce du sublime dynamique. Mais comme l'idée de cette force n'est point l'objet unique ni principal de la pensée qui, dans l'hypothèse, est absorbée par la contemplation de la beauté, la seule chose qui en dérive est un rayon fugitif de sublime, qui, en se mêlant avec l'impression du Beau produite par le but direct de l'intuition, lui donne un caractère particulier. Quoique le sentiment du sublime, ici comme partout ailleurs, ait une cause bien différente de celle du Beau, néanmoins, ces impressions variées en se mêlant ensemble paraissent en former une seule, et se confondent dans un mouvement d'admiration excessive ; ce qui est d'autant plus facile que les pensées et les émotions de l'âme se succèdent avec une rapidité inconcevable, que les facultés de l'esprit s'exercent simultanément, et que l'imagination a une aptitude singulière a joindre ensemble les choses les plus différentes, et s'approprier les richesses des autres facultés. Ainsi, si le Beau considéré dans ses effets participe quelquefois du sublime, il faut en attribuer la cause au rapport ontologique de ces deux conceptions, au lien de causalité qui les réunit, et aux lois psychologiques qui régissent l'esprit humain.

CHAPITRE CINQUIÈME.

DU MERVEILLEUX CONSIDÉRÉ DANS SES RAPPORTS AVEC LE BEAU.

Passons au merveilleux, et comme l'imagination réfléchit dans toutes ses parties une faculté plus élevée, cherchons les principes rationnels dont il dérive. On peut distinguer le merveilleux esthétique en deux espèces, dont l'une est le *mystérieux* et l'autre le *surnaturel*, que j'examinerai séparément. Le mystérieux esthétique, c'est l'inconnu, qui, mêlé au connu, sous une apparence sensible se lie avec le Beau et avec le sublime, et en augmente l'attrait, l'éclat, la puissance. L'inconnu, en tant qu'il est une chose négative, loin de participer au privilége du Beau, ne peut pas même être pensé. Mais il peut tomber indirectement dans le domaine de l'esprit par une opération psychologique que j'ai décrite ailleurs [1]. Afin que cette notion intellectuelle soit aussi esthétique, elle doit être réunie au connu dans l'unité d'une synthèse esthétique résidant dans l'imagination et individualisée par elle : dans ce cas, le mystérieux devient un des éléments du contenant ou du contenu fantastique. L'intervention de l'inconnu dans l'imagination produit ce je ne sais quoi d'aérien, d'insaisissable, de mobile, de flottant, de vague, qui est le propre des créations fantastiques et en augmente les beautés et les charmes. Cet élément indéfini résulte aussi bien du défaut de précision et de contours dans le tracé de la scène fantastique (et c'est en cela que l'espace et le temps imaginaires se distinguent du temps et de l'espace réels) que de l'indétermination qui se trouve plus ou moins dans les fantômes particuliers qui peuplent et animent ce monde fabuleux. Sans ce mystère les ouvrages de l'imagination perdraient beaucoup, leur idéalité se rapprocherait trop de la réalité, et la noble poésie différerait fort peu de la vile prose qui remplit la vie humaine. La nature même ne pourrait point rivaliser avec les merveilles de l'art, et moins encore les vaincre, si elle n'était pas à demi voilée par ses propres charmes, et n'avait dans la réalité ce mystère que les grands artistes lui assignent dans leurs ouvrages; mystère qui rend les autres beautés plus douces et piquantes. Pourquoi une perspective de mer, un ciel étoilé, une vaste étendue de campagne qui se déroule au pied d'une hauteur, un immense et épouvantable gouffre comme celui

---

[1] *Introd. allo stud. della filos.*, lib. I, cap. VIII.

du Pichinca ou du Kirauca, qui vomit des torrents de flammes [1], sont-ils sublimes? L'horizon ou la profondeur visible, quelque grands qu'ils soient, ont des bornes, et ne pourraient jamais nous servir de moyen sensible pour nous élever à la conception de l'infini, si les contours, les limites, la figure de cette étendue n'allaient pas en diminuant par degrés, et en s'évaporant par le jeu des couleurs jusqu'à produire une vive image de l'immensité. C'est ce qui a lieu surtout dans la peinture, où l'artiste, par le moyen de la perspective, montre pour ainsi dire ce qui est invisible, et représente avec la distribution des couleurs les teintes variées et le déclin de la lumière, de l'air et des ombres, en faisant sentir les distances qui se perdent à la vue, les cimes crénelées et les sinuosités des montagnes, la surface pure et tranquille de la mer, le lever et le coucher du soleil parmi des vapeurs rougeâtres, les profondeurs d'une caverne, d'un temple gothique, d'une catacombe. L'artiste imite en tout cela la nature, et l'illusion qui a lieu dans les deux cas ne regarde point la vue, mais l'imagination, qui à travers les sens modifie ou augmente à son gré les objets placés devant elle. Si l'on effaçait sur une perspective de campagne tout ce qu'on y voit d'une manière confuse ou imparfaite, ou plutôt tout ce qu'on n'y voit point réellement avec les yeux et qui n'est conçu que par l'imagination; si par exemple on ôtait ces distances dans lesquelles la vue se perd, ces fleuves qui errent par de gracieux détours, ces vallées irrégulières et coupées, ces enfoncements tortueux des montagnes, ces recoins de grottes et de bosquets, ces ravins sans fond, ces sommités inaccessibles, ces forêts impénétrables, ces

---

[1] Humboldt, Ellis, Steward.

vergers, ces hameaux, ces chapelles, ces ermitages à demi couverts par des arbres ou des touffes verdoyantes, et plusieurs autres choses de ce genre qui portent l'imagination du spectateur plus loin que la réalité, on dépouillerait de leurs charmes les plus exquis l'aspect de la nature et la peinture de paysage. Telle est la condition de l'homme, que le connu est impuissant à l'émouvoir s'il n'est pas relevé et agrandi par le mystère, et la lumière ne peut point réjouir sa vue si l'éclat n'en est pas rehaussé par des ombres! Ainsi on peut croire que si quelqu'un était doué de cette vue perçante qui embrasse et pénètre jusqu'au fond des objets comme un fluide impondérable, à l'instar de celle que les magnétiseurs attribuent à leurs compères ou à leurs dupes, la plupart des merveilles naturelles et artificielles seraient perdues pour lui. Certes si l'on pouvait mesurer d'un seul coup d'œil toutes les parties d'un temple gothique ou moresque, sans que les colonnes, les arches, les enfoncements, les voûtes, les angles et les courbes multiples de l'édifice arrêtassent la vue, on en recevrait un plaisir esthétique inférieur à celui que nous éprouvons lorsque, en parcourant le monument, nous en découvrons à chaque pas une face nouvelle, et lorsque ensuite la mémoire, en ramassant tous ces souvenirs partiels, en compose une image totale qui est quelquefois plus agréable que la vue même. Voilà la cause qui fait que nous jouissons davantage à nous rappeler une beauté qui n'est plus devant nos yeux en la contemplant à travers le prisme de l'imagination, qu'à la voir présente; ce qui arrive surtout lorsque le souvenir nous reporte à une époque très-éloignée et colore l'objet reproduit avec les impressions vives et poétiques du printemps de la vie. La nouveauté et la variété nous plaisent, parce qu'elles bercent agréablement notre âme, et, en la transportant hors d'elle-même, lui donnent le pressentiment d'un monde inconnu et lui font goûter avec délice une espèce d'extase. Lorsqu'on arrive pour la première fois dans un beau pays, tel, par exemple, que la Suisse, la haute Écosse, les côtes de la Ligurie, tout nous y semble beaucoup plus poétique qu'il ne l'est en effet; car ce chemin qui tourne, cette courbure de montagne, ce défilé mystérieux, cette échappée de mer, ce ruisseau qui serpente et disparait tour à tour, ce torrent qui s'engouffre enveloppé par un brouillard d'écume blanchâtre, cette nappe d'un lac d'azur qui se déroule à nos yeux par la découpure naturelle d'une charmante colline, cet ensemble de sentiers, de haies, d'arbres, de bruyères, de rochers, de précipices, de cataractes, de grottes, de chaumières, ce mélange d'agréable et d'affreux, de cultivé et de sauvage, de champs et de bois, d'herbes et de fleurs, de plantations et d'eaux courantes, de coteaux et de plaines, de ciel et de terre, forme une variété réelle qui augmente à chaque pas et fait concevoir au voyageur étonné plus de merveilles encore qu'il n'y en a en effet. Mais quand toutes les parties d'un pays nous sont bien connues, quand nous en avons le plan complet et précis dans l'esprit, quand l'imagination n'a plus le pouvoir de jouer à son aise et devient l'esclave de la réalité, quand enfin le Beau réel est épuisé, le Beau fantastique décroit à proportion, et quelquefois même devient insipide aux hommes dont le goût est émoussé par l'habitude. Un grand poëte, dont l'Italie pleure la mort récente et précoce, faisait allusion à cette loi de notre nature lorsqu'il s'écriait avec douleur :

Le monde, loin de s'accroître, diminue à mesure qu'on le con-

naît davantage : la terre, la mer et les espaces célestes paraissent beaucoup plus vastes à l'imagination de l'enfant qu'à la raison de l'homme instruit... Douce imagination, chère amie de notre jeunesse, nous avons à peine appris à te connaître, lorsque la vérité nous dérobe tes charmes, et nous isole de toi pour toujours. Hélas! nous te perdons à cette époque où les tristes leçons de l'expérience et les misères de la vie nous rendent plus nécessaires tes illusions innocentes et tes rêves consolateurs[1]!

Rien de plus vrai ni de plus profond que ces plaintes; car la connaissance des choses finies, en diminuant ou en annulant l'élément mystérieux, nuit au Beau, et le mutile de sorte qu'il n'est plus en harmonie avec un besoin inné de l'imagination.

Ce besoin se fait sentir même dans les sciences, et dans la vie morale, où l'inconnu est également nécessaire pour le bonheur intellectuel et sentimental de l'homme, et lui fournit une espèce d'avant-goût et de présage de la félicité éternelle[2]. La vérité dans les sciences se rapproche du Beau en tant

---

[1] . . . . Conosciuto il mondo
Non cresce, anzi si scema, e assai più vasto
L'etra sonante, e l'alma terra, e il mare
Al fanciullin, che non al saggio appare.
. . . .
. . . . A noi ti vieta
Il vero appena è giunto,
O caro immaginar; da te s'apparta
Nostra mente in eterno : allo stupendo
Poter tuo primo ne sottraggon gl'anni;
E il conforto perì de' nostri affanni.
   LEOPARDI, Canti, III. Napoli, 1835, p. 25 et 26.

[2] *Introd. allo stud. della filosofia*, loc. cit.

qu'elle réside dans l'élément intelligible qui constitue ce qu'il y a de plus noble et de plus important dans la beauté. L'attrait que la vérité a pour nous ne dérive pas seulement de la lumière qui l'entoure, mais aussi des ombres qui la voilent en partie : dans la sphère de l'intelligence comme dans celle de la sensibilité et de l'imagination, ce qui est obscur fait ressortir ce qui est clair, et les ténèbres ajoutent à l'éclat du jour. Toute vérité est grosse de mystères, ce qui veut dire qu'elle contient un grand nombre d'autres vérités qui échappent en partie ou entièrement à notre connaissance. Celui qui parviendrait à élaguer des sciences toute sorte d'inconnue affaiblirait par cela seul l'intérêt qu'elles ont pour ceux qui les cultivent. Les philosophes qui, connaissant leur incapacité à déchiffrer les mystères de l'intelligence, prennent le parti fort commode de les rejeter, font voir qu'ils ignorent la véritable nature des choses et des facultés humaines et se trompent gravement sur l'espace et la durée que l'homme occupe dans ce monde. Le plaisir qu'on éprouve à découvrir et à mettre en évidence une vérité cachée est de plusieurs espèces. On peut d'abord en jouir par principe d'amour-propre, ce qui arrive toutes les fois que l'homme aime sa découverte comme une création de son esprit, sans remonter à la véritable source des biens qu'il possède. Cet amour est souverainement injuste; car la vérité est Dieu même, et la connaissance que les mortels en acquièrent est un don dont ils doivent remercier l'auteur et non une acquisition humaine dont ils puissent avoir un orgueil légitime. On jouit en outre de la vérité par elle-même, et parce que le peu qu'on en découvre révèle aux yeux un nouvel horizon, et fait pressentir d'une manière confuse et entrevoir de loin des vérités encore inconnues.

Cette perspective qui se perd dans le vague, cette vive lumière qui aboutit aux lueurs du crépuscule, charme l'esprit de l'homme parce qu'elle lui fait goûter d'avance cette immensité indéfinissable qui est le but secret de toutes les facultés de notre âme. Dans la vie intellectuelle, comme dans la vie sensible, il n'y a point de plaisir sans un certain mélange de présent et d'avenir, de désir et d'espérance. Mais le vrai, dira-t-on, n'est-il pas propre par lui-même à faire le bonheur de l'intelligence? Oui sans doute, pourvu qu'il soit infini et parfait dans toute l'étendue du terme; mais cette vérité absolue est introuvable dans ce monde, et l'impénétrabilité de sa nature constitue précisément l'élément *surintelligible*. La vérité finie, telle que toutes les connaissances particulières ou imparfaitement générales que nous possédons, ne peut pas nous suffire; car elle est une surface et non une substance, une ombre fugitive et non une chose solide, un pâle reflet et non un rayon direct de la véritable lumière. Il n'est donc pas étonnant que nous lui préférions cette lueur nocturne qui nous montre des ombres agréables à l'intelligence, comme ces symboles de l'incompréhensible qui leurrent l'imagination; lueur qui peut être comparée à cet éclat calme et argenté de la lune qui excite dans les spectateurs des émotions plus douces et plus ravissantes que les rayons solaires. Les contours durs et tranchants nous blessent dans la sphère du vrai scientifique aussi bien que dans celle de la nature et de l'art; car ils arrêtent brusquement l'esprit qui est avide de passer outre, et en l'avertissant de son impuissance détruisent cette douce illusion que l'imagination éprouve lorsqu'elle est dans le vague et croit planer dans un espace sans bornes et dans la durée immense, éternelle.

Le surnaturel est une qualité non moins importante du mystérieux dans les représentations esthétiques. On entend sous ce nom un accident ou un événement contraire au cours de la nature, et produit par une cause supérieure aux lois qui la régissent. Il diffère de l'extraordinaire, car celui-ci ne dépasse point la portée du naturel; cependant, comme l'extraordinaire est ce qui arrive rarement, et a de la ressemblance à cet égard avec le surnaturel, quoique la cause en soit différente, il occupe une place fort proche, et produit des impressions conformes, quoique à un degré plus faible. Aussi le surnaturel convient davantage à la poésie épique, tandis que l'extraordinaire sied mieux au roman, qui est une espèce d'épopée au petit pied assez pâle, qui s'accorde fort bien avec le génie prosaïque et vulgaire des temps modernes. On connaît les doctrines des rhéteurs sur la légitimité et la nécessité du surnaturel dans la poésie et dans certains arts, mais surtout dans le poëme épique, dont il est une partie essentielle. Il réussit fort bien même dans le drame, si au lieu de suivre les pauvres maximes de quelques critiques français et de leurs copistes, ou l'exemple qu'elles introduisirent sur le théâtre, on remonte à l'antiquité grecque et orientale, et à la pratique de ces grands génies qui ont brillé sur le théâtre moderne. Personne n'ignore le merveilleux dramatique de Shakspeare et des dramaturges espagnols, qui est souvent la source des beautés poétiques les plus exquises. Horace exige que Dieu n'intervienne que d'une manière digne de lui sur la scène; ce qui veut dire que le surnaturel poétique doit être employé avec parcimonie, comme toutes les hardiesses de l'imagination; que les abus et la licence ne sont pas moins blâmables qu'une défense absolue; que le surnaturel peut facilement devenir contraire à la nature, comme le sublime peut tomber dans le ridicule, et enfin que le prodige ne doit jamais nuire aux proportions et aux convenances naturelles. Le surnaturel bien employé est naturel à la poésie, parce qu'il répond aux lois de l'imagination et de la verve poétique, comme le miracle est naturel à la religion et à l'histoire, lorsqu'il est nécessaire pour expliquer les événements et les origines. Son intervention agrée fort peu sans doute au génie rétréci et au goût pointilleux des écrivains modernes, qui, peu satisfaits d'avoir introduit le rationalisme dans l'histoire, dans la religion, dans la philosophie, ont voulu l'étendre même à l'imagination, en mutilant cette faculté admirable, et en dépouillant ses œuvres de leurs plus rares beautés. Qui pourrait en effet mesurer la hauteur à laquelle se seraient élevés les génies créateurs d'*Athalie*, de *Polyeucte* et de *Saül*, s'ils n'avaient été enchaînés par le préjugé vulgaire et par la mauvaise habitude? Les rationalistes ont nui à la littérature agréable aussi bien qu'aux sciences sévères. Le prodige et le mystère sont essentiels à la poésie, comme aux doctrines les plus élevées, et ce surnaturel factice que les nouveaux critiques permettent à l'auteur d'une tragédie est aussi pauvre et méprisable que les symboles et les mythes qu'on voudrait introduire dans l'histoire de la religion et dans l'exégèse de la Bible. Remarquons en outre l'admirable sagesse de ces beaux esprits, qui, tout en faisant des saintes Écritures une mythologie poétique, ont peur des fables dans la poésie; comme si ces deux prétentions n'étaient pas contradictoires ! L'exemple dans les deux cas nous a été donné par nos voisins : espérons que le temps viendra où les Italiens renonceront aux mauvaises imitations étrangères, et seront convaincus que les fruits de l'hétérodoxie cartésienne sont aussi tristes et déplorables dans la littérature et les beaux-arts que dans la religion et la philosophie. Que les hommes doués de talent et de courage, capables d'enrichir notre scène, considèrent s'il ne vaut pas mieux écrire pour le simple usage des lecteurs en laissant au temps et aux soins de générations plus sages la tâche de corriger le théâtre, et de le mettre d'accord avec les lois du bon goût, au lieu d'assujettir leur génie aux caprices d'un auditoire dont le jugement est corrompu et enchaîné par une habitude vicieuse. Le théâtre doit obéir aux exigences intrinsèques de l'art et à la verve de l'écrivain, tandis qu'il est absurde que l'art et le génie soient soumis à l'arbitraire du théâtre. Dans le cas contraire, la littérature tombe en décadence, et devient le jouet de la tyrannie populaire, qui est la plus dure de toutes ; je parle du peuple élégant et à la mode, qui n'est point guidé dans ses jugements par l'instinct de la nature, mais par une mauvaise éducation et des habitudes frivoles. Chacun peut voir dans quel état est tombé le théâtre italien, où une mauvaise pièce française et allemande est reçue aux applaudissements unanimes d'un parterre qui sifflerait peut-être l'*Adelguis* ou le *Carmagnola*, et où les pièces légères de Scribe, transportées du français dans une langue qui ne ressemble à l'italien que par la désinence des mots, sont préférées par le grand nombre aux chefs-d'œuvre de Goldoni. Il faudrait aussi examiner si toutes les beautés dramatiques sont susceptibles d'une bonne représentation, et s'il n'est pas nuisible à la littérature l'usage actuel qui la subordonne aux exigences du théâtre, même légitimes ; car si le poëte épique, lyrique, satirique et élégiaque, et quelquefois l'orateur même, écrivent pour le seul lecteur, pourquoi dans la tragédie et dans la comédie l'écrivain devra-t-il toujours s'assujettir aux bienséances de la scène? Mais la discussion de ce sujet nous entraînerait trop loin.

Le surnaturel poétique consiste dans l'intervention de certains êtres *extra-mondains*, qui tantôt apparaissent en personne, tantôt se montrent seulement dans leurs effets. En tout cas, cette espèce de merveilleux suppose une association mentale entre des événements sensibles, mais extraordinaires, et une cause surnaturelle qui se manifeste sensiblement au moins dans ses œuvres. Aussi le surnaturel, pour être esthétique, doit prendre dans sa cause ou dans ses effets une forme accessible à l'imagination. Tels sont les dieux, les demi-dieux, les génies, les ombres, les monstres et toute cette famille d'êtres fantastiques et surhumains, dont l'émanatisme exotérique des Orientaux peupla le ciel et la terre, et qui fournirent à Valmiki, à Vyasa, à Ferdoucy, aux auteurs du Tariel et de l'Amiran, aux conteurs arabes, persans et européens du moyen âge, une foule de fictions fort riches, mais parfois étranges, et à Homère, à Virgile, au Boïard, à l'Arioste et au Camoëns, un choix de fables qui, avec moins de luxe, sont plus gracieuses et mieux assorties à l'esprit des nations occidentales. L'idée de Dieu, qui est le véritable agent supérieur au monde et à toute chose, brille à demi voilée dans ces êtres capricieux et imaginaires; elle y est obscurcie par la conception prédominante des créatures, selon l'essence du panthéisme. La notion de Dieu, étant purement rationnelle, ne suffit point pour constituer le surnaturel poétique qui doit toujours s'adresser à l'imagination ; c'est pourquoi la poésie, en relevant de la religion, doit se servir de son langage exotérique pour mouler ses propres idoles et composer ses fictions. Voilà la raison qui nous explique un fait commun à tous les peuples hétérodoxes, c'est-à-dire la transformation insensible de l'exotérisme religieux en mythologie poétique par l'entremise des gens de lettres. Nous avons un exemple fort illustre de ce changement dans les premiers poëtes de la Grèce ; car si l'on compare Hésiode avec Homère, on voit dans le premier l'exotérisme hellénique qui, tout en touchant déjà à la poésie, conserve encore son caractère symbolique et religieux, tandis que, dans les mains du second, il perd tout à fait son génie primitif. Les dieux d'Homère sont de simples jouets de son imagination; aussi les philosophes hiératiques, depuis Pythagore jusqu'à Platon, gardèrent rancune au père de la littérature grecque, et plus tard les stoïciens et les alexandrins recoururent aux interprétations allégoriques pour le sauver de l'anathème. Le surnaturel de la poésie biblique est d'une nature bien différente. On y voit une seconde providence, une providence visible et palpable, vivant symbole et complément de cette souveraine sagesse qui dirige mystérieusement les affaires des hommes. Cette providence extraordinaire s'adresse à l'imagination aussi bien qu'à l'intelligence; car elle se montre dans ses effets soudains et terribles, tels que la destruction prodigieuse des villes et des empires, dont les prophètes nous ont laissé la peinture, et se sert souvent, pour atteindre son but, du ministère des créatures. Les anges, bons et mauvais, sont des êtres supérieurs au monde, dont la révélation seule peut attester l'existence d'une manière certaine, mais qui, étant des êtres créés, peuvent revêtir une forme poétique, agréable ou effrayante, selon la nature de leurs fonctions et de leur caractère, et ont avec les êtres fantastiques dont le paganisme peupla l'univers les mêmes rapports que l'histoire avec la mythologie, et la religion primitive et révélée avec l'émanatisme et le panthéisme des âges suivants. Quoiqu'ils soient, à quelques égards, inférieurs en valeur esthétique aux autres fictions, ils les surpassent en beauté morale, et sont plus propres par la simplicité de la forme à produire le sublime. Quelle est la bataille homérique qui, en grandeur, soit comparable au combat céleste de Michel et de Lucifer? Si la poétique du paganisme est quelquefois supérieure dans le Beau, elle a toujours le dessous dans le sublime, qui s'y rencontre rarement, et manque toujours de cette perfection et de cette pureté qui brillent chez les écrivains sacrés. Le sublime d'Homère peut facilement donner prise au ridicule : son Jupiter est inséparable de l'anthropomorphisme, et porte avec lui ce mélange et cet entourage peu sérieux qui l'accompagnent dans le cours du poëme et dans notre imagination. Au contraire, les mots sublimes de Moïse cités par Longin excluent toute espèce de parodie; le Créateur, qui n'y est représenté sous aucune forme sensible, se laisse entrevoir dans l'effet qui tombe sous les sens et qui est sublime au plus haut degré.

Le surnaturel se combine avec le naturel dans les compositions esthétiques, comme l'élément sensible avec l'élément intelligible, le connu avec le mystérieux, dans cette unité et individualité fantastique que nous avons décrite. Les propriétés des êtres *extra-mondains* doivent, d'un côté, tenir de la nature, et de l'autre en différer. Or, comme le seul type d'une force libre, intelligente et organique qui nous soit connu d'une manière concrète est celui de notre espèce, les créatures fabuleuses dont nous peuplons le monde fantastique doivent être calquées sur le modèle humain modifié par excès ou par défaut, de telle sorte qu'elles lui ressemblent sans s'identifier avec lui, et en diffèrent en raison de l'infériorité ou de la supériorité de leur nature. L'imagination des anciens plaça au-dessus de l'homme plusieurs êtres doués d'attributions et de noms différents, qui se réduisent en dernière analyse à la notion du demi-dieu, qui n'est autre chose qu'un homme amplifié moralement et physiquement, et ennobli par un rayon des perfections divines. Au-dessous de l'homme il y a les brutes, et surtout celles qui, par leur organisation, leur sensibilité plus exquise et leur instinct plus obtus, se rapprochent davantage de notre nature. Dieu et la brute sont donc les deux extrêmes qui appartiennent à l'ordre des choses réelles, et dont l'imagination tire l'élément surhumain dont elle se sert pour donner un corps à ses fictions. Mais cet élément ne peut point devenir esthétique et entrer dans la composition des êtres surnaturels, s'il n'est pas fondu dans l'élément humain, et tempéré par lui de telle sorte que l'un et l'autre aboutissent à un seul individu doué d'âme et de vie. C'est dans cette animation et dans cette individualisation des êtres placés hors de la nature, que réside le grand art des poëtes, des sculpteurs et des peintres pour ce qui regarde cette espèce de travail. Nous en avons un exemple admirable quant à l'excès dans la Béatrix du Dante, dans le Moïse de Michel-Ange, dans le saint Jérôme du Dominiquin et dans plusieurs tableaux de Raphaël ; on peut croire que le fameux Jupiter de Phidias et l'Alexandre de Lysippe appartenaient à ce genre. Quant au défaut (en mettant de côté plusieurs iconismes des anciens dans lesquels l'homme et la brute, la brute et la divinité, sont réunis avec beaucoup d'habileté, selon le dogme fondamental de l'émanation, mais qui s'adressent à la sensibilité seule), le Polyphème d'Homère, le Caligorante et l'Ogre du Boïard et de l'Arioste, sont des modèles difficiles à surpasser. La raison et l'expérience nous disent que ces êtres fantastiques n'existent point dans la nature; cependant on les voit vivre et agir dans les ouvrages de ces poëtes immortels avec un naturel si précis et si parfait, qu'on affirmerait presque qu'ils se trouvent quelque part et qu'ils sont exactement tels que l'écrivain les a imaginés et décrits : ce qui est une marque infaillible de perfection esthétique. Shakspeare rapproche l'un de l'autre ces deux types, et met en relief chacun d'eux par le contraste de son opposé, en peignant avec une évidence merveilleuse l'homme angélique et l'homme brutal dans l'Ariel et dans le Caliban de *la Tempête*. Il n'y a que les génies extraordinaires qui réussissent dans ces créations idéales; les talents les plus heureux y échouent souvent. Ainsi le Méphistophélès de Faust n'est qu'un pur homme; son habileté et sa malice sont au moins égales à celles de l'auteur, et c'est tout dire; son rire est amer, son ironie farouche mais non surhumaine, et beaucoup moins satanique que ce ricanement infernal dont Walter Scott fait mention dans un conte de *l'Antiquaire;* bref, on ignorerait qu'il est le diable même en personne, sans la tradition populaire et les effets qui le révèlent. La même critique peut être adressée à l'Abbadona de Klopstock, qui n'est point un ange, mais un simple mortel : fiction belle et touchante, quoique peu convenable dans un poëme chrétien, et contraire à la doctrine orthodoxe.

Ce que je viens de dire sur les personnages placés hors de la nature, on doit l'appliquer également aux faits du même genre. Ces faits doivent se mêler et s'enchaîner avec les événements ordinaires en faisant avec eux un seul corps, et en imitant la disposition du monde réel, où la nature et le surnaturel se combinent ensemble, et composent une seule harmonie. L'artifice de cette synthèse, prescrite par Horace dans son célèbre *nec Deus intersit,* brille dans l'Iliade d'Homère, où les dieux se mêlent avec les hommes, le ciel avec la terre, et concourent à produire une seule action qui comprend tout le poëme, et dont l'unité est soutenue avec toute l'habileté possible à un poëte païen. Mais dans les poëmes hétérodoxes, l'erreur de l'émanatisme, ayant faussé la raison, gâta même les beaux-arts qui doivent être le réverbère des clartés rationnelles, et introduisit une opposition entre la fable et la vérité qui nuit à l'effet des fictions imaginaires, et surtout de la poésie. L'union parfaite du naturel et du surnaturel dans un seul *cosmos* ne se trouve que dans la conception chrétienne, qui, en nous donnant la clef du réel et de l'idéal avec le dogme renouvelé de la création, nous dévoile la manière dont la nature et la grâce partent d'un seul principe, tendent à un seul but, s'accompagnent et s'entr'aident dans leurs progrès. La fatalité, le hasard et l'absurde sont également exclus de la poétique chrétienne, sans que la direction vers une fin et la régularité du tout nuisent à cette liberté individuelle, à ces mouvements libres et spontanés qui conviennent aux œuvres de l'art. Ainsi l'esthétique reproduit dans sa sphère ce mystérieux accord du libre arbitre de l'homme et de la grâce divine, avec lequel le christianisme résout un problème qui fit toujours le désespoir de la philosophie abandonnée à elle-même. Cet accord brille dans les ouvrages du Tasse et de Milton, mais surtout dans le Dante et dans quelques dramaturges espagnols, où il est difficile de définir s'il y a plus de liberté dans le génie du poëte ou plus de correspondance dans ses œuvres avec l'unité harmonique du monde.

Le principe rationnel du merveilleux sous ses deux formes esthétiques du mystérieux et du surnaturel, peut être déduit avec toute la rigueur logique de la formule idéale. Le premier membre de cette formule constitue l'intelligible absolu, qui, en passant dans le dernier terme à l'aide du moment interposé de la création, répand sur toutes les choses cette lumière objective qui les rend intelligibles et s'appelle évidence. Mais la lumière intellectuelle à notre égard est entourée de ténèbres, et les objets qu'on peut percevoir par son reflet peuvent être comparés à des points lumineux qui brillent dans l'obscurité. Voilà la racine du surintelligible subjectif et de la réalité objective qui lui répond, c'est-à-dire de l'essence. L'essence (réelle, et non rationnelle) est une inconnue objective qui se reproduit dans les trois membres de la formule comme l'ombre qui accompagne la lumière ; mais l'obscurité est plus grande dans le terme intermédiaire qui résulte de l'essence impénétrable des extrêmes et la réfléchit doublement. C'est là l'origine du mystère naturel que la philosophie doit reconnaître, mais qu'elle ne peut point expliquer, et dont le mystère révélé est une véritable manifestation, quoique imparfaite et partielle. Le surintelligible, en passant du domaine de la raison dans celui de l'imagination, et en prenant une apparence sensible, occasionne la conception esthétique du mystérieux, qui est la grande inconnue et l'essence cachée des choses représentée d'une manière poétique. Mais si l'essence gardait son impénétrabilité naturelle, elle ne pourrait jamais paraître sous une forme fantastique : il faut à cet effet qu'elle sorte des profondeurs où elle se cache, et se laisse voir pour ainsi dire de côté et comme au travers d'un brouillard gazeux ou d'un corps diaphane. Ainsi le surintelligible ne peut devenir esthétique que par l'entremise d'une révélation, comme le mystère négatif de la nature ne peut devenir positif et entrer dans le domaine de la foi que par les illustrations d'une lumière supérieure. La révélation qui éclaire la raison de l'homme nous est communiquée par la parole religieuse; celle qui s'adresse à l'imagination naît de la parole esthétique qui peut être composée de sons, de mouvements, de figures, de couleurs, mais qui dans tous les cas est un ensemble de signes qui peignent à l'imagination ce qui dépasse sa portée. Ainsi le peintre fait pressentir l'incompréhensibilité des choses avec ces ombres, ces reflets, ce clair-obscur, ces distances, ces profondeurs, ces raccourcis, ces nuances graduelles des couleurs, où la vue se perd doucement. L'indéfini excite l'idée de l'infini, comme les notions imparfaites dont l'esprit de l'homme est capable aboutissent aux abîmes de l'essence. Les yeux et les autres sens sont à l'égard du mystérieux esthétique dans le même rapport que l'intuition intellectuelle à l'égard des obscurités de la raison. Dans les deux cas, le mystère résulte du vain effort de la faculté subjective pour passer des propriétés à la substance, de l'écorce à la moelle, de la partie extérieure à la partie intérieure de l'objet, et en connaître à fond la nature insondable.

Le mystérieux intervient dans le Beau et dans le sublime, mais à des degrés inégaux et d'une manière différente. Il prédomine dans le sublime et en est la partie principale à tel point que sans lui le sublime disparait. Dans le Beau, au contraire, il ne peut point l'emporter sur les autres éléments sans l'anéantir, et il ne réussit que lorsqu'il est employé avec une sage mesure, et qu'il joue le rôle d'un simple accessoire ; car en dernière analyse, la beauté n'est que l'éclat répandu par un type intellectuel sur une apparence sensible. La racine du sublime réside dans l'infini, qui, en surpassant le pouvoir de l'imagination et de toute autre faculté créée, force l'esprit à se réfugier dans le surintelligible et à reconnaître sa propre insuffisance à saisir l'intime nature des choses. Néanmoins, comme tout objet fini présuppose l'infini, et tout élément intelligible quelque chose de surintelligible, le Beau s'associe aussi volontiers avec le mystérieux et en tire avantage. La différence qui existe à cet égard entre le sublime et le Beau répond au degré occupé par leurs corrélatifs ontologiques dans l'échelle idéale ; car le sublime résidant dans le second membre de la formule, où le surintelligible prévaut de beaucoup par la raison que nous venons d'indiquer, le mystérieux esthétique est moins en rapport avec le Beau qu'avec le sublime. Le surintelligible est de plus radicalement subjectif, et n'acquiert une valeur objective que par le moyen d'une opération particulière de l'esprit[1]. On trouve la même propriété dans le mystérieux de l'imagination, qui, en jaillissant de l'indéfini et du vague, est plutôt l'ouvrage du spectateur que de la nature ou de l'art ; car quoique dans tous les cas la conception esthétique soit une création de l'esprit qui la possède, l'action reproductive de l'imagination est déterminée par

---

[1] *Introd. allo stud. della filosofia*, lib. I, cap. VI et VIII.

l'objet naturel et artificiel qui est devant elle, pourvu que les contours de cet objet soient distincts, complets et précis; ce qui répugne à cet indéfini qui est la source des mystères de la faculté esthétique. Le spectateur, à cet égard (il faut dire la même chose du lecteur et de l'auditeur s'il s'agit de poésie, d'éloquence et de musique), est forcé de son côté à suppléer à ce qui manque dans l'objet et ne peut être exprimé par la nature et par l'artiste d'une manière complète, mais seulement indiqué par une esquisse fugitive. L'imagination jouit donc dans ce cas d'une liberté particulière; mais en revanche elle doit être plus puissante et énergique. Car si elle a moins d'obstacles, elle a aussi moins de secours et perd en force subsidiaire ce qu'elle gagne en indépendance. Aussi pour les âmes prosaïques et naturellement ineptes à créer dans la sphère de l'imagination, la qualité esthétique la moins sentie et la moins goûtée est celle du mystérieux. Donc l'indéfini qui est objectif du côté de la raison, à l'aide du raisonnement et non de l'intuition, est subjectif vis-à-vis de l'imagination qui le crée pour corriger les défauts et combler les lacunes de l'objet représenté. Quand nous lisons, par exemple, Homère, ses paroles nous mettent devant les yeux une seule partie des objets et laissent l'autre dans l'ombre; car le poëte ne peut point représenter ses fantômes aussi complétement que le sculpteur et le peintre. Cette partie non décrite des choses est comme un papier blanc, une place vide où l'imagination peut tracer ses caractères, répandre ses riches couleurs et dessiner ces images vagues et indéterminées qui ont pour elle tant de charme. L'imagination de l'auditeur ou du lecteur travaille de concert avec celle du poëte : celui-ci suggère la forme finie, celui-là tire de lui-même l'indéfinie; l'œuvre esthétique et le plaisir qui en résulte sont le double effet de cette réunion.

Le second membre de la formule nous fournit la notion du surnaturel, qui est de deux espèces, c'est-à-dire absolu et relatif. Le surnaturel absolu naît de l'idée de création considérée d'une manière absolue; car la création, étant la réalisation libre d'un ordre contingent, suppose un principe supérieur qui produit et détermine son effet par une élection parfaitement libre de toute nécessité et de toute contrainte. Le surnaturel relatif résulte de l'idée d'une création seconde, qui diffère de la création première, et qui, en mêlant ses effets aux lois de cette création antérieure, les suspend ou les change. Les œuvres de la seconde création, en prédominant sur celles de l'autre, impliquent un nouveau concours de la vertu créatrice, et ont une valeur surnaturelle à l'égard des lois de la création première, dont l'ensemble constitue la nature. L'histoire nous atteste la réalité de cette double création, et la raison philosophique la confirme en nous indiquant dans la dernière la restauration et le complément de la première. Car la création première embrasse la réalité des phénomènes de la nature et la connaissance des vérités de la raison; or, ces deux choses, étant insuffisantes à réaliser le but moral de l'univers, et à rétablir l'ordre troublé par la déchéance primitive, exigent une intervention nouvelle de la puissance créatrice qui, en suppléant aux phénomènes par les miracles, et à l'évidence par les mystères, corrige les défauts et accomplit les destinées finales de l'œuvre divine [1]. Le surnaturel

---

[1] *Introd. allo stud. della filosofia*, lib. I., cap. VI et VIII.

poétique et fantastique a donc sa racine intellectuelle dans l'idée de création; et comme cette idée constitue le sublime, il s'ensuit que le surnaturel considéré dans la force infinie qui le produit appartient au sublime d'une manière spéciale. Si on l'envisage simplement comme un fait contraire aux lois et aux événements naturels et coordonnés selon un autre type sans remonter à sa cause infinie, il n'est point sublime mais beau; ou, s'il n'est point beau en lui-même, il contribue en vertu du contraste à l'éclat de la beauté. Le prodige fantastique, en se mêlant avec les représentations naturelles, ajoute à la variété, et produit l'admiration sans nuire à l'harmonie de l'ensemble; d'autant plus que dans la sphère de l'imagination émancipée des lois de la vie réelle, le surnaturel a l'apparence du naturel, parce qu'il représente un ordre de choses qui, tout en étant contraire à l'expérience, est possible en lui-même. C'est ainsi que le miracle réel dans l'histoire de la religion tire sa vraisemblance philosophique de sa nature, qui n'implique aucune répugnance absolue, et de son accord rigoureux avec le but moral des esprits créés et la destination finale de l'univers.

CHAPITRE SIXIÈME.

DU SENS DANS LEQUEL LA CRÉATION DU BEAU PEUT ÊTRE ATTRIBUÉE A L'IMAGINATION ESTHÉTIQUE.

Revenons à la question que nous nous sommes proposée, et examinons quel est le genre de causalité propre de l'imagination dans la production de ses ouvrages, non pas en tant que le fantôme esthétique est réalisé dans une matière extérieure par le moyen de l'art, mais en tant qu'il réside dans l'âme même. L'œuvre esthétique peut être belle ou sublime, et être accompagnée par le merveilleux sous sa double forme du mystère et du prodige. Chacun de ces quatre ingrédients se compose d'un élément intelligible, et d'un élément sensible, fournis à l'imagination par la raison et la sensibilité. L'imagination est en commerce avec les autres puissances, et peut s'approprier leurs richesses en vertu de l'unité psychologique et de la simplicité ontologique de l'âme humaine; unité et simplicité qui font réfléchir dans l'imagination ce qu'il y a d'intelligible et de sensible dans l'esprit de l'homme, et le mettent à la portée de cette faculté. L'imagination esthétique n'est pas seulement rénovatrice, mais aussi combinatrice des impressions reçues, en les arrangeant à sa guise; elle est de plus créatrice en leur ajoutant un élément propre, qu'elle n'emprunte point ailleurs, mais qui découle de son essence. Cet élément c'est la subsistance, l'hypostase, l'individualité fantastique, dans laquelle les éléments sensibles et les éléments intelligibles se réunissent ensemble, et forment une unité dont l'imagination est le siége unique. L'atelier où les fantômes sont élaborés, et le théâtre où ils résident et opèrent, sont l'ouvrage de l'imagination même selon le procédé que nous avons décrit. Cette faculté produit donc : 1° un contenant fantastique, c'est-à-dire un lieu et un temps idéal sous une forme sensible, dans lesquels elle place ses ouvrages; 2° un contenu également fantastique, c'est-à-dire des individus imaginaires avec lesquels elle peuple son théâtre, en les plaçant dans une attitude déterminée, et en assignant à chacun d'eux son rôle d'action. Dans cette double production elle est créatrice à l'égard de cette vie individuelle, de cette personnalité mentale dont elle pare ses fantômes; mais elle est uniquement reproductive et combinatrice à l'égard des éléments étrangers qu'elle met en œuvre comme des matériaux bruts, pour parvenir à la fin qu'elle se propose. Cette distinction est non-seulement applicable au poëte, à l'orateur, à l'artiste, mais aussi au simple spectateur et auditeur, par la raison que nous avons indiquée.

L'action reproductive, combinatrice et créatrice de l'imagination, n'appartient point en propre à cette faculté, mais à cette activité générale qui jaillit de la substance intime de l'âme, et fait d'elle une véritable force. Cette activité qui, quoique une et simple en elle-même, se réfléchit sur toutes les facultés de l'homme, et se montre sous autant de faces différentes; cette activité sans laquelle l'entendement ne pourrait point connaître et juger, ni la mémoire se ressouvenir, ni le libre arbitre choisir et émettre ses actes, devient imagination en tant qu'elle s'applique à la formation de ces êtres intellectuels *sui generis*, qui s'appellent fantômes ou types fantastiques. L'imagination n'est point la volonté, car celle-ci suppose l'exercice de l'intelligence, attendu qu'il est impossible de vouloir ce qui n'est point connu, tandis que l'imagination n'a point une connaissance préalable de ces êtres fantastiques qui ne subsistent point hors d'elle, et qui ne peuvent point être connus avant d'être créés. Elle doit sans doute posséder par anticipation la connaissance des types intelligibles et des autres éléments esthétiques qui découlent d'une source supérieure; mais soit que ces éléments ne préexistent que séparés, selon qu'il arrive aux créations de beautés nouvelles, soit que la nature ou l'art les ait déjà réunis dans le monde extérieur, l'homme ne peut avoir la jouissance du type imaginaire qu'autant qu'il le fait ou le refait en soi-même; il est donc impossible que la création du fantôme soit précédée par sa connaissance. Bref, l'essence des œuvres de l'imagination étant placée dans la structure du type fantastique, la connaissance de celui-ci ne peut point être antérieure à l'exercice de l'imagination, comme l'effet ne peut point devancer sa cause.

Cette loi psychologique n'est pas seulement le propre de l'imagination, mais elle appartient en commun à toutes les branches de notre activité, quelles que soient leur nature et la manière spéciale de leur exercice. L'activité humaine doit être considérée en deux moments distincts, c'est-à-dire dans l'acte premier et dans l'acte second. L'activité dans l'acte premier s'empare de son objet, dans le second elle travaille sur lui comme sur son propre fonds. Il est évident que l'activité secondaire ne peut point exister sans l'autre; car le moyen que l'esprit puisse s'exercer sur un objet qui n'existe pas encore? Et comment peut-il le posséder sinon par un acte véritablement premier qui ne soit point précédé par un autre? Ainsi par exemple la réflexion, qui est l'acte second de l'intelligence, suppose l'intuition, qui en est l'acte premier, et ne peut point subsister sans lui. L'intuition saisit directement et immédiatement le fond concret de la formule idéale qui contient virtuellement toute réalité accessible à l'esprit. La réflexion, en élaborant ces données intuitives, leur donne la forme de l'abstraction, et en tire les principes secondaires, les sujets scientifiques, les méthodes et les corollaires de la philosophie en particulier, et de l'encyclopédie en général; car tous ces éléments sont contenus dans ce premier principe, qui est propre de l'intuition. Mais certes, l'acte premier de l'intuition, précisément parce qu'il est le premier, n'est point précédé ni dirigé par une connaissance quelconque. Il en est de même de l'acte premier de l'imagination, dans la formation du type fantastique.

Si l'imagination n'est point dirigée par une connaissance préalable, son action ne peut point être substantiellement libre, et doit être soumise à une espèce de fatalité. Je dis substantiellement, c'est-à-dire pour ce qui concerne l'acte premier de la création esthétique; car l'acte second, par lequel le type conçu est réalisé dans la matière propre de l'art, exige le concours de l'entendement et de la volonté libre. La conception et l'exécution du type fantastique ont vis-à-vis de l'imagination le même rapport que l'intuition et la réflexion à l'égard de l'intelligence. Mais si le poëte et l'artiste sont libres en tant qu'ils expriment avec la parole, les couleurs et le ciseau leurs conceptions (et c'est de l'usage qu'ils font de cette liberté que dépend en grande partie la perfection de l'ouvrage extérieur, c'est-à-dire sa correspondance avec le type), on ne peut pas dire la même chose de l'acte premier qui crée ce type dans le théâtre intérieur de l'imagination. S'il en était autrement, une volonté forte pourrait suppléer à l'absence complète du talent, et tout homme pourrait exceller à son gré dans la littérature et dans les beaux-arts. Mais, certes, personne ne se flatte de pouvoir acquérir le génie esthétique, s'il n'en a pas au moins le germe. Même à l'égard de ceux qui possèdent ce germe précieux et qui l'ont cultivé, combien n'y a-t-il pas d'instants dans la vie où l'état momentané de l'organisation et de la sensibilité, ou une autre cause quelconque, fait languir l'imagination et l'empêche, quelques efforts qu'elle fasse, de déployer sa verve ! Une activité fatale ne peut point être régie par le caprice ou le hasard, vains mots dont se pare notre présomption, et qui cachent notre ignorance. L'imagination est donc poussée par une nécessité qui exclut toute espèce de violence extérieure et de coaction, et qui est intérieure, spontanée, produite par la nature même et l'essence de l'esprit. C'est dans ce sens qu'en prenant le mot de liberté dans une signification très-large, selon l'usage de l'école, pour exprimer l'immunité de toute contrainte extérieure, on peut affirmer que le génie du poëte et de l'artiste est libre dans l'acte premier, c'est-à-dire en tant qu'il se meut spontanément, et ne reçoit point son impulsion du dehors. Le génie esthétique est *autonome* à l'égard des causes naturelles, car ses richesses sont puisées dans son propre fonds, et ses opérations relèvent de lui-même et sont gouvernées par ses propres lois.

L'imagination ne pourrait point concevoir en elle-même le type fantastique, ni le produire au dehors dans le monde de l'art, si, en tant que force, elle ne le contenait pas virtuellement en elle-même. Lorsqu'elle agit, elle ne fait que réduire en acte ce qu'elle contenait déjà en puissance, selon la nature de toute force créée ; car la création proprement dite, qui consiste à donner l'existence à ce qui en manque absolument, est un privilége de la force infinie. Le passage opéré par le type fantastique de l'état virtuel à l'état actuel est déterminé par une nécessité spontanée et intrinsèque à l'esprit. Quelle est la raison suffisante de cette nécessité ? Cette nécessité n'est point apodictique, absolue, et par conséquent elle n'exclut aucunement la possibilité du contraire : donc sa raison suffisante ne peut point résider dans l'esprit ou dans une autre chose contingente et créée, ni appartenir à la sphère des existences. D'autre part, si l'esprit ne contenait point en puissance le type fantastique, il ne pourrait pas non plus le produire, et s'il ne l'avait point reçu d'ailleurs, il ne pourrait point le contenir d'une manière virtuelle ; car l'acte premier de l'imagination forme le type, c'est-à-dire son actualité mentale, mais il ne crée point son germe et sa virtualité préexistante. L'origine du type virtuel et la nécessité spontanée de sa réalisation intérieure, nous font sortir de l'homme et remonter à un principe surhumain et *supra-mondain*, pour trouver la raison suffisante du germe esthétique et de son développement. Quel est-il ce principe, sinon la cause première dont dérivent l'imagination et toute activité créée? L'imagination donc reçoit d'en haut ces types virtuels qu'elle développe successivement, et ces lois spontanées, mais fatales, selon lesquelles elle exerce ses facultés; elle les reçoit de la cause première qui lui donna l'existence et les germes féconds dont elle est douée. Dieu, en créant l'âme de l'homme, ne tire point du néant une vaine abstraction dépourvue de subsistance, une chose morte et inactive, mais une substance concrète et déterminée, une force régie par des lois fixes, et riche de ces semences qu'elle doit développer peu à peu, pour mettre au jour le fruit qu'elles renferment, le mûrir et le perfectionner. Toute force est toujours plus ou moins vivante, car elle consiste dans un *nisus*, dans un effort, dans un mouvement initial qui constituent son essence comme force; c'est donc l'acte créateur de Dieu qui donne la première impulsion à toutes les choses créées. Cette activité première dont nous avons parlé n'est donc pas première dans un sens absolu ; elle n'est telle que dans l'ordre imparfait et secondaire des existences et à l'égard des causes finies, mais elle est seconde vis-à-vis de la réalité en général et de la cause première et infinie. L'action divine qui met en acte les puissances de l'esprit, est cette même action qui les crée, et fixe, en les créant, les lois selon lesquelles elles se développent; c'est une action intime, infaillible, douce, qui pénètre la nature de l'esprit, en domine l'essence et les propriétés les plus cachées. Aussi, la prémotion puissante du premier agent s'accorde à merveille avec la versatilité du libre arbitre créé, et avec les autres facultés de l'esprit humain. L'acte créateur serait inconcevable s'il était extérieur aux choses créées, et si chaque réalité qui est en elles n'était pas un effet de cet acte. Il n'est donc pas à craindre que la spontanéité de l'imagination soit en péril à cause de sa sujétion à l'empire universel et absolu de la cause première.

Ces réflexions nous montrent dans quel sens il est vrai de dire que le poëte, l'orateur et l'artiste sont créateurs. Il ne faut pas seulement exclure toute idée de création substantielle; car les modifications mêmes qui constituent les phénomènes esthétiques sont produites par l'imagination comme par un simple agent secondaire qui tire d'ailleurs toute sa puissance. Et en effet, comment une faculté peut-elle s'exercer d'une manière régulière, si elle ne vise pas à un but déterminé? Et comment l'intelligence du but pourrait-elle précéder l'acte premier de l'esprit, si elle est l'effet de cet acte? En vain dirait-on que l'imagination se meut par une impulsion instinctive, c'est-à-dire sans être précédée et dirigée par la connaissance, comme les animaux dépourvus de raison; car d'abord ce n'est pas là une explication, puisque l'instinct est une faculté très-obscure, et il est ridicule de vouloir éclaircir un phénomène mystérieux par un autre phénomène encore moins intelligible. En outre, l'instinct ne peut pas plus être conçu que l'imagination, si la succession réglée des mouvements instinctifs n'est point produite par une raison souveraine; et dans ce cas l'instinct nous conduit à la cause première. L'imagination humaine est à cet égard soumise aux mêmes conditions que la puissance instinctive; car la raison et la sensibilité ne peuvent point par elles-mêmes produire les fantômes. Il faut que l'imagination apporte ce qu'il y a de propre et de spécial dans le type fantastique; et l'imagination doit être dirigée à son but par un agent surhumain doué d'une sagesse et d'une puissance infinies, qui supplée au défaut de notre connaissance. La verve du poëte, de l'orateur, de l'artiste, est donc une véritable inspiration divine dans les ordres de la nature, et le poëte a pu dire avec vérité :

Est Deus in nobis, agitante calescimus illo.

Aussi, le fantôme typique, qui est la première conception esthétique, en se présentant à l'esprit de l'écrivain ou de l'artiste, lui apparaît comme une chose nouvelle, inattendue, qui jaillit d'une source inconnue, et le remplit d'admiration et de stupeur. Car, quoique le fantôme sorte des profondeurs de l'esprit qui se réjouit en le voyant, comme une mère qui contemple son propre visage dans celui de son nouveau-né, néanmoins il ignore la manière dont l'imagination a pu enfanter ce chef-d'œuvre qui se montre tout à coup, et il sait d'ailleurs que cette production aurait été impossible sans les influences d'une cause supérieure. Cette ignorance de la conscience s'étend à toutes nos opérations en tant qu'elles relèvent de l'acte absolu et créateur, et sortent de la sphère du sentiment et de notre causalité secondaire.

Il faut bien se garder de confondre les occasions avec les causes, et les causes secondes avec les causes premières, lorsqu'il s'agit des phénomènes en général, et surtout des faits psychologiques. Quand on affirme que le Créateur est le premier principe des conceptions esthétiques, on est loin d'exclure le concours des causes secondaires qui résident dans l'homme, et des occasions naturelles et artificielles qui les accompagnent. Il est hors de doute que la considération et l'étude des beautés naturelles sont nécessaires pour cultiver l'imagination et la mettre à même de produire, et que l'art pareillement engendre l'art, en excitant le génie, en le perfectionnant et en lui inspirant une émulation noble et féconde. Mais ces secours extérieurs ne sont point des causes efficientes, mais seulement des causes occasionnelles. Aussi tous les miracles de l'art et de la nature ne pourront jamais suggérer une belle ode ou un tableau remarquable au poëte et au peintre qui n'ont point reçu de la nature le talent nécessaire pour ce genre d'ouvrages. Le génie de l'homme est donc la véritable cause seconde du Beau ; mais le génie est une puissance qui, comme toutes les forces créées, ne peut point entrer en action sans le concours de la cause créatrice. Platon fait allusion à cette doctrine avec sa théorie du délire et de la fureur poétique exposée dans les beaux dialogues du Yon et du Phédon. Il indique dans le premier le fait psychologique de la verve esthétique qui passe d'homme à homme, de l'artiste au peuple, et l'exprime par l'élégant symbole d'une chaîne magnétique qui est composée de quatre anneaux, c'est-à-dire de la muse, du poëte, du rapsode et des auditeurs. Il y a en effet une espèce de sympathie fantastique qui ressemble à la sympathie morale et qui lie les hommes entre eux, une affinité des imaginations en vertu de laquelle les impressions esthétiques que l'un de nous reçoit, se communiquent facilement aux autres hommes par le véhicule de la parole, comme la lumière, le calorique, l'électricité et certaines qualités salutaires ou morbifiques se communiquent par l'entremise de l'air, du frottement ou du simple contact des corps. Le moyen d'expliquer la vogue spéciale dont la poésie ou les beaux-arts jouissent dans certaines époques déterminées, sinon par l'influence des grands exemples sur le commun des esprits et par l'aptitude qu'ils ont à réveiller le talent endormi et à révéler au génie ses propres forces, dont sans eux il n'aurait pas eu conscience? Certes il y a aussi d'autres causes qui contribuent à produire ces âges d'or; mais c'est une espèce de sacrilége que de vouloir les expliquer uniquement par la protection des grands, le gain, la concurrence ou quelques autres causes encore moins nobles [1]. Un grand génie comme Valmiki, Homère, le Dante, Shakspeare, crée quelquefois à lui seul plusieurs générations de grands écrivains et enfante une littérature tout entière chez un ou plusieurs peuples. Si la sculpture italienne est aujourd'hui si florissante et nomme avec fierté un Bartolini, un Thorwaldsen, un Tenerani et autres, qui ont renouvelé les temps glorieux de l'ancienne Grèce, n'est-ce pas aux grands exemples de Canova qu'en revient le premier mérite? Cette sympathie esthétique est aussi la cause par laquelle les hommes destitués d'une imagination forte, et ineptes à créer par eux-mêmes, sont cependant capables de goûter les ouvrages des autres en les reproduisant dans leur esprit à l'aide du modèle extérieur. On

---

[1] Pecchio, Mac Culloch.

dit que les anciens Grecs, et surtout les Athéniens, étaient un peuple de poëtes et d'artistes. Cela est vrai dans ce sens que le petit nombre de génies qui existaient chez ce peuple doué du naturel le plus heureux, suffisait pour aiguiser le goût de la multitude et la rendre capable de juger sainement les chefs-d'œuvre de la littérature et de l'art. Mais on se tromperait à croire que les hommes de génie fussent en grand nombre à Athènes; car les esprits de haute portée sont toujours rares. En tout cas le premier anneau qui fait vibrer la chaîne esthétique est la muse, qu'on peut comparer à la main du musicien habile qui imprime les oscillations harmonieuses dans les cordes de la lyre. La muse, selon le style exotérique de Platon, est la cause première, non pas dans sa pureté et dans sa simplicité rationnelle, mais en tant qu'elle est associée à un principe cosmique et céleste, et identifiée avec son produit, conformément à la doctrine orientale de l'émanation. Elle remplit à cet égard, dans l'allégorie platonique, un rôle semblable à celui des Férouers dans la mythologie iranienne. Le Férouer du Zend-Avesta n'est point l'âme préexistante, selon l'opinion de Tychsen, ni une chose substantielle, selon l'avis de Faëshe, ni l'intelligible pur ou l'idée platonicienne, selon la conjecture d'Anquetil Duperron, d'Adelung, de Keukler et d'autres érudits [1]. Il faut distinguer dans le Férouer le symbole, de la chose qu'il exprime. Cette chose n'est point, à mon avis, le type intellectuel, c'est-à-dire l'idée de Platon, mais le type fantastique dans

---

[1] *Comm. soc. scientif.* Gotting. ad ann. 1791-1792. Part. 3, p. 149, 150. — ANQUETIL, *Zendav.* Paris, 1771, t. I, part. 2, p. 83, note 6. — *Mém. de l'Acad. des inscript.*, t. III, p. 619, 623. — FAËSHE, *De ideis Platonis.* Lips. 1795, p. 42, 43.

son acte premier et en tant qu'il est le terme immédiat de l'émanation, conformément aux principes du panthéisme poétique de l'Orient. La notion du Férouer s'associe avec celle de la cause émanatrice, qui émet au dehors le type intellectuel en qualité de fantôme et le représente à l'imagination avant de lui donner un aspect matériel et de le rendre accessible à la sensibilité. Le Férouer est le Beau même, en tant qu'il réside dans l'imagination, et qu'il est doué de vie et de personnalité fantastique ; c'est l'idée qui, sortie de l'esprit pur et universel et avant d'entrer dans la matière, se trouve dans cet état perplexe et indéterminé qui tient de l'entendement et de la sensibilité, de l'intelligible et du sensible, sans être précisément ni l'un ni l'autre, et participe des deux extrêmes. Il est spirituel, mais il tient de la nature corporelle, parce que l'imagination reproduit les choses matérielles et sensibles : il est doué de personnalité, parce qu'il exprime l'individualité mentale des créations fantastiques. Il est l'objet d'un culte religieux parce qu'il est une modification de l'être émanateur, plus pure et plus parfaite que les hommes et les autres habitants de la terre. Aussi parle-t-il aux mortels dans la belle et tendre prière que le savant M. Burnouf vient de traduire une seconde fois en français[1]. Mais il n'est point éternel, ni immuable, ni même immortel, et participe au sort des objets qui le représentent, parce qu'il est un fantôme et non pas une idée, et n'appartient à Dieu que dans l'acte passager de l'émanation cosmique. Chaque chose n'a pas son Férouer : il n'y a que les êtres plus excellents qui participent à cette prérogative, tels que les hommes, le divin Honover, la loi de Zoroastre, qui

---

[1] *Journal Asiat.*, 5ᵉ série, t. X, p. 240-246.

est la plus parfaite des trois lois iraniennes, et le délicieux Iran, qui est le paradis du monde; car le Beau parfait n'est point commun aujourd'hui à toute espèce de choses, et le Férouer répond à l'idéal des philosophes modernes. Aussi, quoique semblables en destinée aux objets terrestres qui furent calqués sur leur moule et sujets à périr un jour, les Férouers sont plus parfaits que leurs copies; ils résident dans une région plus élevée et plus pure, sans aucune entrave d'organisation matérielle, et on les voit représentés dans les bas-reliefs de Persépolis et des pays voisins, campés dans l'air, avec une attitude majestueuse, des formes délicates et pleines de grâce, quelquefois ailés, et avec une physionomie qui respire une douce et tranquille extase [1].

L'homme, agent secondaire, en créant le monde fantastique, imite la cause première, dont il est l'image imparfaite et finie. Son imagination, en sortant du repos de la puissance et en entrant dans le mouvement de l'acte, produit l'expansion du temps et de l'espace imaginaires, et apprête pour ainsi dire le théâtre où doivent jouer les acteurs du drame. Forcée à restreindre ces deux formes dans de certaines limites, elle se trompe pour ainsi dire elle-même, en éloignant toute borne trop précise et en laissant flotter leurs contours dans une espèce de vague, comme les parois d'une vaste salle éclairées

---

[1] Sacy, *Mém. sur les div. antiq. de la Perse.* Paris, 1793, p. 267, 268; Creuzer, *Relig. de l'antiq.*, trad. par Guigniaut. Paris, 1825, t. I, p. 526, 527, 702; Heeren, *De la polit. et du comm. des peuples de l'antiq.*, trad. par Suckau. Paris, 1830, t. I, p. 255, 281, 282, 283. Voyez aussi les planches de Hyde et de Ker-Porter.

par la lumière tremblante d'un flambeau qui s'éteint. Cette perplexité de formes représente et rappelle à l'esprit le mystère de l'essence et les profondeurs de l'infini. Après avoir préparé le siége des fantômes, l'imagination créatrice appelle les types intellectuels par *leurs propres noms*, les fait passer de leur simplicité mentale à la subsistance et à la réalité fantastique, les habille comme des corps, les individualise, les vivifie, les fait paraître, gesticuler, parler, agir sur la scène qui leur est assignée. Ainsi l'esprit humain passe à l'imitation de Dieu par les trois degrés de la formule idéale, et après avoir créé dans le second moment le sublime et le merveilleux, il produit dans le troisième la beauté et en augmente l'éclat par quelques traits de surnaturel et de mystérieux, en mêlant les ombres avec la lumière et en ajoutant quelque chose d'extraordinaire au cours des événements qu'il décrit et à la nature des personnages qu'il représente. Mais comme l'homme est un simple agent secondaire, son travail, en tant qu'il dérive de la cause première, s'identifie avec les effets immédiats de l'acte créateur. Ainsi les éléments esthétiques qui, psychologiquement, sont fantastiques et subjectifs, ontologiquement ont une valeur objective et rationnelle, et se confondent avec le concret de la formule. Le même principe qui crée l'esprit humain en lui donnant les germes de son développement et en mettant en jeu ses facultés, crée aussi le sublime et le Beau objectif, en réduisant à l'acte les possibilités éternelles du temps et de l'espace, en tirant du néant les forces créées et en incorporant dans ces forces les types intelligibles des choses. Et comme il unit dans un commerce réciproque les deux ordres parallèles de l'idéal et du réel par l'unité extrinsèque de l'acte créateur (qui est toujours un en lui-même, mais peut être multiple au dehors) et celle de l'univers, comme il fait de l'esprit créé le miroir de la nature, et de la nature le portrait des idées présentes à l'esprit, il s'ensuit que le monde naturel, avec l'espace et le temps qui le contiennent, devient esthétique aux yeux de l'imagination humaine, et que cette faculté, aidée par les organes, crée une espèce de seconde nature par le moyen de l'art. Ainsi toutes les œuvres de Dieu aboutissent à un seul point qui est l'unité du monde, et toutes les sciences à une seule science qui est la science première. L'esthétique et les autres branches de l'encyclopédie nous apparaissent comme de simples traductions de la science fondamentale et primitive, et la formule esthétique : *l'Être par le moyen du sublime crée le Beau,* nous paraît comme synonyme de la formule idéale, ainsi que nous l'avons déjà remarqué.

Cette union harmonique du réel et de l'idéal, de l'univers et de l'encyclopédie, nous invite à rechercher les rapports qui passent entre la réalité et la beauté des choses, la nature et l'art, l'esthétique et la cosmologie. La distinction entre le Beau naturel et le Beau artificiel est fort commune : nous l'avons jusqu'ici supposée sans l'expliquer. Un discours sur le Beau serait trop imparfait s'il passait sous silence cette distinction importante, et s'il ne montrait point les rapports de ces deux genres de beauté. Je parlerai d'abord du Beau de la nature, et je passerai ensuite à celui de l'art.

CHAPITRE SEPTIÈME.

DU BEAU NATUREL.

Quand on veut examiner en détail la nature et l'ordre cosmique, il faut nécessairement se borner à notre globe, car la connaissance que nous avons des autres parties de la création est trop générale et dépourvue de particularités. La terre est un atome de l'univers, et a la valeur d'un simple individu à l'égard du système général des astres, et à l'ensemble des mondes et des soleils. La vie totale de la terre, comme celle de tout individu de toute espèce, de tout genre, de tout système cosmique, comprend trois périodes, c'est-à-dire l'origine, le progrès et le terme. La première de ces périodes relativement à notre globe embrasse la géogonie; la seconde se rapporte à l'histoire, c'est-à-dire au cours régulier de la vie tellurique, sous les lois établies dans l'époque précédente; la troisième contient la résolution et la palingénésie finale des existences comprises dans les limites terrestres. Le peu de lumière que nous avons sur la première et la dernière de ces époques nous est fournie par les inductions rationnelles et expérimentales, par l'histoire, et surtout par les données supérieures de la révélation qui nous en a enseigné ce qu'il nous en faut savoir pour l'accomplissement de nos destinées. La terre a ceci de particulier que son époque moyenne fut dès le commencement altérée par un événement malheureux qui interrompit le progrès et troubla l'harmonie de tout le globe. Cette planète et l'espèce la plus noble des êtres qui la peuplent nous apparaissent dans la série universelle des intelligences et des mondes comme une individualité malade et déchue de sa perfection primitive. La révélation seule peut nous éclairer sur les causes particulières de cette calamité cosmique, dont l'obscur souvenir a été conservé par les traditions du paganisme; mais l'effet est visible, palpable, attesté par l'expérience de chacun de nous en particulier, et de tous les hommes en général. La misère d'une espèce de créatures n'a pas plus de valeur à l'égard de la création tout entière, que la corruption, les douleurs, la mort d'un seul de nous relativement à l'humanité. Si, dans ce dernier cas, les remèdes apprêtés par la Providence, la nature de l'ordre moral et l'ensemble des lois cosmiques, expliquent la permission du mal et l'accordent avec la sagesse du Créateur, ces raisons sont également applicables à l'autre cas, où le désordre trouve aussi ses moyens de réparation, et sa possibilité est justifiée par l'essence du libre arbitre, et par la constitution morale du monde. Si l'ordre divin et primitif a été troublé sur le globe que nous habitons, cette perturbation a dû s'étendre plus ou moins à toutes ses parties, et affecter les différentes familles des êtres d'une manière proportionnée au rapport qui les lie avec la cause principale du désordre. Les éléments de l'harmonie cosmique se réduisent à trois, c'est-à-dire au vrai, au bien physique et moral et à la beauté; et quoique distincts subjectivement, ils se réunissent dans leur objet et constituent l'ordre de l'univers dans toute son étendue. Chacun de ces éléments trouve son contraire dans un défaut corrélatif qui consiste dans sa diminution ou dans sa négation : ainsi, le faux est l'opposé du vrai, la douleur et le vice sont l'opposé du bien physique et moral, et le difforme est l'opposé du Beau. Ces deux séries marchent ensemble dans le cours actuel de la vie terrestre; car le poison du mal n'ayant point suffoqué entièrement les semences salutaires, ce qu'il y a de bon et d'utile au monde est mêlé aux éléments contraires, et la décadence des individus et des peuples s'alterne avec leur civilisation. Voilà la cause de cet état de lutte et de violence qui est la condition naturelle du globe que nous habitons, et naît du penchant qui porte chaque partie à se considérer comme le centre du tout, et à se soustraire aux véritables principes de l'unité et de l'harmonie universelle. Le centre légitime des choses, c'est l'Idée, qui, en éclairant l'intelligence, en échauffant le cœur, en dirigeant les opérations des hommes, en se réfléchissant sur les objets sensibles, et en mettant d'accord toutes les forces du monde, brille à titre de vrai, de bien, et de Beau au milieu de la création[1]. Aussitôt que l'empire de l'Idée fut affaibli, et que l'éclat qui en jaillissait sur tous les êtres fut obscurci par la faute de l'homme, les qualités négatives qui se cachaient au fond des êtres comme de simples puissances, devinrent actuelles, et produisirent ce mélange et cette alternative continuelle de vérités et d'erreurs, de plaisirs et de souffrances, de vertus et de crimes, de beauté et de laideur, de vie et de mort, qui est le partage de l'homme ici-bas, et proportionnellement des espèces inférieures. Cet état répugne à l'eurhythmie de la création, dans laquelle la variété doit s'accorder avec l'unité, et les parties doivent harmoniser avec l'ensemble. Le Dante décrivit en maître cet accord dans la dernière partie de son poëme, comme il peignit dans la seconde la perfection initiale de l'univers, et dans la première la condition où le monde est tombé depuis que le paradis de la terre est devenu presque un enfer pour ses coupables habitateurs.

Le Beau naturel parfait est la pleine correspondance de la réalité sensible avec l'idée qui la vivifie et la représente. Les créatures, lorsqu'elles sortirent de la main de Dieu, durent exprimer leur modèle éternel d'une manière proportionnée à leur développement initial; car la représentation complète de l'idée correspondante, appartient à la fin de la vie cosmique, et à cette perfection finale qui se distingue de la perfection primitive. Toute force créée devant se développer, et passer par une série d'états divers, jusqu'à ce qu'elle arrive à son complément définitif, a un type particulier pour chaque variété

---

[1] *Introd. allo stud. della filos.*, t. I, p. 266 et suiv.

spécifique de son mouvement progressif. Ainsi, la plante passe de l'état de fleur à celui de fruit : dans l'homme la beauté du mâle se distingue de celle de la femme, et les grâces de l'âge mûr sont fort différentes de celles de la jeunesse, de la puberté, de l'enfance. La sagesse incréée ne nous permet point de croire que les forces cosmiques, après avoir franchi l'acte premier de leur développement, n'eussent point atteint la perfection convenable. Car l'art divin ne pouvait point viser à une œuvre destituée de bonté relative, et la matière ne pouvait point être rebelle à la toute-puissance de l'artiste. L'homme dégénéré tel qu'il est à présent, et sa mesquine civilisation, ne sont dignes que du dieu des panthéistes, dépourvu d'intelligence et de liberté, impuissant à créer de véritables substances, forcé à jouer avec les phénomènes, fait à la ressemblance des créatures, destitué de bonté, de sainteté, de justice et de toutes les perfections qui conviennent à la nature divine. Il est impossible de confondre l'homme actuel avec l'homme primitif, si l'on reconnaît les droits de Dieu et les priviléges de son essence, et si l'on ne veut point identifier le Créateur avec ses ouvrages.

En affirmant que le Beau naturel parfait appartient au commencement du monde, je ne veux point en conclure que dès le premier instant de la création toute chose ait été douée de beauté. La création ou plutôt la formation et la disposition des choses créées ne furent point simultanées, mais successives; et Dieu, ayant fait le temps lorsqu'il tira du néant les substances finies, voulut, en artiste infiniment libre et infiniment sage, soumettre à la durée successive la transformation de ces matériaux encore bruts, pour en tirer l'ordre de l'univers. L'acte créateur, un, simple, immanent en lui-même, n'obtint au dehors complétement son effet qu'après une période effrayante pour notre imagination, mais qui n'est qu'un instant à l'égard de l'Éternel qui commande en maître aux générations et aux siècles [1]. Pour éviter toute équivoque, il faut subdiviser en deux périodes le premier âge cosmique, qui répond dans son ensemble au premier cycle créateur [2]. La première période, qui fut une époque préparatoire, précéda les jours mosaïques de la création, selon l'opinion de quelques interprètes catholiques, renouvelée et enrichie avec les résultats modernes de la science par le docteur Buckland [3]. La seconde période, qui fut une époque complémentaire, embrasse l'œuvre de six jours, racontée par Moïse. C'est dans la première période, indiquée d'une manière générale dans les deux premiers versets de la Genèse, et fort différente de la constitution actuelle du globe, qu'eurent lieu ces créations successives d'êtres organiques qui furent découverts, refaits, et presque ressuscités par le génie de Cuvier, ce grand homme qui fut à la fois le Newton, le Linné et le Colomb d'un ancien monde aujourd'hui détruit et caché dans les entrailles du nôtre. Cette période se subdivise en plusieurs âges distincts, par la diversité des couches, et la différence des organisations qui leur répondent dans le règne végétal et dans le règne animal; mais toute l'époque peut être considérée comme une époque de travail, de rudiment, d'appareil, dans laquelle la nature

---

[1] *Deus patiens quia æternus.* SAINT AUGUSTIN.

[2] *Introd. allo stud. della filos.*, l. I, cap. V, art. 3.

[3] *Geology and mineralogy considered with reference to natural theology*, chap. II.

maîtrisée par les mains puissantes de l'artiste infini, se disposait et apprenait pour ainsi dire à produire l'ordre actuel et à former dans l'homme son chef-d'œuvre. Et comme la terre n'est point un globe isolé et appartient au système solaire, et que notre soleil avec les planètes et les comètes qui le couronnent, comme une auréole, font partie d'un système de nébuleuses, selon la conjecture hardie et sublime de quelques astronomes modernes, on peut supposer que la même période préparatoire s'est étendue d'une manière proportionnelle à l'ensemble des astres. Or il paraît (autant qu'on peut le conjecturer d'après les restes fossiles) que la beauté n'était point le partage des esquisses monstrueuses de cet âge primitif, et on peut se représenter la terre d'alors comme un atelier où l'on apprêtait la matière et on composait les germes de la beauté qui devait poindre bientôt, mais qui était encore cachée au sein de la nature. Aussi la lumière, qui est la condition principale du Beau visible, et qui, en colorant l'espace, le rend accessible à l'imagination et susceptible de recevoir les images des êtres, nous est décrite comme appartenant au début de la seconde période; et on peut croire que Dieu, voulant achever son œuvre, évoqua du néant ce fluide infiniment subtil qui rend visible la beauté des formes. Il ne faut pas prendre ceci dans un sens absolu, et croire que le monde fût tout à fait sans lumière à l'époque des fossiles ; car les cavités des yeux qu'on voit dans les reptiles de ces temps-là et les yeux de quelques animaux pétrifiés peuvent faire penser le contraire. Mais soit que la lumière réside dans un fluide particulier, soit qu'elle provienne d'un simple mouvement imprimé dans le fluide universel qu'on appelle éther, peut-être par la rotation du soleil sur son propre axe, on peut croire qu'elle n'a commencé à éclairer notre globe selon l'alternative du jour et de la nuit, et avec cette abondance qui donne du relief à la beauté, qu'au commencement de notre âge cosmique. Certes, dans l'intervalle qui sépara les deux périodes de l'âge précédent, et brisa les œuvres de la première, lorsque la surface informe et vide de la terre était couverte par les eaux, nulle lumière ne brillait sur elle : aussi le temps qui précéda immédiatement l'état actuel de la terre nous est représenté par Moïse, et par les poëtes païens qui recueillirent les traditions primitives, comme obscur et ténébreux.

Mais si le Beau n'existait pas encore dans la première période de l'époque géogonique, on ne peut pas en dire autant du sublime qui, étant l'effet de la conception mathématique et dynamique, est inséparable de tout acte créateur. Le sublime dut donc éclater dès le premier instant de la création, et être d'autant plus considérable que la taille énorme et les formes bizarres des végétaux et des animaux de ce temps-là, et leur laideur même associée à la grandeur, était plus propre à en exciter le sentiment. Aussi le chaos même, qui est le difforme par excellence, nous paraît sublime : plus sublime encore est le passage du chaos au *cosmos* dans la fin de la première période géogonique et à l'entrée de la seconde. Le sublime appartient d'une manière spéciale au commencement et à la fin des âges cosmiques, c'est-à-dire à l'époque de formation et à celle de résolution ; et même quand il s'offre à nos yeux dans l'âge moyen et présent, il transporte notre esprit à la considération de ces époques si éloignées de nous, tandis que le Beau appartient en propre à ces temps où la nature est parvenue à un état stable et définitif. Cette propriété est conforme à la nature du Beau, qui est créé par le sublime dynamique et contenu dans le sublime mathématique. Il est donc nécessaire et conforme à l'essence des choses que le Beau vienne après le sublime, et que cette espèce de sublimité qui est contemporaine du Beau soit, pour ainsi dire, la continuation ou bien un reste et un reflet de ce sublime sauvage et primitif. Bref, le sublime actuel est comme la réfraction et la réminiscence de la création et du premier cycle créateur : le Beau en est l'effet, le complément, le terme, et constitue l'état fixe et régulier du second cycle.

La beauté fit son apparition dans le monde sensible pendant la seconde période de l'âge primitif, décrite en détail par Moïse dans les six jours de la création. L'écrivain sacré l'indique lorsqu'à chaque pas de l'œuvre divine il répète que le Créateur approuva et trouva *très-bons* les effets de sa puissance. Le mot *bon* signifie ici, outre la conformité avec le but, la perfection esthétique de l'ouvrage; car la beauté est souvent confondue avec la bonté dans la pensée et dans le langage des hommes, et les mots qui expriment ces deux choses sont parfois synonymes, surtout dans les idiomes plus anciens et fidèles au génie primitif des peuples, qui envisageaient ces deux propriétés comme la double face d'un seul objet. Dans le cours des six jours mosaïques, les germes terrestres sont développés et réduits à l'état parfait, mais initial, de leur forme, et à l'expression adéquate des types intelligibles qui s'y rapportent. Chaque aurore de ces magnifiques et riantes périodes est marquée par l'apparition de nouvelles merveilles et de beautés inconnues, qui se suivent selon la marche ascendante du progrès. L'homme, qui est le roi de la nature, ferme le cours de cette progression divine, et reçoit du Tout-Puissant l'investiture du globe qu'il doit dominer et transformer avec ses mains. Son séjour est un jardin de délices, un Éden, un paradis; car chaque chose terrestre est belle et parfaite dans son genre, et le mal, le laid, le faux, le difforme, y sont étrangers à l'expérience aussi bien qu'au langage. Et comme l'historien nous raconte qu'Adam donna un nom aux animaux et compléta la parole divinement instituée, en tirant les dérivatifs des racines, on peut conjecturer qu'il exprima aussi par un seul mot l'unité et la beauté de cet univers qui reçut dans la suite les noms harmonieux de *cosmos* et de *monde*, qui témoignent de l'admiration éprouvée par les hommes antiques lorsqu'ils contemplèrent pour la première fois l'œuvre divine. C'est donc à la fin de l'âge géogonique que commença le règne de la beauté, pour aller toujours en croissant jusqu'à la fin du monde, si la malice de l'homme n'y eût pas mis obstacle; règne qui répond à cet âge d'or et à cette époque *paradisienne* dont Moïse nous a fait le récit et dont le confus souvenir se trouve dans les mythes orientaux et occidentaux du paganisme. Ainsi les deux parties du premier âge cosmique, dont l'une fut physique et préparatoire, l'autre intellectuelle, morale, esthétique et complémentaire, répondent aux deux termes extérieurs et distincts de l'acte créateur, c'est-à-dire à la formation et à la préparation de la matière tellurique et à la composition de sa forme. Dans la première furent créées les forces matérielles du globe, qui, en passant par plusieurs états différents et progressifs, disposèrent le *fœtus* terrestre à recevoir dans la seconde époque la perfection de la forme, lorsque les idées éternelles furent associées aux substances créées par l'intervention du Verbe. Le Verbe, en tant qu'il parut dans la création, est symbolisé d'une manière imparfaite par le Brahma des Védas, le Bouddhi de Kapila, le Demiourgos des Égyptiens, le Honover de Zoroastre et le Logos de Platon et des Alexandrins ; et c'est alors que, selon la sentence sublime de l'Évangéliste, il commença à paraître et à demeurer dans le monde. La période esthétique est, à l'égard de la précédente, une espèce de création seconde et plus complète que la première, dont elle éleva les œuvres à une puissance supérieure, en faisant briller et prédominer les types intellectuels dans les choses sensibles. Dans la matière informe, telle que le chaos, dans les corps inorganiques, tels que les minéraux, et dans les êtres grossièrement organisés, tels que les fossiles, la forme manque ou est assujettie à la matière ; tandis que dans la période esthétique le contraire a lieu, et la matière est pour ainsi dire spiritualisée et élevée à un degré supérieur dans la hiérarchie des êtres par le principe formel qui y prédomine. Bref, l'art, soit divin, soit humain, est le complément de la création et distingue le second cycle créateur du premier. Aussi la période esthétique finit avec l'homme et commence avec la lumière ; car la lumière est la condition de la beauté visuelle, et l'homme, parmi les habitants de la terre, est le seul être doué de raison et propre à contempler la beauté dont il reflète dans son esprit l'idée éternelle. Voilà un nouvel argument pour croire que la beauté a été absente du monde dans la première période de son existence, lorsque la terre étant dépourvue d'êtres intellectuels, l'apparition du Beau n'aurait point eu de spectateurs.

Si l'ordre primitif n'avait pas été altéré dans le commencement de notre âge cosmique, le Beau se serait toujours accru et perfectionné selon le développement spontané des substances créées ; et les différentes espèces d'êtres, tout en conservant leur type essentiel et originaire, auraient passé par une succession de types secondaires relatifs aux différents degrés successifs de chaque force créée depuis sa naissance jusqu'à sa maturité et à sa perfection. Le cours du Beau vers la perfection dont il est capable, et la transition graduelle de la beauté primitive à la beauté finale, constituent le progrès esthétique, qui répond à un perfectionnement analogue dans la sphère du bien et du vrai, de la vertu et de la science. Le terme de ce développement harmonique à l'égard du Beau est la plus grande perfection possible du type cosmique dans chacune de ses parties comme dans son ensemble, autant qu'il est saisissable par l'imagination. C'est peut-être à cet état final que font allusion quelques phrases mystérieuses et prophétiques des Écritures, et surtout cet endroit de l'Apocalypse [1] où quelques interprètes catholiques ont cru entrevoir, outre le symbole de la félicité spirituelle, une palingénésie esthétique de l'univers corporel. La béatitude même des bienheureux, qui est désignée dans l'Évangile par les beaux noms de *gloire* et de *vie,* ne peut point être séparée de la jouissance de la beauté ; car la restitution organique, en augmentant dans les ressuscités le pouvoir de contempler l'intelligible dans le sensible, et en aiguisant toutes les facultés de leur être, doit rendre plus pur et plus exquis le plaisir esthétique. La contemplation du Beau parfait constitue le bonheur de l'imagination, dont le Christ donna un avant-goût à ses disciples lorsqu'il parut à leurs yeux sur la montagne au milieu d'une

---

[1] XXI. 1.

lumière ravissante, et avec l'éclat d'une beauté toute divine.

Quand notre globe sortit de son état primitif, et que les germes divins du vrai et du bien furent empoisonnés par les principes contraires, le Beau participa à cette déchéance et diminua d'une manière proportionnée. La laideur, qui est le mal esthétique enfanté par le mal moral, entra avec lui dans le monde, se répandit dans toutes ses parties, et tantôt effaça complétement la vénusté des formes, tantôt en obscurcit la perfection et l'éclat. Il ne faut pas s'en étonner, car, parmi les espèces organiques de la terre, l'homme ayant la première place, son libre arbitre, qui marche à la tête des autres facultés humaines, doit, à l'instar d'une puissance royale, exercer son influence sur toute la nature. La raison seule est supérieure à la liberté de l'homme, parce qu'elle n'est point une propriété humaine, mais une lumière divine, si on la considère dans sa réalité objective. Le libre arbitre est le rejeton le plus sublime de cette activité substantielle de l'âme à laquelle aboutissent comme à leur centre toutes nos facultés spirituelles, car c'est par lui que l'homme ressemble à son Créateur et peut participer à la sainteté divine. On doit donc le considérer comme la première des forces telluriques, comme une force qui a en son pouvoir les destinées mêmes du monde. Il est pour ainsi dire le monarque des puissances créées qui, en marchant dans la route du temps, vers le but suprême et éternel des existences, entraîne avec lui dans sa course le cortége des autres facultés et de toutes les forces cosmiques, et dispose de leur sort à travers les années et les siècles, en les élevant vers l'Être ou en les plongeant dans le néant. D'autre part, le libre arbitre est une simple branche de cette activité radicale de l'âme qui contient en puissance les types fantastiques, et les réalise par le moyen de l'imagination, qui, tout en agissant d'abord par une nécessité spontanée, ne pourrait point achever son œuvre et produire au dehors ses conceptions par l'entremise de la parole et de l'art, sans le concours de la faculté élective. L'imagination a besoin de la réflexion pour déployer ses richesses, et c'est de la réflexion libre que dépend cette éducation esthétique, cette étude assidue et profonde de la nature, qui fait germer dans l'esprit les grandes et belles pensées. Si donc la beauté artificielle dépend en grande partie de l'élection humaine, il n'est pas surprenant que les beautés naturelles aient été soumises à la même influence, en vertu de l'harmonie préétablie entre les forces terrestres d'un ordre inférieur et la puissance libre qui domine sur elles. Les égarements du libre arbitre furent donc la cause première de l'altération du Beau dans la nature.

La laideur naturelle est complète toutes les fois que la forme objective est tellement altérée qu'elle ne répond plus à son type intellectuel et ne peut plus en conséquence exciter le type fantastique dans l'âme du spectateur. Ce défaut peut aussi provenir d'une aversion subjective de l'instinct à l'égard de l'objet dont il s'agit; aversion qui empêche l'imagination de saisir le modèle idéal dans la chose sensible, et de s'y complaire, selon qu'il arrive, par exemple, dans la plupart des hommes vis-à-vis de certains insectes ou autres animaux, dont la forme nous paraît fort laide, parce qu'elle excite la répugnance et le dégoût dans notre sensibilité. La laideur n'est souvent que partielle et imparfaite, et consiste dans le simple obscurcissement du Beau ou dans quelque lacune, c'est-à-dire dans une correspondance défectueuse de l'objet extérieur avec son modèle. Le Beau accompli ne se trouve peut-être dans aucune œuvre de la nature à son époque actuelle : aussi la nature est-elle à cet égard vaincue par l'art. Il est vrai que l'art même ne peut jamais atteindre la perfection, et que la matière est toujours plus ou moins rétive à l'intention de l'artiste ; cependant, toutes les fois qu'elle est maniée par le génie, elle s'éloigne moins que la nature de la perfection idéale. Cette remarque ne s'applique qu'au petit cercle où peut s'exercer l'action de l'homme, dont les faibles moyens ne peuvent point dépasser certaines limites ; aussi dans une sphère plus étendue la nature est toujours supérieure à l'industrie de l'homme. L'art brille dans les beautés isolées, individuelles, placées sur une petite échelle telle que le type de l'homme. La nature a le dessus dans les groupes, dans les grandes combinaisons, dans les scènes vastes et compliquées. Raphaël peignit sur la toile des physionomies surhumaines où paraissent incarnées ces idées divines qui se montrent rarement aux mortels. Qu'y a-t-il de plus beau et de plus délicat que la Béatrix du Dante, la Laure de Pétrarque, la Griselde de Boccace, la Desdémone, l'Ofélia, la Miranda, l'Imogène, la Cordélie, la Juliette de Shakspeare, l'Ève de Milton, l'Inès de Camoëns, la Mignon et la Claire de Gœthe, la Rébecca de Walter Scott, l'Hermengarde et la Lucie de Manzoni, la Sylvie et la Nérine de Leopardi ? Créatures angéliques qui passent rarement ou jamais sur notre pauvre terre, mais qui sont naturelles parce qu'elles expriment, non pas ce qui est, mais ce qui devrait être. Mais, ni Raphaël, ni le Corrége, ni l'Albani, ni Salvator Rosa, ni l'Arioste, ni le prince des romanciers anglais, ne pourront jamais décrire ou représenter une scène champêtre, une perspective de mers, de monts, de campagnes, qui puisse rivaliser avec celles de la nature. La nature, quoique déchue, triomphe toujours dans les grandes œuvres, et ne laisse à l'homme la palme que dans les beautés de miniature et de détail.

Il y a cependant un genre d'impressions esthétiques, où non-seulement la nature est fort supérieure à l'œuvre de l'homme, mais où elle conserve ses anciens priviléges par les mêmes raisons qui l'élevèrent à ce rang dès cette époque où la beauté manquait encore aux choses terrestres. Ce genre, c'est le sublime imité par l'art, surtout dans l'architecture; mais combien les œuvres de l'homme sont inférieures à celles de Dieu! Peut-on comparer une pyramide, même gigantesque, telle que celles de Chéops, de Chephren, de Cholula, à ces masses couvertes de neige qu'on appelle *monts blancs*, *nevados*, *pe-chan*, *dhawala-giri*, qui surmontent les plus hautes cimes des Alpes, des Cordillères, du Thian-Chan et de l'Hymalaya [1]? Ou bien peut-on établir le moindre rapprochement entre les obélisques de Thèbes, les tours des Birmans, les minarets des Turcs, d'un côté, et les pics de l'Ararat ou de Ténériffe de l'autre? La beauté des choses dut s'altérer aussitôt que vint à manquer la correspondance parfaite des objets avec leurs modèles par le défaut d'équilibre dans les forces terrestres. Mais le sublime dynamique qui naît des tremblements de terre, des tempêtes, des oura-

---

[1] Ces mots sont synonymes ou presque synonymes de *mont blanc* en espagnol, en chinois et en sanscrit, quoique leur signification générale ait été bornée par l'usage à des hauteurs particulières.

gans, des éruptions volcaniques; le sublime mathématique de l'espace, qui ressort des étendues verticales, comme celles des gouffres et des montagnes, ou des étendues horizontales, telle que la surface de la mer, ou de toutes les deux à la fois, telle qu'une vaste plaine vue d'un endroit élevé, et enfin le sublime mathématique du temps, ou le sublime mathématique mixte qui naît du temps et de l'espace réunis [1], sont toujours dans leur état primitif, parce que les grandes lignes, et les forces substantielles de la nature physique ne furent point changées. Le déluge et les autres violentes catastrophes de la nature altérèrent les lois organiques et les formes de la beauté; aussi la durée de la vie humaine en fut abrégée, et notre race fut partagée en plusieurs branches dégénérées. L'aspect de la terre changea à plusieurs égards; quelques îles furent couvertes par les flots, d'autres jaillirent du fond des eaux et peuplèrent la surface de l'Océan solitaire; des isthmes furent brisés, des baies et des anses creusées dans les côtes; le sol s'affaissa dans quelques endroits, et dans d'autres surgit et forma des collines; des pays fertiles furent changés en déserts et des plaines boisées en steppes nues et sauvages; mais le sublime ne perdit rien à tous ces changements, car la

---

[1] Le Père Bridaine, dans un sermon dont le cardinal Maury nous a conservé quelques morceaux, fournit un bel exemple du sublime arithmétique fondé sur l'idée de temps. Au sublime mathématique en général on peut rapporter les célèbres paroles prononcées par Napoléon avant la bataille des Pyramides, quoiqu'elles manquent de cette simplicité qu'on trouve dans la sentence de César après la défaite de Pharnace. Cette sentence appartient en partie au sublime dynamique et en partie au sublime mathématique.

mer et le désert sont aussi sublimes. Certes les grandes chaînes de montagnes des deux continents n'ont point de nos jours un aspect fort différent de celui qu'elles eurent à l'origine des choses, lorsque le feu qui embrase les entrailles de la terre hissait ces masses immenses vers le ciel, et vérifiait d'une certaine manière le mythe sublime des géants et des Titans, selon l'hypothèse chérie des naturalistes modernes.

CHAPITRE HUITIÈME.

DU BEAU ARTIFICIEL EN GÉNÉRAL.

Le Beau artificiel appartient à l'époque présente, comme le Beau naturel parfait à l'âge d'or et au commencement du monde. L'état actuel de la terre étant en désaccord avec le type cosmique, et ce qui est avec ce qui devrait être, l'homme crée le Beau de l'art pour suppléer en quelque sorte au défaut de la nature. On croit ordinairement que le Beau artificiel est une imitation de l'autre, ce qui suppose contre toute vérité que la nature est toujours dans son état d'intégrité et de perfection primitive. L'assertion serait fausse même dans cette hypothèse; car (nous l'avons prouvé) le Beau, comme objet immédiat de l'intuition, n'existe point dans le monde extérieur, mais dans notre imagination. Nous ne voyons point le type intellectuel et fantastique dans les objets, mais dans nous-mêmes; aussi, quand le Beau se réalise, nous ne pouvons le saisir qu'à travers le prisme intérieur de la beauté. Il en est du Beau comme du vrai. Apprendre le vrai, dit Platon, c'est s'en ressouvenir : le maître n'est point cause efficiente, mais occasionnelle, de la vérité, qui ne découle aucunement de la parole du précepteur, ni de l'esprit du disciple, mais de l'Idée continuellement présente à l'intuition de chaque intelligence et susceptible d'être saisie par la réflexion à l'aide du langage. L'enseignement n'est simplement qu'une cause excitatrice ou instrumentale du vrai qu'on enseigne. On doit dire la même chose du Beau, dont le véritable révélateur est l'Idée, qui le montre intérieurement à l'esprit aussitôt que les objets externes lui en fournissent l'opportunité. Il est vrai que la perfection des données esthétiques étant proportionnée à celle des causes excitantes, le poëte, le prosateur, l'artiste doivent étudier avec persévérance et avec amour le grand livre de la nature pour parvenir au but de leurs efforts. C'est dans ce sens qu'on peut dire avec vérité que l'art est une imitation de la nature. L'art imite la nature, rivalise avec elle, et quelquefois lui est supérieur en imitant son type, qui brille d'autant plus aux yeux de l'esprit que les yeux du corps sont mieux accoutumés à considérer la copie divine que le Tout-Puissant en a faite dans la création. A cela près, l'art ne peut être imitateur sans renoncer à son essence; car s'il se borne à suivre pas à pas la nature, comment pourra-t-il la vaincre, et surpasser la réalité en représentant cet idéal, dont la nature ne contient que l'ombre? Zeuxis ne trouva point hors de lui son admirable Hélène : il emprunta aux jeunes filles de Crotone les traits épars et non la loi de leur ensemble. Bref, le Beau parfait est l'idéal, qui, depuis longtemps exilé de la terre, ne peut jaillir que du génie du poëte et de l'artiste.

Lorsque je nie que l'art soit une imitation de la nature, je ne veux point approuver la sentence d'Hegel, que le Beau naturel est absolument inférieur au Beau artificiel. Hegel a sans doute raison de préférer en plusieurs cas les beautés de l'art aux beautés naturelles; mais, outre que son opinion est fausse si on la prend dans un sens universel et sans aucune exception, les faits sur lesquels il s'appuie me paraissent insoutenables, même à l'égard du côté vrai de son point de vue. D'abord elle est fausse si on l'entend d'une manière absolue; car elle n'est tout au plus qu'applicable à la décadence actuelle de la nature. Le philosophe allemand était empêché par son panthéisme d'admettre une décadence naturelle; car dès qu'on identifie substantiellement le monde avec l'absolu, le déclin de l'un tournerait au préjudice de l'autre; ce qui est absurde. Il faut donc supposer que la nature est toujours dans son état normal, et qu'elle possède toute la perfection proportionnée au degré de développement cosmique et divin où elle se trouve. De plus, le panthéisme d'Hegel étant foncièrement conforme à celui de M. Schelling qui admet dans l'absolu un double développement comme idéal et réel, comme esprit et nature, il s'ensuit que la supériorité du Beau artificiel résulte de celle de l'esprit sur la nature; car l'esprit est sous ce point de vue un degré plus exquis de la manifestation divine. L'absolu, en effet, lorsqu'il sort de son impénétrabilité et se montre au dehors, n'arrive à avoir conscience de soi-même et à se posséder d'une manière libre et parfaite que sous la forme de l'esprit, qui en est l'expression la plus complète, et l'apogée de son développement. Mais le dogme de la création substantielle renverse de fond en comble ce fabuleux édifice. L'esprit humain et la nature matérielle sont des substances finies et créées, qui diffèrent sans doute entre elles d'essence et de perfection, mais qui cependant sont égales et parallèles en tant qu'elles sont douées de contingence et proviennent immédiatement de la cause créatrice. L'esprit fait aussi partie de la nature en tant que, associé aux organes dans l'unité personnelle, il habite ce globe; et les types intellectuels des choses terrestres sont également communiqués aux créatures par Dieu, qui les imprime dans les objets et les révèle aux intelligences créées. Mais lorsque celles-ci, étant faites à l'image de leur auteur, l'imitent en créant le monde de l'art, et en réunissant par l'imagination les apparences sensibles aux modèles intellectuels, Dieu n'intervient dans ce travail que d'une façon médiate, en donnant l'impulsion à l'imagination de l'homme, et en la faisant agir comme une cause seconde. Ainsi, si la nature est l'art de Dieu et sa fille, *l'art humain n'est que son petit-fils,* selon la belle expression du poëte [1]. L'art a donc le dessous à l'égard de la nature, comme l'œuvre de l'homme est inférieure à l'œuvre divine. Si dans l'état actuel le contraire a lieu, il faut l'attribuer à la condition de la nature qui, déchue de son inté-

---

[1] *Si che nostr' arte a Dio quasi è nipote.* Le Dante.

grité primitive est presque retournée à cet état imparfait et grossier où elle était placée avant que la beauté descendît du ciel pour réjouir avec sa présence les choses de la terre. Mais malgré cette déviation, les beautés naturelles surpassent encore en plusieurs genres, et surtout dans les grandes scènes, les beautés artificielles. Parmi les différentes espèces d'êtres, la nôtre est celle où la nature est le plus au-dessous de l'art; car il est convenable que l'auteur du mal en porte la peine principale et participe davantage aux funestes effets de sa faute, et que la laideur soit plus marquée dans cette partie de la nature où la beauté brillait avec un éclat supérieur.

Le Beau naturel ayant régné dans les commencements du monde, et devant être un jour parfaitement rétabli, le Beau artificiel est pour ainsi dire une restauration de l'ordre primitif, une anticipation de l'ordre final, et une image de la cosmogonie et de la palingénésie terrestre. L'imagination qui le crée devine d'une certaine façon un passé dont il n'y a que quelques vestiges, et dont elle se ressouvient selon le mythe platonique de la réminiscence; de même, elle prophétise un avenir dont le germe, suffoqué pendant quelque temps, produira un jour des fleurs et des fruits merveilleux par l'entremise d'une seconde création. De la même manière que le génie de Cuvier refit un monde plus ancien en recomposant ces êtres difformes et étranges qui peuplèrent la terre dans sa première période, le poëte et l'artiste renouvellent l'heureux début de l'âge suivant, lorsque l'organisme mûri fut couronné par le Beau. C'est en cela que consiste en grande partie cet idéal dont plusieurs écrivains parlent sans le comprendre. L'idéal est une synthèse harmonique de la perfection primordiale et finale des êtres créés : il est une tradition et une prophétie, un souvenir et un pressentiment, un regret et une espérance, un retour vers le passé et un élan vers l'avenir. La nature conserve toujours plusieurs traces de ces formes exquises qui l'embellirent dans son origine, et qui peuvent être comparées aux traits et aux couleurs d'une belle peinture qui a été endommagée par le temps, ou bien à ces débris de colonnes, de statues, de chapiteaux, qu'on trouve encore parmi les ruines des villes détruites ou ensevelies sous les décombres. Un voile épais et lugubre couvre comme un suaire toute la nature, et empêche cette supériorité de l'intelligible sur le sensible en vertu de laquelle l'idée se détache du fond de la matière, et communique aux choses son élégance et sa beauté. La nature dans son état actuel n'est point morte, mais malade, fiévreuse, agitée par une énergie douloureuse, et dépourvue de cette vigueur modérée, de cette plénitude et de cette harmonie vitale qui constituent la véritable source de la beauté.

L'homme affligé par le spectacle des imperfections naturelles cherche un refuge dans son imagination et crée en soi-même un monde meilleur qui le console et le dédommage des défauts de la réalité. La vie dépouillée de beauté est prosaïque, et notre âme a besoin de poésie : la nature même est travaillée par une espèce de désir poétique, se ressent de son malheur et fait des efforts pour en sortir : d'où provient *ce gémissement de tout le monde créé qui est jusqu'ici dans les douleurs de l'enfantement,* selon l'énergique expression de l'Apôtre [1]. La supériorité du sensible sur l'intelligible, de la

---

[1] *Rom.*, VIII, 19-22.

matière sur la forme, de la chair sur l'esprit, qui en morale produit le mal et dans l'esthétique le difforme, assujettit les êtres terrestres à un affligeant esclavage; car la véritable liberté consiste dans l'empire de la nature noble sur la nature ignoble, et de l'Idée sur les sensations. La créature tombée du faîte idéal dans l'abjection et dans la servitude sensuelle aspire avec ardeur à sa délivrance; elle se tourne avec un désir inquiet à considérer le bonheur qu'elle a perdu, et tient les yeux fixés sur celui dont elle est dans la douce attente. Animée et encouragée par le souvenir et par la perspective de ce passé et de cet avenir bienheureux, mais affligée par la triste expérience du présent, elle s'efforce de créer dans ses bornes actuelles une image de ces deux époques éloignées, qui, toute faible qu'elle est, puisse tromper en quelque sorte son propre désir. L'art restaure successivement et embellit quelque petite partie de la nature, et ses esquisses sont un pronostic de la réhabilitation finale de tous les êtres; et comme les élus recevront de celle-ci une jouissance pure et ineffable, de même l'art prophétique nous fait éprouver un avant-goût de la félicité éternelle. Cette félicité sera le complément du Beau autant que du bien, et la souveraine beauté de l'âme se reflétera dans les corps glorieux des bienheureux, comme une inexprimable laideur sera l'image de la misère spirituelle des réprouvés. Aussi la mort, qui inspire naturellement la crainte et le dégoût, est transformée par la religion, qui la rend précieuse et désirable en la représentant comme la renaissance de l'homme à la véritable vie, et comme une espèce d'initiation à la jouissance complète du Beau. Hors du christianisme, la mort peut être sublime, car le sentiment du sublime n'exclut point le difforme, le lugubre et l'épouvantable; mais elle est toujours dépouillée d'agrément et de beauté. Quand le peintre, le sculpteur, le poëte veulent embellir la mort et mettre sur ses lèvres un sourire, ils lui donnent un aspect chrétien ; ils répandent sur les traits du mourant cette résignation, cet amour, cette confiance, qui respirent je ne sais quoi de céleste, et qui nous montrent dans les approches de la nuit éternelle l'aurore d'un jour qui ne doit jamais finir.

Outre les inséparables limites de son imperfection naturelle, l'esprit de l'homme est aussi emprisonné par l'espace et par le temps, qui sont deux formes auxquelles l'imagination même ne peut échapper. L'espace et le temps purs, tout en étant sans bornes, ont seulement une infinité relative, limitée à un certain genre, et par conséquent incapable de satisfaire l'esprit humain, qui aspire sans cesse à un infini concret, actuel, absolu, bien supérieur à celui qui résulte de la possibilité abstraite de la quantité. L'homme, chose étonnante ! n'a pas assez de l'immensité des cieux et de l'éternité même pour apaiser ses désirs. Mais l'imagination est encore assujettie à une autre espèce de défaut ; car, en s'appropriant les notions du temps et de l'espace, elle est forcée à leur donner des limites. Il est vrai qu'elle fait de son mieux pour se tromper elle-même, en cachant les contours des objets par cette espèce de vague et d'indéfini qui embellit ses fictions ; mais cette illusion innocente est bientôt détruite par la sensibilité et par l'expérience qui avertissent l'homme de l'inutilité de ses efforts et du joug inexorable de la nature. C'est là la cause principale de ce malaise, de cette espèce de dégoût et d'ennui qui empoisonnent tous nos plaisirs, et qui dérivent non-seulement de l'imperfection accidentelle des choses, mais aussi de leur nature essentielle et des lois qui régissent l'esprit humain. Toutes les parties de l'espace et du temps sont similaires et spécifiquement identiques : celles du monde sensible, malgré leur diversité réelle, se ressemblent à cause de leurs analogies. La variété universelle n'exclut point l'uniformité et la monotonie ; et les progrès de la science *ne font qu'augmenter le néant*, selon l'expression d'un grand poëte qui paraît avoir senti cette espèce de malheur avec plus de vivacité et de profondeur que les autres hommes[1]. Aussi les inventions et les découvertes qu'on fait dans l'ordre de la science sont-elles des apparences plus que des réalités. Fatigué de la vie réelle et persuadé que l'imagination même ne peut point franchir les limites du temps et de l'espace ou en reculer les bornes, et qu'elle essaye en vain de se transformer en raison ou de prendre la place de cette faculté, l'esprit cherche un refuge dans une région plus élevée, et demande à l'Idée cet infini qui est indispensable pour le rendre heureux. Mais comme la philosophie et la religion ne peuvent le lui révéler que d'une manière fort imparfaite à cause de l'obscurité impénétrable des essences, il lui est impossible de se reposer dans cette notion. Ainsi, après avoir parcouru le cercle entier de ses facultés, l'homme s'aperçoit que son état terrestre ne peut point admettre le parfait développement de ses moyens de connaître, et que la vie de ce monde est le voyage et non le gîte, le commencement et non le terme, l'épreuve et non la récompense. Alors il lève les yeux au ciel, en le regardant comme sa véritable patrie, et s'efforce d'y parvenir porté par les trois ailes platoniques du vrai, du bien et du Beau, et secouru dans sa marche difficile par une lumière

---

[1] Leopardi, Canti, III, p. 26.

et une force d'un ordre supérieur. L'étude du Beau naturel et la création du Beau artificiel servent à réveiller ses désirs, à les aiguiser par une espèce d'avant-goût du bonheur qu'il se promet, et à accélérer ses pas vers le but de sa course.

L'art, en s'efforçant de ramener la nature vers la perfection de ses principes et de sa fin, s'éloigne volontiers de la réalité actuelle dans le tissu de ses ouvrages, et se transporte aux deux époques extrêmes qui sont le siége favori de la beauté. Délivrée de la prose du présent, et placée dans ces deux espaces éloignés et indéfinis, l'imagination peut y travailler à son aise, et relever l'idéal de la nature par le merveilleux qui en accroît l'intérêt et le charme. C'est ce qui nous explique quelques lois ou convenances esthétiques que la plupart des critiques ont remarquées sans chercher à s'en rendre raison. Pourquoi, par exemple, l'antiquité est-elle toujours très-poétique? Pourquoi les mœurs des temps passés sont-elles mieux assorties à l'effet de l'art que celles de l'âge moderne? Pourquoi la fable dramatique ou épique est-elle d'autant plus convenable qu'elle se rapporte à un temps plus reculé? Pourquoi la grande épopée de l'Orient et de Leibniz se plaît-elle dans la création et dans la fin du monde? Pourquoi la poésie épique, moins ample et moins grandiose, des âges suivants sympathise-t-elle cependant avec les siècles héroïques? Pourquoi enfin trouve-t-on que la poésie commence où l'histoire finit, lorsqu'on remonte en esprit le cours des temps? Quelques philosophes expliquent ces prédilections des poëtes par la simplicité et la rudesse de ces époques éloignées et primitives dans lesquelles, selon la remarque de Hegel, la liberté de l'homme était plus complète, et son individualité mieux prononcée, parce qu'elles n'étaient point gênées ni transformées par les institutions civiles. Cela est vrai jusqu'à un certain point ; mais ce n'est là ni la seule ni la principale raison du fait. La véritable raison consiste en ceci, que les temps héroïques se confondent facilement par l'imagination avec l'époque primordiale du monde, où l'on peut réaliser à son gré le type idéal de la beauté humaine sans blesser la vraisemblance; car le défaut d'histoire laisse un champ libre aux fictions, le merveilleux poétique devient rationnel et historique lorsqu'il s'agit des origines, et cette *ancienne antiquité* [1] se mêle aux yeux de l'imagination avec l'âge d'or où le Beau régnait en maître sur toute la nature: aussi le type du héros est à quelques égards celui de l'homme primitif. Par un motif analogue, les prédictions ont une affinité spéciale avec la poésie : prophète et poëte sont presque synonymes en plusieurs langues, et les prophéties les plus célèbres des différents peuples, soit véritables et suggérées par l'esprit de Dieu, soit fausses et dictées par le fanatisme ou par l'imposture, sont écrites en vers, ou du moins dans un style poétique. Les faux prophètes de notre âge s'efforcent aussi d'imiter le langage de la Bible et comblent l'impiété par le sacrilége. Ce qui a lieu à l'égard du temps n'est pas moins vrai à l'égard de l'espace, attendu le lien réciproque de ces deux formes. Racine remarque avec finesse que ce qui arrive en des lieux fort éloignés produit à peu près le même effet à l'égard de l'imagination que ce qui appartient à l'antiquité la plus reculée [2].

« L'imagination, » dit Biamonti, «diffère de la sensibilité... car

---

[1] Machiavel.
[2] Préface de *Bajazet*.

« les objets paraissent à la vue d'autant plus petits qu'ils sont
« plus éloignés, et à l'imagination d'autant plus grands qu'ils
« sont moins rapprochés [1]. » Ainsi la seule raison du temps
(en laissant de côté les autres causes) suffit pour rendre
poétiques l'antiquité et l'avenir, le commencement et la fin
du monde ; et par un motif semblable tout ce qui tient aux
usages et aux annales orientaux a le plus grand charme pour
les peuples de l'Occident.

Nous avons déjà remarqué que l'homme actuel est placé dans
cette période de la vie cosmique qui constitue le second cycle
de la création. Si la vérité de cette proposition ne résultait
point du tissu de la formule idéale, il y a un fait psychologique
qui suffirait pour la mettre hors de doute. Ce fait, que nous venons d'énoncer, nous montre que l'homme, comme être sensible, est malheureusement esclave des impressions du présent,
parce que le passé et le futur dépassent la portée de la sensibilité, tandis que comme être intelligible et doué d'imagination
il lui est impossible de placer son bonheur dans les objets qui
l'entourent dans sa condition actuelle. Notre âme est continuellement poussée et entraînée par un instinct invincible vers
l'avenir ; il lui est impossible de se reposer dans les biens,
dans les intérêts et dans les plaisirs qu'elle possède et éprouve
ici-bas. Mais l'avenir se dérobe impitoyablement aux efforts
que nous faisons pour l'atteindre, soit parce qu'il est impossible de le posséder tout ensemble, soit parce que ses moindres
parties ne tombent en notre pouvoir qu'en devenant présentes, et perdent par ce seul changement la moitié de leur

---

[1] *Orazioni*, Turin, 1851, tome II, page 9.

prix à l'égard de ceux qui en jouissent. Voilà pourquoi nous tâchons de nous transporter dans l'avenir, au moins d'une manière spirituelle, et d'y vivre à notre aise en créant autour de nous avec l'imagination une ombre de cette béatitude fixe et immanente, de cette durée simultanée et immuable qui constituent l'éternité divine. Nous essayons par le même motif de franchir les distances, et de nous approprier les pays les plus éloignés, comme les oiseaux qui planent dans les régions les plus élevées de l'atmosphère et jouissent des spectacles les plus variés, en saisissant par un seul coup d'œil la perspective la plus étendue. De même l'esprit de l'homme, en s'élevant sur les ailes de l'imagination, visite les contrées séparées de lui par le plus grand intervalle, et se promène dans tout l'univers par une espèce d'ubiquité intellectuelle. L'imagination et la poésie se plaisent aux anachronismes et aux *anatopismes* (dont les mythes abondent, car toute mythologie est essentiellement poétique), et se composent une sorte d'immensité et d'éternité esthétiques en mêlant ensemble les lieux et les temps les plus variés. Le panthéiste place l'âge d'or dans l'avenir, ce qui est conforme à cette idée de progrès universel qui résulte de ses doctrines. Mais selon la véritable philosophie illustrée par la religion, il y a deux âges d'or, dont l'un est l'objet d'un douloureux souvenir, et l'autre d'une douce espérance. On trouve une allusion assez claire à ces deux âges dans un mythe pélasgique et fort ancien. Le règne de Saturne ou Chronos représente l'âge d'or primitif, détrôné par Jupiter, c'est-à-dire par la période malheureuse qui succéda à l'enfance riante du monde. Saturne vit maintenant emprisonné loin des hommes, dans une île boréale, plongé dans un profond sommeil; mais le jour viendra où il recouvrera son sceptre et sa gloire. C'est ainsi que le temps qui embrasse toute la création en rentrant en lui-même comme les deux extrêmes d'un cercle qui se rencontrent et se touchent dans la projection sphérique, ramènera les choses créées à leur état originaire, et accomplira le mouvement circulaire, quoique progressif, de l'existence universelle.

Une objection assez forte contre ce qui précède se sera peut-être déjà présentée à l'esprit du lecteur. Comment l'homme, dira-t-on, peut-il suppléer avec l'art aux beautés de la nature, si son imagination participe au désordre général aussi bien que les autres forces terrestres? Le moyen qu'une faculté malade puisse se guérir elle-même et réparer le mal des autres? Où est-ce qu'elle prendra cet idéal qui est effacé dans l'homme aussi bien que dans le monde extérieur? Si les facultés spirituelles et organiques de l'homme sont en désaccord avec la perfection de leur type, comment pourront-elles acquérir la connaissance de ce type et en refaire la représentation? Le Beau n'a pas été moins altéré dans l'homme que dans les autres espèces de la terre, et d'autant plus nécessairement que c'est notre race qui fut la cause de la calamité universelle. Il serait fort étrange que celui qui, abusant de son libre arbitre, fut la source du malheur et changea en une vallée de larmes le paradis de la création, eût été seul exempt des effets déplorables de sa faute; que le coupable seul eût joui du privilége d'échapper aux suites de son crime. Mais certes il n'en est pas ainsi à l'égard de ses organes assujettis à la dissolution mortelle, ni à l'égard de son entendement enveloppé dans les ténèbres de l'ignorance et exposé à un grand nombre d'accidents qui en interrompent, en affaiblissent ou en détruisent l'exercice ; ni à l'égard du sentiment qui, entraîné par ce qu'il y a de moins digne et de moins conforme à la destinée de l'homme, est en révolte avec les lois de la raison ; ni à l'égard du libre arbitre, diminué considérablement et soumis à l'esclavage des sens ; ni enfin à l'égard des autres facultés spirituelles et corporelles, qui toutes portent l'empreinte d'une ancienne déchéance. L'imagination seule se sera donc soustraite au principe du mal et conservera sa perfection primitive ? Et comment cela peut-il se faire puisqu'elle dépend des autres facultés et a besoin de leur concours ? Est-ce que le type fantastique ne présuppose point le type intelligible dont il est l'expression concrète et individuelle, et pour ainsi dire l'organisation mentale ? Si le second est obscurci, comment le premier pourra-t-il conserver son éclat primitif ? Ajoutons qu'il est difficile de comprendre comment l'imagination, qui est un simple rayonnement de la force substantielle de l'âme, et qui tire de cette force tout son pouvoir, puisse être intacte lorsque sa racine est corrompue. Un arbre dégénéré peut-il porter de bons fruits ? Il paraît donc qu'on doit conclure de l'état actuel de l'homme, qu'il est impossible de suppléer par les moyens de l'art à cette perfection du Beau qui ne se trouve plus dans la nature.

C'est en vain qu'on essayerait de résoudre l'objection, en disant que le Beau artificiel lui-même est très-imparfait, et que le talent nécessaire pour le concevoir et le représenter au dehors est un bonheur accordé à un petit nombre d'élus. Car il reste toujours à expliquer de quelle manière ce petit nombre d'esprits privilégiés peut échapper à la destinée commune, et l'art dans leurs mains vaincre la nature. La difficulté est donc insoluble, si l'on reste dans les bornes de la raison naturelle. Or, quand un fait évident se refuse à toute espèce d'explication purement rationnelle, le bon sens et la saine logique permettent, et même prescrivent, de recourir à un principe supérieur pour trouver la clef de l'énigme. Car le surnaturel est légitime, même philosophiquement, lorsqu'il est nécessaire pour mettre d'accord la nature avec elle-même. Cherchons donc ce principe, et si par hasard nous trouvons qu'il est identique au principe explicateur de toutes les origines humaines et à la raison primordiale de la civilisation dans toutes ses branches, nos conclusions philosophiques recevront de ce rapprochement une force et une solidité encore plus grandes.

D'abord il est clair que l'existence de l'art implique une restauration radicale de l'imagination, et un retour moins imparfait de cette faculté vers la perfection de son état originaire. L'imagination crée le Beau en associant une forme sensible qui est fournie par les sens, et un type intelligible qui lui est présenté par la raison, à l'aide d'une individualisation mentale, qui sort de l'imagination elle-même et qui, en réunissant les deux autres éléments, constitue le type fantastique. La perfection de ce type dépend donc de deux choses, c'est-à-dire de la connaissance complète, exacte du type intellectuel, et de l'énergie de l'imagination, lorsqu'il s'agit d'animer les idoles qu'elle a enfantées. Ainsi la restauration de l'imagination ne peut point se passer de celle de l'intelligence; et le Beau ne peut point être rétabli, si le vrai ne recouvre point avant tout son éclat originaire. L'amélioration de la connaissance produit aussi celle de l'imagination, comme faculté distincte et spéciale qui dans son état actuel a perdu sa vigueur naturelle, à cause de cette surexcitation de la sensibilité qui constitue foncièrement la maladie de l'âme. C'est à la supériorité anormale des sens qu'il faut attribuer l'obscurcissement de la raison, la faiblesse du libre arbitre, le désordre des affections et la langueur ou la licence de l'imagination, qui, tyrannisée par la faculté moins noble, ôte à l'élément intelligible cette suprématie qu'il doit avoir dans les ouvrages de l'art, ou se trouve impuissante à animer ses fantômes par cette vie spirituelle qui caractérise la beauté. Toutes les fois donc que ces facultés peuvent se soustraire au despotisme des sens, elles reprennent leur vigueur, l'harmonie se rétablit dans l'esprit humain, le libre arbitre recouvre ses anciens droits et l'empire de l'homme; et comme cette faculté concourt plus ou moins à l'exercice des autres (et c'est à cause de cela que l'âme tout entière se ressent de sa faute), sa délivrance est le principe d'une restauration générale. Ainsi le rétablissement de l'imagination esthétique et celui des autres facultés dépendent en dernière analyse de la restauration de la connaissance (car je ne considère ici la restauration de l'homme que sous un point de vue purement naturel), et la renaissance du Beau est inséparable à tout égard de celle du bien et du vrai.

La restitution de l'intelligence, aussi bien que son obscurcissement et sa dégradation, ne peut point concerner la connaissance intuitive, mais la réflexion seule qui est capable de plus et de moins, et sujette aux vicissitudes du libre arbitre et du temps. La réflexion est fille de la parole et mère de la civilisation; car la civilisation n'est point possible sans la pensée réfléchie, comme la réflexion ne peut point se passer de l'instrument du langage; mais le langage dans son origine est un produit de la révélation, car s'il était une invention de l'homme, l'effet précéderait sa cause, puisqu'il est impossible de réfléchir sans parole et d'inventer sans réflexion. La révélation est donc un fait surnaturel, mais nécessaire pour expliquer trois faits naturels, évidents, universels et fondamentaux, c'est-à-dire, la pensée, le langage et la civilisation. La parole révélée communiqua aux premiers hommes la connaissance réfléchie des types intelligibles des objets soumis à leur portée, en leur enseignant le principe dynamique qui les produit et à l'aide duquel l'esprit parvient à les découvrir. C'est ce que l'auteur de la Genèse nous indique, en racontant que le père de l'espèce humaine imposa aux animaux un nom convenable à leur nature. Ce principe dynamique est le dogme de la création substantielle qui nous fournit les intelligibles relatifs dans l'intelligible absolu, et les types des choses créées dans l'idée de l'Être créateur. La formule qui exprime ce principe est la source du réel et de l'idéal; car réalisée, elle produit le monde des existences, et perçue par l'esprit avec le concours des sens, elle nous le révèle. La connaissance des types intelligibles entre en nous au fur et à mesure que les objets externes se déroulent devant nos yeux et excitent dans la raison les idées spécifiques qui leur répondent, de manière que les choses sensibles viennent à être envisagées dans leurs rapports avec l'Idée qui les a produites. C'est de là que dérivent la ressemblance et l'harmonie admirable de la nature avec l'art, et de la cosmologie avec l'esthétique; c'est aussi ce qui nous explique comment le Beau a pu, dans ce double ordre de choses, encourir les mêmes vicissitudes et participer à la même décadence; c'est enfin ce qui nous montre la raison par laquelle il est impossible de restaurer complétement la beauté dans le domaine de l'art sans ramener l'esprit de l'artiste à la connaissance de la première vérité. Les émanatistes et les panthéistes qui manquent de cette règle sont hors d'état de commencer et de suivre le véritable procédé idéal, et ne peuvent en conséquence atteindre le sentiment et l'idée du Beau dans toute leur perfection. Car en mêlant tous les êtres dans l'unité de leur absolu chimérique, non-seulement ils confondent la matière avec la forme et l'élément sensible avec l'élément intelligible, mais ils font prédominer la donnée moins noble, selon la nature de la méthode psychologique inséparable de leur système, et troublent la hiérarchie idéale des existences. L'Idée, en vertu de son essence, engendre les éléments intelligibles dans l'ordre de la connaissance, et crée les choses sensibles dans l'ordre de la réalité : d'où il suit que les types intelligibles qui représentent les objets créés forment une échelle harmonique de notions, qui ont pour sommet et pour principe l'Idée créatrice, de la même manière que les objets sont inégaux entre eux de nature et de valeur, et concourent par cette diversité à produire l'ordre général. Mais aussitôt que l'Idée s'obscurcit et se confond avec les éléments sensibles (selon l'essence de tout panthéisme), l'ordre des intelligibles se trouble, et les types inférieurs sont égalés ou préférés aux supérieurs, comme, par exemple, la nature inanimée à l'homme, la matière à l'esprit, l'utile, le sensuel, l'agréable au bien moral, à la vérité, à la beauté. C'est de là que dérivent toutes les erreurs et tous les désordres dans la morale, dans la politique, dans le culte, tels que l'idolâtrie, l'anthropomorphisme, la tyrannie d'un individu ou d'une caste, l'anthropophagie, l'esclavage, la déification des animaux, les atrocités et les infamies de toute espèce justifiées par les lois et même sanctifiées par la religion. Voilà la suite inévitable de cette confusion radicale des idées qui constitue l'essence du panthéisme, qui d'autre part est l'erreur fondamentale d'où découlent toutes les hérésies religieuses et philosophiques, comme je l'ai prouvé ailleurs [1]. Si les résultats du panthéisme sont moins nuisibles et moins affreux en ce qui concerne l'esthétique, ils ont cependant la même physionomie et la même nature. D'où vient, par exemple, l'usage de préférer le type des choses dépourvues d'âme ou de raison à celui de l'homme, qu'on peut reprocher à presque tous les poëtes et à plusieurs peintres descriptifs de l'âge moderne? C'est du même principe qui porta l'antiquité orientale à choisir des formes monstrueuses, ou tirées des animaux, pour représenter ce qui est divin aux yeux des spectateurs. Mais l'abus du genre descriptif est peu de chose en comparaison de ce goût détestable qui règne en Europe, et surtout dans quelques parties de l'Allemagne et en France, où le panthéisme et l'hétérodoxie moderne paraissent avoir établi leur siége. Les poëtes et les romanciers de notre siècle, un petit nombre excepté, paraissent rivaliser entre eux dans la représentation de ce qui est étrange et difforme ou atroce; et la plupart d'entre eux doivent à ce goût la réputation dont ils jouissent. Il en est de même du style, dont la perfection consiste dans la simplicité et dans l'exactitude des mots et des phrases, et dans la correspondance de la parole avec l'idée qu'elle exprime. Quand on confond toutes les idées, l'élocution participe au même désordre et devient obscure, maniérée, iné-

---

[1] *Introd. allo stud. della filos.*, liv. I, chap. 7.

gale; tour à tour triviale et ampoulée, et presque toujours barbare, telle qu'on la voit dans un grand nombre d'écrivains de nos jours qui auraient excité l'envie des *secentisti* les plus exagérés. Bref, tout faux jugement dans les lettres et dans les arts comme dans la science, dans la vie contemplative comme dans la vie active, naît du désordre et de la confusion des idées, qui est le principe de leur altération ; et c'est en cela que consiste précisément l'essence du panthéisme.

La connaissance de la formule idéale est nécessaire pour avoir une idée adéquate non-seulement du Beau, mais du sublime et des autres données esthétiques. Le sublime le plus exquis, c'est-à-dire le sublime dynamique, naît de la conception d'une force infinie, et conséquemment créatrice ; car une force infinie doit être une cause efficiente et absolue, qui ne pourrait être telle si elle se bornait à coordonner et à transformer des substances préexistantes, ou bien à créer de simples modifications et des phénomènes. Aussi le panthéisme, quelle que soit sa forme, s'accorde fort mal avec cette espèce de sublime qui est presque un privilége des écrivains et des peuples orthodoxes. Nul livre n'est aussi riche en traits élevés de ce genre que la Bible. Entre le sublime d'un ordre inférieur tel qu'on le trouve dans les poëtes hindous ou dans Homère, et le sublime parfait des Psaumes et des prophètes, il y a la même différence qu'entre les dieux des Védas et d'Hésiode, générateurs de purs phénomènes, et le Dieu de Moïse et de Job, créateur de substances réelles. Le sublime qui dérive des formes immuables du temps et de l'espace est moins sujet aux altérations ; c'est à cause de cela que l'architecture hiératique de l'Orient participe au sublime mathématique. Cependant, même dans ce genre, à cause de ses rapports avec l'autre espèce de sublime qui le précède logiquement et l'engendre, l'influence du dogme orthodoxe produit un avantage incontestable. Que sont-ils en effet, l'espace et le temps, dans le procédé idéal, sinon le passage de la puissance à l'acte dans la sphère des existences, réalisé par la parole créatrice? Le théiste considère l'espace et le temps empiriques comme des effets de l'acte créateur; le sublime mathématique participe donc dans son esprit du sublime dynamique et y gagne en vivacité et en profondeur. Le panthéiste, au contraire, en considérant l'espace et le temps placés dans un état d'immanence et non pas dans le moment transitoire de leur développement, en fait une chose abstraite et morte, dépourvue de mouvement, de vie, de vigueur, et les confond même avec l'absolu, ainsi qu'on le voit, par exemple, dans le principe supérieur des livres zends.

Les deux composants du merveilleux esthétique sont sujets aux mêmes imperfections hors du dogme orthodoxe. Le panthéisme, en altérant la notion de l'intelligible, gâte également celle du surintelligible, et introduit dans la spéculation religieuse et philosophique cette confusion de l'essence cachée avec la nature connue des choses qu'on trouve plus ou moins dans tous les faux systèmes, depuis l'Ammon des Égyptiens et le Parabrahma des Hindous jusqu'à l'incompréhensible de Damascius et au noumène de la philosophie critique. Le mystérieux fantastique qui a pour but l'expression du surintelligible se ressent de ce mélange et perd, à l'égard des parties claires et saillantes du Beau, cette juste proportion qui en fait le charme et le rend propre à augmenter l'effet de l'ensemble. Ce but ne peut être rempli si le mystérieux n'est pas employé avec une grande réserve sans qu'il nuise à l'évidence de la représentation, comme les ombres dont le peintre fait usage pour relever l'éclat de la lumière. On s'aperçoit du défaut de cette mesure dans les poëtes panthéistes anciens et modernes, et c'est là ce qui a suggéré ces drames, ces poëmes, ces romans, qu'un de leurs admirateurs appelle *métaphysiques;* épithète qui, selon moi, serait mieux placée dans la bouche de ceux qui se moquent de ce genre de composition. On doit aussi attribuer à la même cause ce galimatias vaporeux, ce style embarrassé, sans précision et sans contours, qui menace les littératures et les langues modernes d'un second moyen âge. Quelle diversité, par exemple, entre la simplicité lumineuse de Manzoni et les brouillards poétiques de quelques écrivains allemands et français! Ne dirait-on pas que la charmante ingénuité de l'auteur italien, et la brillante clarté de ses phrases et de ses images, sont un reflet de la vérité et de l'harmonie qui règnent dans les croyances catholiques? Leopardi appartient également au nombre des poëtes sculpteurs, et il y en a peu qui l'égalent pour la pureté et l'élégance de la diction; car la trempe véritablement italienne de son génie et l'étude profonde des modèles classiques le sauvèrent heureusement, comme écrivain, des égarements du siècle, dont il fut la victime (malgré la force de son esprit et la bonté de son âme) comme philosophe. Le surnaturel esthétique souffre aussi de ce manque de réserve et de convenance qui est le propre des écrivains hétérodoxes; car au lieu d'harmoniser avec la nature, et de relever ses beautés, il les offusque, en tombant dans l'étrange, dans l'exagéré, dans le gigantesque, et quelquefois même dans le dégoûtant et dans le difforme. L'excès de l'élément merveilleux, qui est commun à la plupart des écrivains orientaux, nuit à l'effet en effaçant les proportions de la nature, et engendre l'ennui à la place de l'admiration, comme on peut le voir dans le *Livre des Rois* écrit par Firdousi, dans les poëmes géorgiens, dans les contes arabes, et dans le cycle mythologique de l'Alexandre bicorne (*Dhoulcarnaïn*) qui joue un si grand rôle dans les écrits de l'Orient. Ces excès de l'imagination poétique proviennent également des influences directes ou indirectes du panthéisme qui, en identifiant tout le réel et tout l'idéal dans une seule substance, confond le surnaturel avec la nature et nuit à l'un et à l'autre.

La restauration de l'imagination et l'origine du Beau artificiel dérivent donc de la parole révélée qui enseigna ou rétablit la formule idéale et fonda par elle la civilisation tout entière. Cette parole, renouvelée plus d'une fois par une providence miséricordieuse, fut corrompue à plusieurs reprises par une partie considérable du genre humain, mais conservée par d'autres nations en vertu de ces secours extraordinaires qui l'avaient enfantée et qui la perpétuèrent par une longue suite de merveilles. De là deux civilisations, et par conséquent deux ordres distincts de philosophie, de religion, de littérature et d'art, qui se partagèrent les différents peuples, c'est-à-dire la civilisation orthodoxe et la civilisation hétérodoxe, dont la première implique la conservation du dépôt primitif de la révélation dans son intégrité, et la seconde suppose l'altération plus ou moins grande de ces données originelles. Le désordre ne fut point égal chez tous les peuples hétérodoxes : quelques-uns perdirent tout à fait la connaissance du vrai et tombèrent dans l'état barbare ou sauvage, tandis que les autres conservèrent une partie de l'héritage primordial et une civilisation proportionnée; car la mesure de la civilisation répond toujours exactement au degré de science idéale qu'on possède.

Il est vrai que si les hommes suivaient toujours rigoureusement les lois de la logique, aussitôt que le premier principe de la science (c'est-à-dire le principe de création) est corrompu, l'erreur, poussée par la dialectique jusqu'à ses dernières conséquences, devrait, pour ainsi dire, se suicider et changer les peuples civilisés en hordes sauvages. Mais il y a deux causes qui s'opposent ordinairement à cette marche fatale : la première, c'est l'immanence de l'intuition qui, étant toujours exempte des erreurs qui se glissent dans la réflexion, les corrige en partie ou les atténue toutes les fois qu'elle possède à cet effet, au moins imparfaitement, l'instrument de la parole. La seconde cause, c'est la parole elle-même, qui conserve toujours d'une manière plus ou moins vive la connaissance de plusieurs vérités secondaires, même dans le cas où la vérité primaire d'où elles dérivent a été corrompue, et où le langage a subi une altération proportionnée. Ainsi il y a chez les peuples hétérodoxes, soit anciens, soit modernes, placés dans l'état de barbarie ou avancés dans la civilisation, des restes de la doctrine primitive qui répugnent diamétralement aux premiers principes spéculatifs qui sont professés par ces mêmes peuples. La parole conserve et transmet ces restes précieux comme des vérités isolées qu'on peut comparer à des bourgeons transplantés ailleurs et qui fleurissent encore sur le sol adoptif, lors même que le vieux tronc a péri. On peut dire généralement que ces vérités éparses, qui ont surnagé au naufrage des autres dogmes légitimes chez les peuples hétérodoxes, sont antilogiques, parce qu'elles contredisent les principes fondamentaux qu'on professe avec elles. C'est en vertu de ces débris de la doctrine primitive que la civilisation peut se conserver parmi les nations païennes ; et elle est plus ou moins grande selon que ces fragments de vérité sont plus ou moins considérables. L'idée du Beau aurait dû périr tout à fait parmi les populations dépourvues des véritables croyances, si avec le dogme de la création on eût oublié tous ses corollaires. Mais l'histoire nous dit qu'elle s'est conservée de quelque manière dans tous les pays tant soit peu civilisés, et qu'elle a même subi des vicissitudes considérables selon que les restes de la vérité ont été plus ou moins nombreux. Ceci résultera clairement de la comparaison des races orientales avec quelques peuples païens de l'Occident.

La recherche détaillée des différences qui séparent l'art orthodoxe de l'art hétérodoxe est un thème trop vaste pour être traité dans cet ouvrage. Je me bornerai donc à quelques remarques génériques, et à cet effet j'esquisserai d'une façon sommaire les vicissitudes principales de l'art, en m'arrêtant surtout aux origines, qui sont d'une grande importance dans toute espèce d'étude, parce qu'elles contiennent les germes des progrès ultérieurs. Et comme l'art aussi bien que toute autre branche de la civilisation suivit dans sa marche le cours des migrations, des croisements et des transformations des races, je ne sortirai point de mon sujet en remontant un peu plus haut ; car le passage et le mélange des nations et les emprunts que les unes ont faits aux autres sont utiles pour nous éclairer sur l'histoire de l'art chez elles, et nous mettre en abrégé devant les yeux le développement successif du Beau.

CHAPITRE NEUVIÈME.

DU BEAU ARTIFICIEL HÉTÉRODOXE.

L'art hétérodoxe, historiquement considéré, se partage en deux grandes branches qui, d'après le théâtre principal de leur développement, peuvent être désignées par les noms d'art *italo-grec* et *oriental*. Ce dernier fleurit chez les peuples civilisés de l'Orient qui furent étrangers à la participation directe et parfaite des lumières du judaïsme et du christianisme. Quelques-uns de ces peuples sont encore de nos jours dans leur ancien état, comme, par exemple, les Chinois et les Indiens; d'autres ont disparu à différentes époques, tels que les habitants primitifs de la Mésopotamie, de la Perse, de l'Égypte, de l'Asie Mineure, du Mexique, du Guatemala, du Pérou et de la Colombie du nord-ouest ; mais ils nous sont cependant plus ou moins connus par l'entremise des traditions et des monuments. J'associe ici, comme on voit, les peuples américains à ceux de l'Orient, parce que la civilisation des premiers est une branche directe de celle des seconds. L'art italo-grec eut pour siége l'Italie et la Grèce ancienne, et pour racine la civilisation reculée de la souche pélasgique, qui engendra les deux productions printanières presque contemporaines de la culture étrusque et de la culture hellénique, et le fruit plus tardif de la civilisation latine. L'art italo-grec est une propriété spéciale de l'Italie, car, des trois familles qui lui appartiennent, deux furent italiennes, et c'est sur notre sol, selon des raisons assez plausibles, que le tronc pélasgique poussa ses racines.

Commençons par l'art oriental, et cherchons d'abord, l'histoire à la main, ses premiers inventeurs. Les artistes les plus anciens de tous les peuples furent les prêtres. Quand on parle de prêtres à l'égard des âges primitifs, il faut bien se garder de prendre ce mot dans le sens rétréci des temps postérieurs. La religion occupe sans doute la première place dans le sacerdoce de ces époques reculées, mais elle ne l'absorbe pas tout entier ; ou plutôt la religion est tout, parce qu'elle embrasse les éléments variés de la civilisation qui sortent du développement des idées religieuses, comme la science universelle sort peu à peu de la formule idéale qui constitue l'essence du dogme religieux lui-même et contient en puissance toutes ses applications. La hiérocratie conserva le dépôt de la parole révélée et de tous les principes de la civilisation, c'est-à-dire des restes de la culture primitive ; car nous ne parlons ici que des nations hétérodoxes. D'ailleurs, comme la révélation et la civilisation furent en partie conservées par quelques peuples et perdues par d'autres, le sacerdoce de ces temps-là marque plutôt une distinction ethnographique qu'un ordre politique et religieux. Mais quand les sociétés hiératiques, étant devenues conquérantes et ayant subjugué d'autres peuples, fondèrent le régime des castes, suite inévitable de la conquête, les prêtres, qui auparavant formaient à eux seuls une population séparée et homogène dont le gouvernement était patriarcal, devinrent la classe dominante des agrégations mixtes et hétérogènes qu'ils avaient organisées. C'est alors qu'eut lieu en plusieurs endroits la séparation naturelle des prêtres et des guerriers ; car la milice avait été, avant la conquête, du ressort du sacerdoce, et continua même à l'être dans les temps suivants chez quelques nations, telles, par exemple (autant qu'on le peut conjecturer), que les Étrusques, les Scandinaves, les Gètes, les Celtes, les Aztèques et les populations péruviennes sous l'empire des Héliades.

La hiérocratie la plus ancienne du paganisme après le déluge dut précéder la dispersion des peuples et naître dans les vastes plaines qui séparent le Tigre de l'Euphrate, et sur ces rives fécondes où le froment était une production spontanée [1]. La race qui commença à altérer les vérités révélées, et substitua au sacerdoce et aux rites légitimes un culte schismatique et vicieux, fut probablement celle des Chamites, que des induc-

---

[1] Heyne. *Opusc. academ.* Gotting., 1785, tome I, pag. 535-558.

tions plausibles, fondées sur la Genèse et sur quelques traditions anciennes, nous montrent comme les auteurs de la civilisation corrompue qui se répandit après le déluge. Il est hors de doute qu'après cette grande catastrophe, la culture des hommes en général fut une simple continuation de celle qui avait précédé le cataclysme; car il serait impossible d'expliquer d'une autre manière ces progrès rapides dans les arts que nous voyons déjà accomplis à l'époque où les Noachides encore réunis conçurent le projet de la tour babélique. Mais l'arbre illustre commença à dégénérer par la faute spéciale des enfants de Cham; car c'est à eux qu'on peut raisonnablement attribuer les premiers désordres et les mauvais exemples que le génie de l'homme corrompu donna aux nations dans ces temps reculés. La civilisation s'altère toutes les fois que l'agréable et l'utile sont préférés à la justice, et que les progrès matériels l'emportent sur les progrès moraux. C'est là la cause de cette passion déréglée pour le luxe et les délices, et de cet orgueil monarchique et national qui pousse les rois et les peuples aux guerres injustes, aux conquêtes, à la tyrannie, et qui s'efforce de légitimer ces œuvres de violence et de sang par la gloire apparente des expéditions militaires et par des monuments gigantesques dont l'éclat éblouit les yeux du vulgaire et lui donne presque l'idée d'une puissance surnaturelle. Telle fut la civilisation chamitique qui fonda les premières grandes villes, et, selon qu'il paraît résulter de l'analogie des noms et de la nature des lieux, joua le premier rôle dans la construction de la célèbre tour, qui caractérise le génie de l'art oriental tel qu'il était dans ses commencements, et tel qu'il fut embrassé par les autres races qui le développèrent et le modifièrent dans la suite. Le bien et le mal de cette culture ont eu leur racine dans le dogme de l'émanation, qui fut la première corruption de la formule idéale, et la source de toutes les hérésies postérieures [1]. S'il n'y avait pas d'autres arguments pour affirmer que le principe de la création fut obscurci et altéré avant l'époque de Phaleg, il suffirait pour s'en convaincre de remarquer la ressemblance, et quelquefois même l'identité, qui lie ensemble les croyances et les cérémonies postérieures des différents peuples, quelquefois jusque dans les moindres détails des symboles et des mythes. Ce seul fait prouve que les doctrines acroamatiques et exotériques des peuples hétérodoxes eurent au moins en partie une origine commune, antérieure à la dispersion.

Les Chamites sont les premiers aventuriers et conquérants illustres dont l'histoire garde le souvenir. C'est d'eux que sortit la race royale des Nemrod [2], qui exerça dans l'Assyrie une domination tyrannique, et l'étendit sur les pays voisins, en élevant sur les rives de l'Euphrate et du Tigre des villes somptueuses dont on voit encore les restes informes au milieu de ces tristes solitudes [3]. Entre les temps de Phaleg et ceux d'Abraham, les sacerdoces issus de Cham portèrent leurs institutions et leurs idées depuis les côtes de la Méditerranée et de la mer Arabique jusqu'au delà de l'Inde, et on peut même croire que quelques-unes de leurs tribus

---

[1] *Introd. allo studio della filosofia*, lib. I, cap. 7.

[2] Gen. X, 8, 9, 10. Masoudi Ap. *Nouv. journ. Asiat.*, tome XV, 102-105.

[3] Ker. Porter. *Travels*. Lond., 1821, tome II, pag. 275, 280, 285 et 297.

pénétrèrent dès lors dans le centre de l'Afrique. La diversité des lieux et l'influence du climat, dont l'action était augmentée par les conditions extraordinaires de l'atmosphère terrestre dans les temps qui suivirent immédiatement le déluge, partagèrent les hommes en plusieurs races physiologiquement distinctes. Ainsi les Chamites, dont sortit la race noire, se subdivisèrent en plusieurs familles selon la diversité des traits, l'inclinaison de l'angle facial, et la qualité des cheveux soyeux et lisses ou laineux et crépus. Certes la race des nègres à la chevelure laineuse est fort ancienne, puisque les Pharaons colonisèrent avec eux la Colchide, et on la voit représentée sur les monuments égyptiens du même âge. La Genèse nous laisse entrevoir, d'une manière à la vérité très-obscure, quelque variété organique déjà ébauchée avant le déluge : d'où l'on pourrait conjecturer que le germe éthiopique a précédé cette catastrophe, et que, transmis par les mariages dans la famille de Cham, il continua dans une partie de ses descendants la race dégénérée des coupables Caïnites [1]. Quoi qu'il en soit du reste de ce point, il paraît hors de doute que la race des hommes noirs des deux espèces occupa, à une époque très-ancienne, la vaste étendue de pays qui sépare le Nil blanc du golfe de Bengale. Les populations chamitiques furent affligées au temps d'Abraham par des révolutions naturelles (dont je recueillerai les souvenirs dans un ouvrage particulier) qui, aidées par les irruptions des Sémites et des Japhétiques blancs, bouleversèrent leur état social, détruisirent leur civilisation, les forcèrent à émigrer et à chercher fortune dans les pays les plus éloignés, et plongèrent la plupart d'entre

---

[1] Gen. VI, 2, 4.

eux dans cette profonde barbarie qui dure encore de nos jours dans une partie de leur postérité malheureuse. La lutte des Sémites et des Japhétiques du Nord avec les Chamites du Midi, et la victoire des premiers, dont on trouve des traces dans les traditions orientales depuis l'histoire fabuleuse des Pischdadiens jusqu'aux magnifiques épopées de Valmiki et de Firdousi, vérifièrent la prophétie de Noé sur les destinées de sa race [1].

Avant cette révolution qui fut presque une seconde dispersion des peuples, et compléta les effets de la première, un autre foyer de civilisation païenne s'était formé en Asie. Ses auteurs, tout en professant avec les Chamites les doctrines hétérodoxes antérieures à l'âge de Phaleg, les avaient modifiées, en leur donnant une direction différente et meilleure. Ils tiraient leur origine de la souche des Japhétiques blancs, qui est connue par les philologues et les ethnographes sous le nom d'*indo-germanique*. Leur berceau fut l'Iran septentrional, d'où sortirent dans les temps antérieurs et postérieurs à Abraham les grandes corporations hiérocratiques, dont les Chaldéens, les Mages, les Brahmes et les Sabiens de l'Égypte furent les principales : corporations qui portèrent leurs idées et leurs institutions dans la Mésopotamie, dans la Perse, dans l'Inde, dans l'Égypte et dans d'autres pays, en remplaçant par elles les usages et la culture que les peuples chamites avaient déjà établis dans ces contrées. Quoique la plupart de ces conquérants fussent de lignée japhétique, ils participaient cependant de la race de Sem; c'est au moins ce qui paraît probable par le ca-

---

[1] Gen. IX, 26, 27.

ractère mixte de quelques-unes de leurs langues, telles que le pehlvi et le cophte, par la célébrité de quelques peuples limitrophes, sémitiques d'origine, tels que les Élamites et les plus anciens Nabatéens[1], et surtout par la nature des doctrines qu'ils professaient. Car quoique l'émanatisme fût commun à tous les peuples païens de ces temps reculés, ce système, qui fut sensuel et féroce chez les Chamites, prit parmi les enfants de Japhet une forme plus douce, et revêtit je ne sais quoi d'idéal et de noble qui rappelle l'orthodoxie primitive que quelques tribus sémitiques avaient conservée. C'est aux descendants de Cham qu'on doit attribuer cette déification du mal, ce culte d'un dieu satanique, cruel, destructeur, qui ensanglanta les premiers autels du paganisme, régna sans contrôle dans l'Asie méridionale avant les invasions japhétiques (et dont on voit encore les restes dans les Yezidis et dans les Kourdes qui eurent pour ancêtres les Carduques ou Gordiens), pénétra dans l'Afrique centrale et occidentale, où on le trouve encore dans les cérémonies barbares de la Guinée et du Congo, se répandit en Europe, fit des ravages dans la Scandinavie, et passa enfin en Amérique avec les hordes des Aztèques qui détruisirent les croyances pacifiques depuis longtemps établies entre le lac de Nicaragua et le Gila. Quand les Japhétiques furent mêlés avec les Chamites, la multitude des vaincus força les vainqueurs à embrasser en partie leurs doctrines religieuses, et à se contenter de les modifier puisqu'il était impossible de les abolir complétement. Ainsi naquirent ce syncrétisme hiératique, ces dualismes et ces trithéismes dans lesquels le dieu méchant occupe la dernière place comme une

---

[1] QUATREMÈRE. *Nouv. Journ. Asiat.*, tome XV.

divinité détrônée qui avait jadis le premier rang, et qui conserve encore, quoique déchue, les marques de son ancien pouvoir. C'est ce qu'on peut entrevoir dans l'Ahriman des anciens Perses et dans la Siva des Hindous, tels qu'ils nous sont représentés dans les Naçkas et dans les Védas, monuments de la réforme japhétique qui dissimulent mal la supériorité du culte antérieur des Chamites [1]. Le contraste entre le brahmisme et le vichnouisme septentrional, d'un côté, et le sivaïsme, dont l'origine fut méridionale, de l'autre, est analogue à l'opposition qui se trouve entre les doctrines iraniennes, introduites par le chamite Zohak (qui fut peut-être un des Nemrod), et celles de Houcheng et de Hom, qui furent ensuite restaurées et modifiées par Zoroastre.

Ces sacerdoces iraniens de la plus haute antiquité civilisèrent aussi la seconde branche japhétique, c'est-à-dire la race jaune qui peupla successivement la Chine, le Japon, le Thibet, l'Inde transgangétique, la Sibérie, l'Asie moyenne, l'Océanie et l'Amérique. Les deux systèmes les plus anciens de la Chine dont Confucius et Lao-tseu, presque contemporains, furent les rénovateurs plutôt que les auteurs, ont avec l'émanatisme iranien une analogie qu'on peut difficilement attribuer au hasard. Le premier cycle des mythes chinois paraît identique au premier cycle des mythes de l'Iran; et si le célèbre Desguignes, au lieu de faire sortir de l'Égypte les premiers colons jaunes de la province de Chian-si, les avait tirés des plaines voisines de l'El-

---

[1] Voyez Anquetil sur la prééminence d'Ahriman. *Mém. de l'Acad. des Inscrip.*, tome XXXVII, pag. 615, 616 et 617. On peut aussi consulter le même auteur sur celle de Siva. Oupnek, tome I, pag. 641 et 642.

bourz ou des monts Belours, son hypothèse donnerait peu de prise à la critique. La doctrine des King se rapproche de la forme plus ancienne de l'émanatisme, qui naquit avant la dispersion et fut commune à presque tous les peuples répandus entre les monts Célestes et l'Atlas. Le Chou-king conserve en particulier plusieurs traces de la lutte qui eut lieu entre les doctrines exotiques des Japhétiques jaunes et les superstitions indigènes des Miao, qui étaient les premiers habitants du pays, s'étendaient au sud du Kiang et appartenaient probablement à la souche chamitique [1]. La doctrine panthéistique de Lao-tseu est une réforme postérieure de ces premières doctrines, et un perfectionnement philosophique de la théorie de l'émanation analogue à celui que l'un des Bouddhas avait fait dans l'Inde quatre ou cinq siècles auparavant.

Les naturalistes de premier ordre, et entre autres le grand Cuvier, considèrent la race rouge de l'Amérique et la race cuivrée de l'Océanie comme deux branches de la famille des peuples jaunes. Les ressemblances physiologiques de ces deux ramifications distinctes nous reportent à un berceau commun et primitif qu'on ne saurait convenablement placer ailleurs que dans les régions iraniennes. L'analogie des institutions et des croyances confirme cette conjecture. Les germes de civilisation qu'on a trouvés chez les anciens peuples de l'Anahuac, du Yucatan, du Guatemala, de Condinamarca et du Pérou portent l'empreinte orientale; et la ressemblance quelquefois est telle, qu'elle exclut toute espèce de doute. C'est ainsi que le calendrier des Toltèques et des Aztèques est calqué évi-

---

[1] *Chou-King*, trad. par Gaubil, I, 5; III, 4; IV, 1; et al. pass.

demment sur celui des peuples asiatiques [1], et que l'image du *phallus* trouvée sur les monuments mexicains nous conduit de même à l'Asie [2]. Les personnages mythiques de Manco-Capac, Bochica, Amalivaca, Quetzalcohuatl, Vodan et Hueman ont une similitude si expresse avec les thesmophores hiératiques de l'Orient, que le passage de la civilisation asiatique dans le nouveau monde nous paraît incontestable, malgré le doute élevé sur ce point par un savant aussi profond et un juge aussi sûr que M. Letronne [3]. Mais si la dérivation est certaine, la manière dont elle s'est opérée et l'époque où elle a eu lieu sont enveloppées par le plus grand mystère. Le cycle de la civilisation américaine dont les vestiges ont été conservés ne nous oblige point à remonter au delà du commencement de notre ère. Mais il est difficile de définir si ses fondateurs sont sortis immédiatement de l'Asie, ou d'un foyer antérieur de culture dont le siége fût déjà en Amérique depuis une époque beaucoup plus ancienne. Cette opinion est favorisée par les traditions unanimes qui font partir de l'Orient ces législateurs merveilleux et ces singuliers sectaires. Selon ce point de vue, on pourrait placer le siége de cette civilisation primitive du nouveau monde dans les Antilles ou dans la Floride, ou bien dans la vaste Polypotamie qui sépare le Maragnon de l'Orénoque, où vivaient dans le XVe siècle les restes éparpillés des Caraïbes, derniers descendants d'un grand peuple qui n'était point tout à fait barbare, et qui

---

[1] Humboldt. *Vue des Cordill. et monum. de l'Amér.* Paris, 1816, tome I, page 56 ; tome II, page 2, seq. 558-565.

[2] *Revista Mexicana.* Mexico, 1855, tome I, pages 549-550.

[3] *Journ. des Sav.* Octobre 1857, page 615.

avait quelque ressemblance avec les riverains poétiques de l'Araucanie.

L'origine des populations qui remplissent les deux tiers des vastes archipels de l'océan austral me paraît moins incertaine. Il est probable que les premiers habitants de la Malaisie et de l'Australie ont été les Chamites de la Perse et de l'Inde, expulsés par les Japhétiques. Peut-être aussi les tribus noires ou noirâtres et difformes des Endamènes, des Papous, des Australiens, et celles qui peuplent plusieurs îles de l'archipel Indien, une partie de Formose, quelques coins du Décan, l'intérieur de la péninsule de Malacca et les montagnes qui séparent le royaume de Siam de la Cochinchine, sont les restes de ces aborigènes. Une seconde migration composée de peuples jaunes succéda à celle des peuples noirs et fut la souche de la race malaie qui habite dans la Micronésie, dans la Polynésie, dans les îles qui se rapprochent davantage de l'Asie, et put s'étendre jusqu'à Madagascar par cette traînée d'îlots qui se projettent au sud-ouest de Sumatra, ou réunissent les Maldives avec les Comorres, et sont pour ainsi dire les Aléoutiennes de l'océan méridional. C'est peut-être de quelque tribu malaie domiciliée sur le littoral oriental de l'Afrique que partaient les caravanes rencontrées par nos voyageurs dans les pays africains de l'Ouest, et qui devaient s'y conduire en traversant le plateau du centre [1]. Par des raisons qu'il m'est impossible d'exposer ici, je crois probable que les premières migrations malaies sont

---

[1] WALCKENAER. *Hist. gén. des Voyages,* tome X, pages 362-367; tome XI, page 224.

fort anciennes ou bien peu postérieures à la grande dispersion des Chamites. Cette conjecture est appuyée par quelques traditions de Java, qui a été un des foyers principaux de cette civilisation, et par les indices d'une religion uniforme et asiatique, qu'on trouve chez les peuples polynésiens qui sont séparés, de nos jours, par des bras de mer d'une vaste étendue [1]. Quoique la multitude des îles coralliennes et volcaniques nous prouve que les archipels et les atollons de l'Océanie ne sont point tous des fragments d'un ancien continent, il y a quelques groupes d'une nature différente qu'on peut considérer comme les débris d'une terre étendue; opinion appuyée par plusieurs traditions malaies, indiennes et ceylaniennes, selon lesquelles la mer australe aurait eu aussi sa mystérieuse Atlantide.

L'Europe ancienne (en laissant de côté pour le moment les Pélasges) a des rapports évidents avec l'Iran autant par ses langues, qui sont toutes indo-germaniques, à l'exception de l'idiome euskarien et de la famille finnoise, que par les institutions et par les doctrines. Les Pilophores, les Druides et les Scaldes sont trois hiérocraties qui, par leur organisation, leurs rites, leurs croyances, se rattachent à la branche indo-germanique des Japhétiques blancs de l'Orient. Sans faire de Xamolxis et d'Odin des disciples ou des avatars de Bouddha, il est difficile de nier que ces deux personnages mythiques aient une physionomie orientale, et qu'ils représentent le système des castes à une époque différente de son développement, c'est-à-dire, l'un dans sa première période,

---

[1] *Bulletin de la Société de géogr.* Paris, 1856, pag. 162-165.

lorsque la hiérocratie était florissante, et l'autre lorsque la suprématie des guerriers remplaça celle des prêtres. Mais quelle que soit l'opinion qu'on porte sur ces détails, l'origine iranienne de ces peuples est fondée sur les canons incontestables de l'ethnographie.

Le lecteur voudra bien me pardonner cette courte digression sur les origines et sur les premières migrations des peuples, qui est nécessaire pour avoir une idée générale de la naissance, des transitions et des vicissitudes de l'art. On peut déduire de cet aperçu que la hiérocratie chamitique et japhétique de la Mésopotamie et de l'Iran limitrophe fut le principe dynamique d'où sortirent tous les pontificats schismatiques, les philosophies et les croyances hétérodoxes des différents peuples, et même leur littérature, leur poésie et toute œuvre de l'imagination. L'émanatisme, qui fut la première altération du vrai, et naquit antérieurement à la division du genre humain, empêcha que l'art sacerdotal de l'Orient pût atteindre la beauté; mais il nuisit beaucoup moins au sublime par les raisons que nous avons indiquées. Le procédé de l'art oriental répond parfaitement au procédé de la fausse formule substituée à la véritable. Dans l'ordre de la nature, l'espace et le temps empiriques, qui enfantent le sublime mathématique de l'imagination, sont le contenant des individus réels où réside le Beau; et le contenant, aussi bien que le contenu, est produit par une force infinie dont l'intuition représentée visiblement engendre le sublime dynamique. L'émanatisme, conformément à ses principes, identifie d'une manière substantielle le contenu cosmique avec la cause première qui le produit, et n'admet entre eux aucune autre différence que celle qui distingue la puissance de l'acte, et l'existence enveloppée de son développement extérieur. Mais à l'égard du contenant, il n'admet pas même cette diversité, et le considère comme identique au principe du développement même des modifications ; d'où il suit que le temps et l'espace s'identifient avec la force émanatrice telle qu'elle existe avant le développement cosmique. Cette manière de raisonner est inévitable dans l'hypothèse de l'émanatisme ; car aussitôt qu'on nie la création substantielle et qu'on confond l'élément sensible avec l'élément intelligible, l'espace et le temps purs ne se distinguent plus de l'espace et du temps empiriques, et l'étendue aussi bien que la durée actuelle du monde s'identifient avec leur possibilité inséparable de l'essence incréée. Cette conception donna origine au dogme théologique des Chaldéens, et à la déification du temps et du lieu sans bornes [1], qui à mon avis remonte au premiers sacerdoces antérieurs à la dispersion et se rattache au cycle uranien de toutes les anciennes mythologies, ainsi qu'on peut le voir dans le Chronos des Pélasges et dans le Zerouane Akéréné des livres zends, dont l'idée complète ne se trouve que dans un passage conservé par Damascius [2].

En faisant l'application de cette idée de Dieu et de la nature aux objets de l'art, les prêtres émanatistes se proposèrent de créer un *cosmos* artificiel en imaginant un contenant qui engendrât son contenu et les types individuels des choses de ce

---

[1] LAJARD. *Rech. sur le culte de Vénus.* Paris, 1837, pag. 10, seq.
[2] HYDE. *Hist. relig. vet. Pers.* Oxon, 1700, page 291. — ANQUETIL, *Mém. de l'Acad. des Inscript.*, tome XXXVIII, pag. 584-585.

monde, comme le temps et l'espace cosmiques identifiés avec l'essence divine engendrent les différentes parties de l'univers sensible. Ce but fut rempli par l'architecture, qui est l'art producteur du contenant. L'ouvrage architectonique qui étonne le spectateur par la grandeur de ses vastes dimensions est l'image de l'espace immense, où l'unité émanatrice se développe lentement dans l'éternité sous une variété merveilleuse de formes. Mais l'espace ne peut affecter les sens et l'imagination, ni entrer dans le domaine de la nature et de l'art, qu'autant qu'il est divisé et limité par des bornes sensibles. Dans le monde naturel, le sublime mathématique de l'étendue naît des lignes horizontales ou verticales qui la distinguent ou la limitent de quelque manière : c'est ainsi que l'expansion céleste et terrestre, la surface indéfinie de la mer, les pics escarpés des montagnes, la profondeur des ravins et des précipices, les hautes cimes frémissantes des forêts sont sublimes. Le génie de l'homme reproduit selon son pouvoir la grandeur naturelle de ces traits, et imite l'architecte du monde dans ses ouvrages. Il choisit pour ses édifices les lieux élevés et tourne au profit de l'art ces blocs naturels, en les considérant comme des piédestaux destinés par le ciel à supporter les chefs-d'œuvre de sa main et à recevoir pour ainsi dire leur complément de l'industrie de l'artiste. Les constructions orientales reposent souvent sur une plate-forme, comme en Perse et en Égypte, ou bien sur une pyramide tronquée naturelle ou artificielle, comme dans la Mésopotamie, dans la Médie et dans le Mexique. Outre l'élévation de la base, la forme même des plus anciens édifices, qui était pyramidale, leur hauteur et leur grandeur colossale, la grosseur des matériaux, la solidité de la structure et l'ensemble de tout l'ouvrage, qui visait à l'étonnement des spectateurs, nous montrent que les architectes voulaient rivaliser avec la nature, et imiter le sublime des montagnes. La pyramide qui, selon une phrase de Tacite [1], est une espèce de montagne artificielle qui s'élance vers le ciel, fut probablement une invention des Chamites, auxquels on peut attribuer celles de Gizeh très-anciennes, et quelques-unes de celles qu'on voit au sud de Memphis et dans l'Éthiopie, qui portent l'empreinte d'une antiquité plus reculée que celle de leurs compagnes, et qui manquent d'hiéroglyphes; car les ornements hiéroglyphiques caractérisent les monuments japhétiques des Sabiens, auteurs de la seconde civilisation égyptienne. Certes les formes gigantesques et colossales furent introduites par les Chamites, qui purent être imités, mais non surpassés dans l'audace des conceptions par les races postérieures. La pyramide, comme symbole philosophique et religieux de l'émanatisme, a dû être imaginée par les auteurs de ce système, et employée peut-être pour la première fois dans la tour de Babel [2]. Les voûtes et les coupoles, qui sont d'origine beaucoup moins ancienne, représentent le convexe du ciel, et répondent dans l'histoire de l'art aux progrès savants qui introduisirent les courbes harmoniques dans les orbites et dans les formes des astres. Les plafonds vastes et élevés des temples et des catacombes égyptiennes, qui représentent les constellations, tels que les deux Zodiaques de Latopolis (*Esné*), ceux de Thentyra (*Denderah*), les tables astronomiques d'Hermonthis et de la nécropole

---

[1] Ann., II, 61.

[2] *Descript. de l'Égypte*, tome IX, pag. 485-514. — *Conf.* MEISTER, *Comm. soc. scientif.* Gotting. ad ann. 1774, P. I., pag. 193-203.

royale de Thèbes [1], et les toits des salles hypostyles qui sont supportés par d'énormes colonnes couronnées par la végétation élégante du lotus et du palmier, ressemblent à la voûte céleste soutenue par les péristyles de basalte et les pics neigeux des montagnes, comme par l'Atlas de la Fable, ou appuyée sur les arbres gigantesques des forêts séculaires. Quelquefois aussi, comme dans les pyrées de l'ancienne Perse, l'édifice est ouvert en haut et a pour base une montagne, pour comble le ciel, et la magnificence de la nature y concourt comme dans le théâtre grec, et se marie pour ainsi dire avec les merveilles de l'art.

Quoique l'architecture exprime à sa manière l'aspect des choses naturelles, il ne faut pas croire qu'elle soit une simple imitation de la nature. Il n'y a jamais dans l'art, à proprement parler, l'imitation complexe d'un tout quelconque, mais seulement des parties que le génie emprunte à la réalité, et que, en les employant comme des matériaux informes, dépourvus par eux-mêmes de toute valeur esthétique, il réunit, il harmonise, il arrange selon un modèle idéal qui a une ressemblance éloignée avec les objets externes sans les reproduire complétement. L'eurhythmie architectonique est la copie d'un type vierge qui ne se trouve point hors de nous, pas même d'une manière imparfaite : l'architecture diffère à cet égard de la peinture, de la sculpture et de la poésie, et a seulement pour compagne la musique. L'architecture de l'Orient, avec ses aires horizontales et ses lignes verticales d'une vaste étendue, ses

---

[1] *Descript. de l'Égypte*, tome I, page 566 seqq., 409 seq. ; tome III, pag. 215, 216, 217, 323, 331, 470 et 495 ; tome VIII, pages 10, 11 et 12 ; tome IX, pages 46 et 59.

plafonds élevés, ses spacieuses coupoles suspendues dans les airs, ses pyramides, ses obélisques, ses tours, ses minarets, ses péristyles, ses pylônes, ses salles hypostyles, ses dromes de sphinx, ses sanctuaires, ses labyrinthes, ses syringes, ses hypogées et ses autres ouvrages, représente d'une certaine manière l'horizon terrestre et maritime, l'espace céleste, les masses immenses et les pics élancés des montagnes, les forêts antiques, les allées majestueuses, les souterrains, les cavernes et les autres grandeurs de la nature. Mais entre les sublimités naturelles et les sublimités artificielles il y a une simple analogie, et non cette ressemblance parfaite, qui est le but de l'imitation.

La forme curviligne a été peu employée par les premiers artistes de l'Orient; aussi l'usage des voûtes a été presque ignoré par les anciens Égyptiens, quoiqu'on en voie le commencement à Philœ et à Éléphantine [1]. On doit attribuer ce défaut au peu de science et aux influences d'une cosmologie grossière, mais surtout aux suggestions instinctives de l'ima-

---

[1] *Description de l'Égypte*, tome I, pag. 34, 55, 198, 199. KER-PORTER critique ceux qui attribuent à Zoroastre l'introduction de l'arc demi-circulaire, dont il n'y a point d'exemple dans les monuments de Persépolis et dans les autres édifices plus anciens de la Perse, les deux autels de Naksi-Roustam exceptés, ni dans les toits et dans les fenêtres de la haute Égypte. L'usage du demi-cercle ne fut point connu en Perse avant les Macédoniens. Les Sassanides l'appliquèrent aux coupoles des palais et des temples. Les Arabes modifièrent cette forme et lui substituèrent les ondulations pyramidales de l'arc sarrasin. Alors aussi on inventa les portiques, comme des allées de pierres. La coupole de Sultanieh est le chef-d'œuvre de cette espèce d'architecture. Voyez KER-PORTER, *Travels*, tome I, pag. 702-703.

gination esthétique, selon les lois de laquelle la ligne courbe est du ressort du Beau, et la ligne droite du sublime. Or, dans l'art oriental, qui est le plus ancien de tous, comme dans le commencement de la nature, le sublime prédomine sur le Beau. La ligne droite est sublime parce qu'elle est virtuellement infinie et ne contient point en elle-même son terme, dont elle s'éloigne toujours en marchant; tandis que la courbe est finie, parce que, lors même qu'on éloigne ses bornes, elle tend toujours à rentrer en elle-même et à identifier son commencement avec sa fin; ce qui fait que l'une répond à l'espace pur et l'autre à l'espace empirique. La première est inorganique, étant toujours conforme et identique à elle-même comme l'espace infini qu'elle parcourt. La seconde est organique, et assujettie à la diversité de l'étendue empirique et bornée. Aussi celle-là prévaut dans les êtres inorganiques de la nature, et celle-ci dans les corps organisés. La ligne droite exprime l'identité de l'élément primitif de la nature, le contenant universel, la création dans l'acte premier, l'époque primordiale du monde, le terme moyen de la formule idéale, la base ontologique du sublime. La courbe au contraire représente la variété de l'élément secondaire des choses, le contenu cosmique dans ses détails, l'acte second de la création, l'âge complémentaire de la cosmogonie, le dernier membre de la formule rationnelle et la réalité objective du Beau. La courbe s'éloigne d'autant plus de sa propre nature qu'elle se rapproche davantage de l'infini et du sublime, et se confond avec la ligne droite lorsqu'elle est devenue actuellement sans limites; car, selon la remarque de Galilée, la ligne droite est la périphérie d'un cercle infini [1]. Aussi les pythagoriciens avaient choisi la

---

[1] *Dialoghi*, *Giorn*. 5. *Opere*. Milano, 1811, t. XI, p. 196.

ligne droite pour symbole de l'unité enveloppée, et la courbe pour emblème de la variété développée, selon l'idée qu'ils se faisaient de l'absolu conformément au dogme de l'émanation ; car ces deux lignes forment le septième de leurs principes doubles, selon la table rapportée par Aristote [1]. Il n'est donc pas étonnant que l'on rencontre la symbolique orale des philosophes italo-grecs dans l'architecture hiératique dont elle tire son origine.

L'architecture seule ne suffit point pour représenter le contenant universel des choses créées. Ce contenant étant de deux espèces dont l'une est géométrique et consiste dans l'espace, et l'autre est arithmétique et réside dans le temps, l'art qui représente l'étendue n'exprime que la moitié du sublime mathématique et du *Chronos-topos* sans bornes de l'ancien émanatisme. La musique supplée à ce défaut, en exprimant le contenant arithmétique par l'entremise de la succession, de la durée et du nombre, comme l'architecture imite le contenant géométrique au moyen de la coexistence, de l'étendue et des figures. L'architecture et la musique ont entre elles plusieurs ressemblances. 1° Elles sont des arts universels, jumeaux, nés ensemble de la parole, et pères à leur tour de tous les autres arts. 2° Elles se fondent également sur l'idée mathématique, et, en exprimant les deux aspects de cette idée, l'une est le complément de l'autre. 3° Elles se rapportent au membre moyen de la formule idéale, car les notions de temps et d'espace tiennent à celle de création. 4° La qualité esthétique qui est principalement de leur ressort est le sublime, quoiqu'elles soient aussi ca-

---

[1] Métaph., I, 4.

pables de beauté. 5° Elles ont devancé les autres arts dans l'ordre chronologique, et les précèdent également dans l'ordre logique ; aussi l'histoire nous en montre l'origine antérieure à toute autre invention humaine [1]. On connaît plusieurs peuples qui ont des architectes sans avoir des peintres et des sculpteurs, ou qui connaissent la musique sans la poésie : il y en a d'autres qui bâtissent à merveille, mais qui manient fort mal le pinceau et le ciseau, tels, par exemple, que les Chinois ; d'autres encore, comme on peut le conjecturer des anciens Égyptiens, cultivent l'harmonie et négligent les vers. Mais il n'y a aucun exemple du contraire, que je sache, chez les anciens ou chez les modernes. Et si les besoins matériels de la vie expliquent l'invention et les premiers pas de l'architecture aussi bien que sa supériorité à l'égard des autres arts figuratifs, cette raison n'est point applicable à la musique. 6° Elles imitent l'univers dans son ensemble et non dans ses parties, d'une façon générique et non spécifique ; en conséquence elles se lient avec les sciences universelles, telles que l'astronomie et la mathématique. La fraternité de ces deux sciences avec la musique en particulier est fort ancienne, et occupa presque tous les plus hauts esprits depuis Pythagore et Platon jusqu'à Kepler, pour ne pas nommer les vieux philosophes orientaux et pélasges qui furent probablement les maîtres du grand penseur de Crotone.

A côté de ces analogies, entre les deux arts générateurs, il y a des différences qui dérivent de leur propre sujet et qui méritent l'attention. 1° Le sujet de l'architecture est l'espace,

---

[1] Gen., IV, 17, 21 et 22.

tandis que le temps est le sujet de la musique. Quoique l'espace et le temps purs soient également objectifs et absolus en eux-mêmes, il y a cependant entre eux cette différence que l'intuition de l'espace est occasionnée (non causée) par la perception des choses extérieures et matérielles, tandis que l'intuition du temps est réveillée par la considération de nousmêmes comme êtres spirituels et doués de pensée. Il suit de ceci que l'esprit applique l'espace aux objets extérieurs avant de l'appliquer à soi-même, et fait le contraire à l'égard du temps : ainsi il transporte la notion de l'existence locale (prise dans un sens très-large) du dehors au dedans, et la conception d'existence temporaire du dedans au dehors, en se plaçant lui-même dans un lieu, en tant qu'il fait partie du monde, par l'entremise des organes, et en mesurant la durée du monde, en tant que celui-ci est en rapport avec notre âme, par le moyen de l'organisation corporelle. Kant relève avec beaucoup de sagacité cette différence dans son esthétique transcendentale, lorsqu'il considère le temps comme la forme du sens interne, et l'espace comme celle du sens externe. Il est vrai qu'il se trompe en considérant ces deux formes comme des choses subjectives, de la même manière qu'on se trompe aussi à subjectiver le temps, parce que Maine-Biran et M. Royer-Collard ont prouvé que c'est de l'âme que dérive la véritable mesure de la durée. Cette différence des deux formes mathématiques se reflète dans les deux arts générateurs qui les représentent. L'architecture participe plus du matériel et de l'extérieur, la musique tient davantage de l'intérieur et du spirituel. Aussi, si on les envisage sous un point de vue cosmologique et à l'égard du sens externe, la musique est contenue dans l'architecture, comme l'esprit dans le corps, l'homme dans le monde, le temps dans l'espace, et l'orchestre dans le théâtre ou dans le temple; tandis que, sous le point de vue psychologique et vis-à-vis du sens intime, le contraire a lieu, et l'architecture est dans la musique, comme l'objet pensé dans l'esprit qui le pense. Elles ont donc entre elles les rapports de contenant et de contenu, et sont pour ainsi dire parallèles à cet égard; mais comme l'élément interne est supérieur à l'externe et ce qui est spirituel à ce qui est corporel, le temps a une supériorité légitime sur l'espace, et la musique sur l'architecture. A cet égard la musique peut être célébrée comme le premier des arts, de la même manière que le temps sans bornes est le premier moment ontologique de l'absolu selon la théorie de l'émanation. 2° Le sens architectonique est la vue qui saisit les formes extérieures des corps : le sens musical est l'ouïe qui communique par l'entremise des sons avec la force intime des objets qui le produisent. 3° L'architecture engendre le sublime au moyen de l'infinité de l'étendue, c'est-à-dire avec la notion de l'immense; la musique produit le même effet par l'infinité de la durée, c'est-à-dire par l'idée de l'éternel. L'expansion architectonique est extérieure et objective, tandis que la durée musicale est intérieure et subjective; car l'harmonie n'exprime point par elle-même une durée qui appartienne aux objets du dehors, mais seulement une immanence éternelle, qui est pour ainsi dire concentrée dans le moi, et exempte du flux et des vicissitudes du monde externe. 4° L'architecture et la musique diffèrent aussi par leurs effets conformément à leur nature. La première transporte l'homme hors de lui; la seconde le concentre en lui-même. L'une l'emporte en étendue, et l'autre en profondeur. L'une se rapporte davantage à l'intelligence, et l'autre au sentiment;

aussi la musique, étant plus mystérieuse et plus enivrante, est aussi, par la force des impressions, le premier des arts.

L'architecture et la musique par leur nature visent au sublime, parce qu'elles expriment l'idée de l'espace et du temps sans bornes. Mais comme la forme de cette expression, en tant qu'elle tombe sous les prises des sens et de l'imagination, est limitée, l'architecture et la musique sont aussi capables de beauté; car le fini est le siége du Beau, qui y fait son apparition toutes les fois que l'objet répond à un type intellectuel. Les lignes architectoniques et les sons musicaux produisent le Beau par l'entremise de la proportion et de la symétrie, du nombre et des consonnances, toutes les fois qu'elles sont disposées de manière à exprimer un type visible ou acoustique. L'harmonie dans les chants et dans les sons répond aux rapports compliqués et symétriques des édifices, et la mélodie musicale aux proportions simples de l'architecture. Ainsi la mélodie est comme une série de proportions qui se succèdent, et l'eurhythmie d'un monument architectural est un ensemble d'accords qui coexistent simultanément. Mais comme le Beau et le sublime diffèrent entre eux, et que l'un est en raison inverse de l'autre, il s'ensuit que la sublimité artificielle, en s'associant à la beauté, devient inférieure à la sublimité naturelle, qui est ordinairement sans mélange et absorbe tout entière l'âme du spectateur. La nature est admirablement sublime dans celles de ses parties qui sont exemptes de symétrie et de régularité, comme le ciel étoilé, la mer en fureur, les cimes crénelées et les flancs escarpés des montagnes, et plusieurs autres spectacles du même genre dont la grandeur serait considérablement diminuée par un ordre et une correspondance artificielle. Et sans parler des torrents, des cataractes, des tempêtes, des tourbillons, des ouragans, des feux souterrains et célestes qui, tout en remplissant le monde de bruit, se montrent fort peu soucieux de plaire à l'ouïe, et réveillent cependant une impression sublime, on peut croire que si le concert pythagoricien des astres se réalisait, ou bien si nos oreilles bouchées devenaient capables de l'entendre, il se rapprocherait moins du Beau que du sublime. Par la même raison le sublime prédomine dans l'architecture orientale et le Beau dans l'architecture grecque : une différence analogue séparait peut-être l'ancienne musique de celle des temps modernes. Il peut paraître étonnant, après cela, que le sublime artificiel ait besoin du Beau, qui par sa nature lui est contraire ; mais cette nécessité provient de ce que, les forces de l'homme étant incapables de rivaliser dignement avec les œuvres colossales de la nature, le plaisir enfanté par les productions artificielles serait trop faible si le peu de sublime qui s'y trouve n'était pas suppléé par le Beau qui l'accompagne. Car le domaine de la beauté est accordé à l'homme, tandis que le sublime véritable et complet est un privilége incommunicable de la cause infinie.

La beauté que nous venons de remarquer dans l'architecture et dans la musique est seulement quantitative, et naît de l'espace et de la durée en tant que ces deux formes peuvent revêtir une certaine espèce de correspondance et de proportion entre leurs différentes parties. Mais le Beau qui dérive de la quantité est peu de chose à l'égard du Beau qui concerne la qualité. Ce dernier dérive des idées spécifiques des forces créées qui diffèrent entre elles de qualité et de nature proportionnellement aux idées spécifiques qui leur répondent. Les arts secondaires sont consacrés à la représentation de ce genre de beauté : quelques-uns d'entre eux sont visuels et simultanés, comme la peinture et la sculpture; d'autres sont visuels et successifs, comme la mimique et la danse; d'autres enfin sont acoustiques et successifs, comme la poésie et l'éloquence; mais ils ont tous ceci de commun que l'idée prédominante dans leur représentation est le type humain qui en constitue le sujet principal, et ne laisse aux autres types qu'une place accessoire, tandis que le type de l'homme est tout à fait exclu du Beau quantitatif ou mathématique. Mais les arts primaires peuvent s'approprier les avantages des arts dérivatifs en les associant à leur propre sujet. Ainsi l'architecte tire parti de la peinture et de la sculpture par les ornements qu'il ajoute à ses édifices, et le musicien emprunte à la poésie et à l'éloquence la partie sentimentale de ses mélodies. Mais il y a à cet égard cette différence entre l'architecture et la musique, que la première s'adjuge spécialement la partie extérieure et matérielle du type humain, tandis que la seconde, qui par sa nature ne peut point être figurative, se borne à représenter la partie morale et spirituelle de ce même type, en exprimant l'amour, la haine, la joie, l'allégresse, la mélancolie, la douleur, la terreur et toutes ces autres affections qui la rendent si douce et si puissante sur le cœur de l'homme. En vertu de ces emprunts, les deux arts générateurs embrassent et s'incorporent les arts dérivés, et répondent ainsi au contenu qualitatif de l'univers, qui est un ensemble de forces spécifiquement différentes, parmi lesquelles la nature humaine occupe la première place, tandis que le temps et l'espace qui le contiennent sont composés de parties similaires.

Mais comment la quantité esthétique a-t-elle pu engendrer la qualité? Comment le Beau dans toutes ses parties a-t-il pu sortir du sublime mathématique? Comment enfin les arts primaires, c'est-à-dire l'architecture et la musique, ont-ils produit les arts secondaires? Rappelons-nous notre formule esthétique, selon laquelle le sublime dynamique crée le Beau et le sublime mathématique le contient, de la même manière que l'Être crée l'existant selon la formule idéale. Pour trouver la génération des arts, nous n'avons besoin que d'ajouter au sublime mathématique le sublime dynamique qui fera jaillir du premier toute espèce de beauté, de la même manière que la variété des choses finies sortit de l'expansion du temps et de l'espace, au moyen de la puissance créatrice. Le principe du sublime dynamique, c'est la force infinie et créatrice qui devient sublime en s'associant à une forme sensible et en devenant parole ou Verbe, c'est-à-dire parole créatrice en tant qu'elle réalise les types intelligibles dans les choses de ce monde, et parole révélatrice en tant qu'elle les manifeste à l'intuition des esprits créés. Le Beau dans l'art dérive du même principe qui a enfanté le Beau dans la nature, c'est-à-dire de la parole révélée qui est tout à la fois la source du sublime et de tous les éléments esthétiques, de l'art en général et en particulier, de la pensée intuitive et réfléchie de l'homme, de la civilisation dans son ensemble et dans toutes ses parties. Les arts secondaires dérivent donc des arts primaires en vertu de leur cause même et participent à la même origine.

La parole est écrite ou simplement parlée. La première fut incorporée avec l'architecture, la seconde avec la musique, et les deux arts générateurs, fécondés par leur principe, reçurent le germe des types intelligibles des choses dont le développement produisit dans la suite les arts secondaires. Les types intelligibles contenus dans la parole révélée passèrent avec elle dans les arts primaires aussitôt que l'écriture fut identifiée avec les édifices, et la parole avec les consonnances musicales. Mais dans les commencements ils n'y résidèrent qu'en puissance, c'est-à-dire à peine ébauchés, enveloppés, confondus avec leur contenant et dépourvus de l'indépendance qu'ils acquirent dans la suite, comme la fleur et le fruit sont contenus dans la semence, et comme, selon la doctrine de l'émanation, les choses finies préexistent dans l'absolu avant le développement cosmique. En effet, l'architecture et la musique, déjà grosses des germes intellectuels du Beau au moyen de leur mariage avec la parole, expriment exactement l'image du *Chronos-topos* absolu, qui de toute éternité recélait dans ses entrailles les existences finies, selon la philosophie hétérodoxe la plus ancienne. Mais afin que ces germes se développent, et que les arts subalternes se produisent à la lumière, il faut que la parole révélatrice intervienne une seconde fois et fasse passer de la puissance à l'acte les rudiments esthétiques qu'elle a créés. C'est en vertu de cette transition que l'architecture et la musique sont des arts générateurs. Ainsi, pour expliquer la manière dont le sublime produit le Beau et dont les arts primaires donnent origine aux arts secondaires, il faut analyser séparément la formation du germe architectonique et musical des arts dérivatifs, et son développement. Ces deux choses répondent à la conception et à la naissance, qui sont les deux moments principaux de tout procédé dynamique dans la sphère universelle de la nature organisée. Le principe mâle et fécondant dans les deux cas est la parole, qui, à l'instar du *phallus* symbolique des Égyptiens, communique aux arts primordiaux un nouvel élément de vie en les douant d'une puissance nouvelle ou en développant les puissances préexistantes ; mais elle intervient dans ces deux moments d'une manière différente, comme on verra tout à l'heure.

Commençons d'abord à décrire la formation du germe esthétique dans l'architecture. La symbologie hiératique des Orientaux (qui, outre les symboles proprement dits, comprend les mythes dont le but est d'exprimer les vérités idéales) nous donne la raison pour laquelle la parole écrite fut incorporée avec les édifices [1]. Si on considère la symbolique sous un point de vue général, elle nous apparaît comme l'expression exotérique et naturelle de l'idée ; car les conceptions rationnelles ne peuvent point tomber dans le domaine de la réflexion, si elles ne sont pas associées à un signe qui devient symbole toutes les fois qu'il représente ce qui est intelligible d'une manière conforme à l'imagination. Ainsi le mot *Dieu* est un simple signe, mais l'*Ancien des jours* de Daniel, la croix ansée, le scarabée, l'œil, le serpent, le sphinx et plusieurs autres emblèmes de cette nature employés par les Égyptiens, étaient des symboles qui exprimaient les différentes notions renfermées dans l'idée de la Divinité. Le symbole s'adresse à l'imagination, parce qu'il a une place dans l'espace empirique

---

[1] On peut consulter, sur la nature des symboles et des mythes en général, Ottofrid Müller, *Proleg. zu einer Wissenschaft, mytholog.* Gotting. 1825, page 59 seq., et Guigniaut, *Relig. de l'antiquité*, par Creuzer, tome I, pages 528 et 557.

ou fantastique; aussi la symbolique occupe une place moyenne entre la physique et la philosophie, comme l'imagination est une faculté intermédiaire entre le sens et la raison, et comme la création est interposée entre les existences et l'Être qui en est le principe. Le symbole, étant un élément sensible emprunté au dernier membre de la formule idéale, ressemble au Beau qui naît du sublime; ainsi l'idée acroamatique crée son signe exotérique de la même manière que le sublime crée la beauté. Il y a donc entre l'esthétique et la symbologie cette ressemblance que toutes les deux appartiennent matériellement à la notion des existences; mais il y a entre elles cette disparité, que le Beau exprime seulement le type d'une chose créée, incarnée dans le dernier terme de la formule, et par conséquent un intelligible relatif, tandis que le symbole, dans la plupart des cas, se rapporte à l'intelligible absolu, considéré en lui-même ou dans ses rapports extérieurs. D'où il naît une autre différence; car le Beau, étant une copie des idées spécifiques, a avec elles une correspondance parfaite, tandis que le symbole ne ressemble point à l'objet qu'il exprime, et se rapporte à lui d'une manière arbitraire ou fondée uniquement sur ces analogies très-éloignées qui unissent le Créateur avec les créatures. Et comment, en effet, un simple signe pourrait-il par lui-même représenter l'Idée qui n'a aucune proportion avec ces choses sensibles et finies d'où le symbole découle? L'Être est la vérité toute pure dans sa substantialité absolue; aussi le Jéhovah de la Bible n'est point susceptible d'être figuré d'une manière quelconque, mais seulement exprimé par des symboles; il est *inesthétique* et même sans nom, et ineffable dans ce sens que le nom qu'on lui donne ne renferme aucune espèce d'onomatopée et exprime une conception purement rationnelle. Au contraire, l'Élohim ou Éloha créateur, c'est-à-dire la force infinie qui se manifeste par l'expansion du temps et de l'espace cosmique, prend une qualité esthétique qui le rend sublime : l'Homme-Dieu est beau. Les attributs divins de l'éternité, de l'immensité de la toute-puissance, sont également sublimes en tant qu'ils se manifestent extérieurement dans la création et se montrent dans leurs effets. Il suit de ces différences entre l'esthétique et la symbologie que le Beau et le symbole sont essentiellement opposés, et ne peuvent s'identifier l'un avec l'autre sans dommage réciproque. Il est facile de s'en convaincre en comparant l'art oriental avec l'art grec; car dans le premier, la vénusté de la forme est toujours subordonnée à l'exactitude de l'emblème, et souvent lui est sacrifiée, tandis que dans le second le Beau prédomine tellement que le symbole en souffre et parfois même s'évanouit.

L'architecture fut, dès son origine, essentiellement symbolique. Je ne crois pas qu'on puisse en douter, soit qu'on ait égard à la personne des premiers architectes, qui étaient prêtres de profession, soit qu'on considère la grandeur colossale des monuments qui montre dans les auteurs un but plus noble et plus élevé que l'utilité ou la commodité matérielle. Personne ne niera sans doute que ce but n'ait été esthétique en tant qu'on voulait exciter dans les spectateurs l'instinct religieux, et produire le sentiment du sublime par la grandeur imposante des constructions architecturales. Le moyen d'en douter si l'on fixe seulement les yeux sur un obélisque ou une pyramide? Mais le sublime est naturellement et nécessairement symbolique, et à cet égard il diffère du Beau, qui, loin de renfermer le symbole, s'accorde fort mal avec sa nature. Le sublime est symbolique parce que les formes sensibles et grandioses qui le constituent rappellent à l'esprit l'idée de l'infini et le représentent d'une certaine manière à l'imagination. Or, qu'est-ce que l'infini sinon l'Être, c'est-à-dire le premier membre de la formule? C'est à la considération de l'Être que notre esprit est naturellement porté par la notion fantastique du temps et de l'espace comme par un symbole naturel. Il est donc clair que le génie esthétique de l'architecture, comme art dirigé au sublime, ne peut être séparé d'un certain symbolisme qui résulte nécessairement de la nature même du sublime; et c'est en cela que consiste radicalement le lien logique de l'architecture avec la parole, qui, dans son origine, est métaphorique, poétique, et partant symbolique. Il faut en dire autant de la musique. En outre, si l'on parle des architectes orientaux, comme ils professaient le panthéisme de l'émanation, l'édifice ou le temple qui représentait l'étendue cosmique était à leurs yeux un emblème du dieu Espace (c'est-à-dire du *Topos* inséparable du *Chronos*), et en symbolisant théologiquement la Divinité de la même manière que sous le point de vue esthétique, il excitait le sentiment du sublime dans les spectateurs. D'autre part, le contenu de l'espace mondain ne différant, selon l'opinion des émanatistes, du contenant lui-même, c'est-à-dire du dieu Espace, qu'autant que le développement diffère de la substance enveloppée, l'architecture devait aussi représenter les choses cosmiques en tant que renfermées dans le contenant divin, et par là exprimer d'une manière complète la nature du théocosme. Mais les formes architectoniques, vu leur simplicité, ne peuvent produire cet effet que d'une manière très-imparfaite et tout à fait générique, ainsi qu'on peut le voir dans la pyramide, qui signifie la variété des choses infinies enveloppée dans l'unité infinie et émanatrice. Pour suppléer à ce défaut, les architectes hiératiques se servirent de l'écriture, en l'incorporant dans les murailles de leurs édifices. Ainsi dans les temples égyptiens les murs sont surchargés d'hiéroglyphes qui font un seul corps avec la masse de la fabrique, et représentent la virtualité des choses de ce monde contenue dans l'espace divin et absolu : le monument tout entier est une espèce d'hiéroglyphe immense, composé d'une variété innombrable d'emblèmes particuliers, et représente vivement à l'imagination le théocosme des émanatistes dans son ensemble et dans ses parties.

L'écriture, qui dans sa plus large signification est la représentation des idées par l'entremise de signes visuels, est alphabétique ou idéographique ; celle-ci peut être hiéroglyphique lorsqu'une partie des symboles employés exprime directement la parole et non l'idée correspondante, ou bien simplement symbolique. L'écriture alphabétique est la parole morte et inorganique, réduite à l'état informe d'une simple puissance. On croit ordinairement que son origine est postérieure à celle des hiéroglyphes, dont elle paraît être un abrégé et un perfectionnement ; car, dit-on, les caractères phonétiques signalent le passage de l'idéographie à l'alphabet. Je tiens pour probable l'opinion contraire, d'abord par des raisons psychologiques ; car l'alphabet dut naître des signes acoustiques et de la parole parlée plutôt que des symboles qui s'adressent à la vue. L'histoire confirme ces inductions ; autant que le petit nombre de renseignements qui se rapportent à une époque aussi ancienne peuvent nous permettre de l'interroger. L'usage des hiéroglyphes ne se trouve que chez quelques anciens peuples, tels que les Sabiens de l'Égypte, les Chinois, les premiers habitants du Mexique, du Guatemala et du Pérou[1], tous de race japhétique; mais il y prend des formes si variées qu'on peut douter s'il a été un patrimoine primitif de ces nations lorsqu'elles vivaient ensemble, ou bien une invention particulière de chacune d'elles lorsqu'elles furent séparées. La première assertion n'est plausible qu'en supposant, avec Deguignes, Court de Gebelin, Mairan, et plusieurs autres savants, qu'il y a une analogie détaillée et réelle entre les caractères chinois et les symboles égyptiens[2]. Mais dans ce cas il faudrait admettre entre les Japhétiques blancs, auteurs de la civilisation égyptienne, et les Japhétiques jaunes, d'où sortirent les colons de la Chine, de l'Anahuac et des Andes péruviennes, une communauté d'origine et de civilisation plus étroite qu'entre ces peuples et les autres nations; car dans les monuments de la Mésopotamie, de la Perse, de l'Inde, des anciens Pélasges et des autres pays, il n'y a pas la moindre trace d'hiéroglyphes. Mais, en laissant de côté ce point difficile, je crois en tout cas fort vraisemblable que les Sabiens eussent une écriture purement alphabétique pour les rapports ordinaires de la vie publique et privée, en réservant les hiéroglyphes pour les actes plus solennels et les monuments. L'invention de l'alphabet est certainement plus ancienne que la

---

[1] Sur les hiéroglyphes des Péruviens, ignorés par beaucoup d'écrivains, voyez HUMBOLDT, *Vue des Cordill.*, tome II, pag. 555 et 556.

[2] *Mém. de l'Acad. des inscript.*, tome XXIX, P. 2, p. 2, seq. GEBELIN, *Hist. nat. de la parole*, lib. IV, chap. 14, pag. 565 et 573.

civilisation japhétique; on pourrait même trouver quelques raisons pour la rapporter aux temps qui ont précédé le déluge. Mais en la plaçant après cette catastrophe, il est fort probable que déjà avant Abraham, pour ne pas dire antérieurement à la dispersion, on connut deux alphabets essentiellement différents, dont l'un fut sémitique d'origine, et l'autre dut sa naissance à la race des Chamites. L'alphabet primitif des Sémites, soit qu'il ait été phénicien selon l'opinion de plusieurs, ou syriaque, ou chaldaïque, ou mieux encore nabatéen, produisit directement ou indirectement toutes les écritures non hiéroglyphiques qui nous sont connues, à l'exception de celles qui se composent des seuls caractères rectilignes. Telle est l'écriture cunéiforme qui couvre les immenses débris de la Mésopotamie, et qu'on peut attribuer sans invraisemblance aux Chamites, quoique d'autres races l'aient adoptée comme elles adoptèrent les autres parties de la civilisation possédée par cette grande et malheureuse famille. Aussi les matériaux qui contiennent cette écriture cludiforme sont-ils dispersés dans cette vaste étendue de pays qui sépare l'Indus du Tanaïs, et l'Iaxarte du Nil. Les trois espèces différentes de signes cunéiformes qui sont les mieux connues, et les riches inscriptions qui les représentent à Van, à Babylone, à Bisoutoun et à Persépolis, rendent plausible l'opinion de Heeren, qui les croit réservées aux monuments; aussi peut-on les considérer comme l'écriture monumentale la plus ancienne dont nous aurions (selon la conjecture hardie et en vérité peu probable de quelques savants), un reste dans les runes de la Scandinavie. Ajoutons que la forme rectilinéaire et pyramidale rappelle par sa simplicité une origine plus ancienne que les alphabets sémitiques, et appartient par son génie symbolique à ce peuple étonnant qui introduisit la forme panthéistique de la pyramide dans l'architecture[1]. Il est vrai que, dans quelques inscriptions copiées par Ker-Porter, on trouve quelques courbes isolées ; mais outre qu'elles paraissent étrangères à l'écriture proprement dite, la complication des caractères qui les accompagnent signale aux yeux du paléographe une époque moins ancienne.

Le choix entre les signes alphabétiques et les signes idéographiques fut moins motivé par le génie différent des anciens peuples que par la nature des matériaux qu'on mettait en œuvre. Nous ne devons pas être surpris que chez les Babyloniens et les Assyriens, dépourvus de matériaux solides, et forcés à bâtir en briques, les lettres pyramidales, qui sont très-simples par elles-mêmes, aient joué un rôle analogue à celui des grandes sculptures et des hiéroglyphes compliqués qui décoraient le marbre et les pierres de Persépolis et le merveilleux granit de Syène. Cette variété dans la manière d'exprimer le symbolisme architectonique eut beaucoup d'influence sur les arts secondaires, qui ont par eux-mêmes un rapport plus éloigné avec l'écriture alphabétique. Les symboles idéographiques étant tirés des choses créées et surtout de l'homme, l'artiste en les traçant dut prendre pour règle les objets réels qui avaient des rapports avec eux, et s'efforcer de les représenter de son mieux d'après ce modèle. Ainsi cette ressemblance matérielle, qui n'était pas encore de la beauté, dut exciter dans l'esprit de l'artiste les types fantastiques corrélatifs, et le porter naturellement à les exprimer avec le

---

[1] LAJARD. *Rech. sur le culte, etc., de Vénus*, I, Mém., page 25.

ciseau et les couleurs. Il est vrai que, pour atteindre le Beau, il aurait fallu modifier le symbole et en sacrifier l'exactitude à l'élégance et à la vénusté; ce qui répugnait au but de l'art, c'est-à-dire à la religion, et au caractère des artistes qui étaient des prêtres ou des ouvriers dirigés par le sacerdoce, et soumis dans leurs travaux aux exigences minutieuses d'un code immuable [1]. Aussi la perfection esthétique des statues, des bas-reliefs et des peintures fut rarement atteinte par les Orientaux, moins par défaut d'habileté que par le but même de leurs ouvrages. Ce qui le montre, c'est que, lorsqu'ils ne furent point gênés par des raisons symboliques, ils parvinrent à un haut degré de perfection, comme on peut s'en convaincre par quelques figures d'hommes et d'animaux qu'on voit encore en Égypte et à Persépolis [2].

De la même manière que la parole écrite enfanta la symbolique architecturale, et avec elle les germes du Beau figuratif de la peinture et de la sculpture, la parole orale donna naissance à la symbolique musicale, qui contient virtuellement le Beau poétique et oratoire, et, associée à la beauté figurale, engendre la mimique et la danse. L'écriture, en effet, et l'iconographie sont la parole architectonique identifiée avec l'édifice, comme le langage articulé et l'accent sont la parole musicale identifiée avec le chant. La musique vocale est sans doute fort ancienne, puisqu'elle dut précéder la musique instrumentale, qui est presque contemporaine du commencement du monde [3]. Or, la musique vocale naquit de la parole,

---

[1] CHAMPOLLION. *Panth. égypt.*, art. *Neith génératrice.*
[2] Voy. les tables de la *Descript. de l'Égypte*, et de KER-PORTER.
[3] Gen., IV, 21.

qui, lorsqu'elle n'est point viciée par un défaut organique, contient naturellement un principe d'harmonie qui devient plus prononcé et plus sensible lorsque l'homme animé par le sentiment s'élève jusqu'au ton du récit et de la déclamation oratoire. Ce langage vif et inspiré donna aux hommes l'idée du chant, qui, associé à la parole articulée, les conduisit successivement depuis la simple prose jusqu'au parallélisme de quelques langues sémitiques, au rhythme, au mètre, à la versification, à l'assonance, à la rime. Mais ces accessoires du Beau poétique ne sont que quantitatifs, et ne constituent pas encore la partie la plus exquise de la poésie et des arts analogues, qui consiste dans la représentation animée du type humain et de la nature. La parole déposa dans la musique le germe de ces beautés, non pas précisément comme un ensemble de sons, mais comme une symbolique de choses et d'idées. Et comme la parole révélée et hiératique était surtout religieuse et exprimait en substance ce même ensemble de notions qui était représenté symboliquement sur les édifices par le moyen de l'écriture, il est évident que la parole fécondante était la même dans les deux arts générateurs et variait seulement dans la forme, en tant que le verbe architectonique était la traduction du verbe musical, comme l'écriture est la traduction du langage articulé. Je prie le lecteur de faire bien attention à cette union des deux arts primaires dans l'unité et dans l'identité de la parole, qui est leur principe, et par le moyen de laquelle ils remontent tous les deux à la révélation primitive. C'est dans cette unité de la parole que consiste la synthèse des deux arts principaux, et le procédé générateur en vertu duquel les arts dérivatifs déjà conçus prirent naissance et passèrent de l'état virtuel à la plénitude de l'acte.

Mais avant de décrire ce procédé, arrêtons-nous un instant à étudier dans l'histoire les traces de cette époque primitive dans laquelle le Beau était enveloppé dans les arts primaires et non manifesté au dehors ; époque qui occupe tout l'intervalle qui sépare la conception des arts dérivés de leur naissance. La perte des monuments ne nous permet que de simples conjectures sur l'état de l'architecture dans son enfance. Les indications rapides de la Genèse sur la tour de Babel, qui fut le dernier monument de l'unité primitive du genre humain, ne suffiraient point pour nous donner une idée de cette architecture primordiale, s'il n'était pas vraisemblable que les formes essentielles de cet édifice furent reproduites dans le temple de Bélus dont Hérodote a fait en partie la description [1]. Ker-Porter, qui visita et décrivit avec beaucoup de soin les ruines de ces pays, est d'opinion que le temple magnifique dont l'origine est attribuée à Sémiramis a été en partie matériellement identique à la tour de Babel, et que le Birs-Nemrod en est un reste ; opinion qui nous ferait voir dans ce débris singulier le monument le plus ancien de la terre [2]. Toute la Mésopotamie est remplie de semblables ruines, telles, par exemple que l'Al-Hymer, le Tépessé et le Boursa-Chysarah, dont la masse est énorme. Ces édifices sont placés sur des tertres d'une grandeur considérable : les matériaux dont ils se composent sont fort durs, cuits au feu ou au soleil, couverts souvent de caractères cunéiformes, et avec toutes les marques d'une construction fort variée qui nous reporte à des époques différentes. Les plaines qui les environnent

---

[1] Hérod., I, 181, 182 et 185.
[2] *Travels*, tome II, pages 305 et 331. Conf. *Rich. Memoir*, page 56.

portent les débris d'autres bâtiments moins considérables qui étaient probablement des espèces de bourgs réunis autour du monument pyramidal du centre [1]. Il est difficile de ne pas voir dans quelques-unes de ces ruines des restes des premières villes chamitiques Arach, Akad et Kalnè [2]. Le temple de Bélus, ainsi que la tour de Babel, devait être, dans l'origine, tout à la fois un sanctuaire, un palais, un observatoire, un cimetière, un collége de prêtres, et répondait à ce modèle architectonique et multiforme de la civilisation chamitique qui reçut dans la suite une application plus circonscrite et spéciale dans les pyramides égyptiennes. Telle a été la ville primitive siége de la culture et de l'empire hiératiques, qui contenait dans son unité multiple les principes des arts qui se développèrent graduellement et se distinguèrent les uns des autres. C'est dans cette ville primordiale que les germes de la symbolique architecturale avaient une existence encore confuse, aussi bien que les différents genres d'architecture qui se séparèrent et se développèrent dans la suite.

Nous connaissons mieux les origines de la symbolique orale et de la parole musicale. Les livres sacrés des peuples hétérodoxes, tels que les Védas, le Zend-Avesta, les King, et le code même du peuple élu et orthodoxe, contiennent quelques morceaux de cantiques religieux ou profanes fort anciens, antérieurs à l'art de l'écriture et nés probablement avec l'harmonie du chant et les premiers essais de la musique instrumentale. Lorsque l'écriture fut inventée, les tradi-

---

[1] Porter, *Travels*, t. II, pag. 275, 297, 390 et 398.
[2] Gen., X, 10.

tions éparses et les premiers bégayements de la poésie furent recueillis dans un livre encyclopédique, qui était à la fois prosaïque et poétique, religieux et politique, historique et fabuleux, acroamatique et exotérique, et qui contenait d'une manière confuse la littérature des âges postérieurs, comme l'édifice compliqué où les prêtres gardaient le dépôt sacré renfermait dans sa multiplicité les éléments de tous les arts. Le livre par excellence était la symbolique parlante, comme l'édifice était la symbolique muette; l'un enseignait la parole révélée par l'ouïe, l'autre par la vue; tous les deux exprimaient, chacun à sa manière, la synthèse primitive du réel et de l'idéal dans l'intuition, de la même façon que les travaux des âges suivants imitèrent la nature de la connaissance réfléchie et furent l'analyse développée de cette composition antérieure. Tels furent les Védas de l'Inde, composés de dogmes, de prières, de préceptes liturgiques, de traditions, de fables et de discussions philosophiques. C'est des Védas que naquirent le Ramayana et le Mahabahrata, qui d'ailleurs se rattachent en quelque sorte à l'iconographie magnifique des temples vichnouites d'Ellora. Les Pouranas, dont chacun, selon la remarque de William Jones, est une théogonie, une cosmogonie, une chronologie, une histoire et une biographie, appartiennent aussi au nombre des livres sacrés et encyclopédiques; et si quelques-uns d'entre eux, tels que le Bhagavadam, fruit d'une imitation surannée, sont très-récents, d'autres, comme le Marcandeya, peuvent revendiquer une époque plus ancienne [1]. Les premières écritures des Nabatéens, dont sortit

---

[1] *Mém. de l'Acad. des inscript.*, tome XXXVIII. *Mém.*, pages 312-525. *Journ. Asiat.*, tome IV, page 24; tome VII, pages 56-59. POLIER, *Myth. des Hind.*, etc.

une littérature aujourd'hui éteinte, que M. Quatremère a en quelque sorte ressuscitée, durent appartenir au même genre [1]. Il en est de même des livres hermétiques mentionnés par Clément d'Alexandrie, et tout à fait perdus, si l'on excepte le Rituel funéraire rédigé en langue hiératique et trouvé dans les mains de plusieurs momies; car ce monument liturgique doit sans doute remonter à une époque assez reculée [2]. Tels furent les livres dont Confucius a été plutôt le compilateur ou l'éditeur que l'auteur proprement dit, et ceux qui, composés par lui ou par ses disciples, contiennent des chansons, des maximes, des documents de la première civilisation chinoise. Il faut rapporter à la même catégorie les parties authentiques du Zend-Avesta, telles que les vingt-deux chapitres du Vendidad, les Jescht des Férouers, de Mitra, de Behram, d'Ormouzd et autres, presque tout le Yaçna, ouvrages légitimes de Zoroastre, et restes peut-être des deux premières lois iraniennes, dont le philosophe d'Ourmiah fut le réformateur. Si, en comparaison de ces livres, la compilation des deux Eddas peut paraître récente, la doctrine qui est exposée surtout dans celui de Sœmund remonte à des temps anciens, et la partie appelée Voluspa, composée, selon quelques critiques, avant que le christianisme pénétrât dans la Scandinavie, nous rapproche de l'Orient, et nous rappelle Xamolxis et les premières traditions de la Thrace. Le livre sacré et fondamental ne manque pas même à l'Amérique; car les premières populations du Mexique eurent une littérature dont on conserve quelques morceaux. Netzahualcoiotl, l'Alfred du nouveau

---

[1] *Nouv. Journ. Asiat.*, tome XV.
[2] CHAMPOLLION. *Panth. Égypt.*, art. *Neith génératrice*, et *Thout*.

monde, fut à la fois prince, guerrier, héros, législateur, philosophe et poëte. Civilisé au milieu d'un peuple demi-barbare, doué de mœurs douces et d'un esprit aimable, ennemi de la superstition cruelle qui exerçait son empire sur ses contemporains, il fut vertueux et sage, excepté une seule fois qu'il tomba comme David et se laissa entraîner par l'amour à une action détestable. Malheureux et persécuté dans sa jeunesse, il conquit ses propres États et jouit d'une vieillesse puissante et heureuse ; mais malgré l'auréole de prospérité et de gloire qui entoura ses derniers jours, il revint tellement du prestige des grandeurs humaines, qu'il composa, comme Salomon, des vers excessivement tristes sur les misères de la dignité royale et sur le néant des biens de ce monde [1]. Tant de délicatesse et de profondeur poétique montre une civilisation déjà bien avancée et nous fait ressouvenir du livre sacré des Toltèques, écrit en hiéroglyphes par l'astrologue Hueman et brûlé probablement au temps de la conquête. Si l'on doit croire à ce qu'on en dit, ce livre était une véritable encyclopédie qui embrassait toute la civilisation de ce peuple [2]. Enfin si nous passons au pays classique de la Grèce, nous trouvons l'épopée homérique enfantée par les croyances des colons orientaux et des Pélasges, et précédée par ces écrits hiératiques dont nous avons encore un résumé ou un fragment dans Hésiode.

La ville primitive et sacrée et le livre divin et fondamental

[1] Veytia, *Historia antigua de Mejico,* lib. II et III, tome III, *Append.,* pages 225-267. Ixtlilxochitl, *Hist. des Chichimèques,* trad. par Ternaux-Compans. Paris, 1840, page 1, chap. 50-49, et l'*Append.*

[2] Veytia, *Ouvrage cité,* tome I, pag. 214, 215, 216, 240 et 246.

contenaient donc en puissance les progrès futurs de tout art et s'associaient dans l'unité de la parole symbolique par laquelle chacune de ces deux choses était le reflet et l'expression de l'autre. Il nous reste maintenant à examiner la manière dont les puissances esthétiques de la musique et de l'architecture passèrent à l'état complet de l'acte et enfantèrent la beauté. Le principe qui développa le germe caché et le mit à la lumière est identique au principe à l'aide duquel il avait déjà été conçu. Ce principe c'est la parole, mais la parole à son état primitif, la parole prononcée, lue, chantée, façonnée par l'art musical, et non la parole figurée et architectonique qui est une simple traduction de la première. On voit ici ressortir de nouveau la primauté de la musique, mère de tous les arts, parce qu'elle s'identifie avec le verbe original et parlé, et non avec le verbe dérivé et écrit tel que celui de l'architecture. La puissance féconde de la musique pour exciter la verve du poëte et de l'artiste, et enfanter le type du Beau sous ses différentes formes, qui sont pour ainsi dire les dialectes variés d'une langue unique, a échappé aux philosophes, et constitue à mes yeux un des faits les plus certains et les plus intéressants de l'esprit humain. L'harmonie du son et du chant est une source féconde d'inspirations nobles, d'élans généreux, et remplit le rôle assigné par Platon à la Muse, productrice de la fureur poétique[1] : son pouvoir est si grand qu'il surpasse celui de tous les autres arts et de la poésie même. Aussi les grands artistes et les poëtes ont une passion extraordinaire pour l'harmonie, non-seulement à cause du plaisir qu'elle leur procure, mais aussi en vue des secours qu'ils en tirent

---

[1] Yon.

pour les ouvrages de leur propre création. On raconte qu'Antoine Canova conçut plusieurs de ses chefs-d'œuvre lorsqu'il était absorbé par une belle musique; Alfieri nous atteste le même fait en parlant de lui-même, et attribue aux influences de cet art divin les morceaux les plus terribles de ses tragédies. On peut croire que le génie du Dante fut souvent inspiré par les chants des Troubadours, et que c'est par principe de reconnaissance qu'il plaça son ami Casella et le bon Provençal Arnauld en lieu de sûreté et d'espérance. L'harmonie a un grand empire sur l'homme, même en dehors des beaux-arts et dans la sphère du vrai, du bien, des passions et des sentiments, à cause de l'affinité qui lie l'imagination avec les autres facultés : elle peut exciter le génie aux grandes découvertes, aussi bien que l'âme à l'amour, à la haine, à la tranquillité, à la fureur, à toutes les émotions douces et violentes, et aux sentiments magnanimes de la vertu et de la gloire. On connaît les prodiges opérés par l'ancienne musique, et son heureuse influence sur cette civilisation primitive qui tira les hommes errants de l'état sauvage, et dont le souvenir nous a été conservé par les mythes gracieux et riants d'Orphée, d'Arion, et du fondateur de Thèbes. Si la mollesse de nos mœurs, et le défaut de simplicité qui gâte souvent les compositions modernes, nous rendent moins propres à sentir les émotions énergiques de l'harmonie, sa puissance nous est toujours attestée par l'influence et même par les abus du théâtre. Le pouvoir de la musique se montre surtout de deux manières, d'abord par son aptitude à exciter le sentiment religieux, à cause du rapport intime qui existe entre l'harmonie et l'Idée par l'entremise du sublime arithmétique; car le son est le seul élément sensible qui permette à l'imagination de saisir la notion de la durée éternelle.

Le son représente la partie la plus intime de l'absolu mathématique, c'est-à-dire l'immanence de l'éternité, comme la lumière en exprime la partie externe, c'est-à-dire l'ubiquité dans l'espace immense : l'un est l'instrument acoustique et intérieur de l'harmonie musicale qui nous fait franchir les bornes du temps, et l'autre est l'instrument visuel et extérieur de l'eurythmie architectonique qui nous transporte hors des limites de l'étendue. Ainsi l'auteur de la Divine Comédie, lorsqu'il voulut traduire en images le monde spirituel de l'éternité et le bonheur infini de ses habitants, fit cet admirable mélange de sourires, de chants, d'harmonie et de lumière, par lequel il sut se surpasser lui-même en écrivant la dernière partie de son poëme. L'autre propriété de la musique consiste à transporter l'âme du monde réel dans le monde de l'imagination, en donnant les couleurs et les attraits de cette faculté magique aux choses extérieures, en animant les objets insensibles et dépourvus de vie, et en répandant sur tout ce qui nous entoure une beauté, une grâce, une harmonie qui ne s'y trouvent point en réalité. Un ouvrage d'art et un morceau de poésie nous paraissent plus beaux quand ils sont vus et écoutés au milieu des consonnances musicales; et les vers médiocres ou même mauvais des improvisateurs trompent quelquefois non-seulement le vulgaire, mais les bons juges, lorsqu'ils sont accompagnés par le chant ou par une déclamation harmonieuse. Quel est celui de nous qui, en priant dans une vieille cathédrale lorsque l'orgue remplit les voûtes de sa voix solennelle, n'ait pas cru quelquefois que les statues immobiles des niches et les tableaux silencieux qui la décorent étaient tout à coup animés par quelque chose d'insolite et avaient presque la parole et la vie? Je crois que la peinture naquit et reçut son premier développement de la symbolique muette des temples retentissants au milieu des concerts de la musique religieuse. Le symbole figuré est inerte, inanimé, silencieux, et exprime le repos des choses immanentes placées en dehors des vicissitudes du temps : c'est de là que proviennent le sec, le dur, le monotone, et enfin le prosaïque de cette sorte d'emblèmes. Mais un cantique, ou un concert religieux accompagné par les impressions sublimes des proportions architectoniques, dut ranimer aux yeux des spectateurs cette morte iconographie, et réveiller les premières conceptions du Beau propre de la peinture, de la sculpture et de la poésie épique dans le génie déjà disposé aux émotions religieuses, tel qu'il était dans ces âges antiques, surtout parmi les artistes et les poëtes, qui appartenaient ordinairement à la classe sacerdotale. Les ornements et les symboles de nos édifices sont peu de chose vis-à-vis de ceux qu'on trouve dans les temples orientaux, dont l'immense étendue est couverte à l'intérieur et à l'extérieur de sculptures ou d'hiéroglyphes ; et quelquefois, comme en Égypte, il est difficile de trouver le plus petit espace dépourvu de ces décorations, même dans les endroits où l'œil du spectateur ne pénètre que rarement. On peut concevoir l'effet que ce spectacle grandiose, et pour ainsi dire ce monde de figures, dut exciter dans ces âmes poétiques et puissantes qui, comme celles de Michel-Ange ou de Léonard, n'ont besoin que de quelque occasion pour avoir la conscience de leur génie, lorsqu'on célébrait les mystères d'un culte majestueux, et quelquefois terrible, et que l'on chantait des paroles qu'on croyait inspirées par le ciel, parmi des consonnances musicales dont le style devait répondre à la grandeur de la religion et à la magnificence du sanctuaire. Walter Scott décrit admirablement dans son *Antiquaire* cette espèce de demi-sommeil qui, sans éteindre la conscience du monde extérieur, en mêle les impressions vagues avec les idoles de l'imagination. Il suppose qu'un de ses personnages, placé dans cet état physiologique, vit tout à coup les personnages représentés sur une tapisserie antique sortir de leur immobilité, s'émouvoir, et se détacher des murailles de la chambre, tandis qu'on entendait sous les fenêtres une musique enchanteresse, dont les sons se mariaient dans l'imagination de la personne assoupie avec la fantasmagorie étrange qui flottait devant ses yeux. On peut dire que, jusqu'à un certain point, c'est là ce qui arrive quelquefois dans l'état de veille lorsque l'âme est vivement agitée par les émotions esthétiques et maîtrisée par sa propre imagination.

Aussitôt que l'unité primordiale de l'architecture et de la musique fécondée par la parole commença à se développer et à produire la variété dont elle contenait les germes, les arts primaires mêmes participèrent à ce mouvement, s'agrandirent, et donnèrent le jour successivement à tous les arts secondaires. Dans l'architecture, l'édifice multiforme et pyramidal de l'âge précédent produisit le temple, le palais et la nécropole, comme une triade magnifique enfantée par cette première unité. La pensée qui sépara le palais du temple répond à cette période civile dans laquelle la caste des guerriers se détacha de celle des prêtres, qui au commencement lui était associée. De même la suprématie du palais, devenu habitation royale, sur le temple, et sa grandeur magnifique, se combinent historiquement avec la supériorité politique que la caste des soldats acquit sur les prêtres. Aussi les emblèmes de la demeure royale n'étaient point religieux comme ceux des sanctuaires, mais militaires et civils. Le palais et le temple, qui représentaient les deux premières castes dépositaires et gardiennes de la civilisation, devinrent le centre de la ville agrandie, monarchique et sacerdotale. Quelquefois même, lorsque le pouvoir des prêtres et des soldats était nivelé par une espèce d'équilibre, il y eut deux villes distinctes dont l'une était royale et civile, l'autre sacrée et sacerdotale, telles, par exemple, que Ayodyha et Kasi, Myaco et Yeddo, Amritsir et Lahore, Bagdad et La Mecque, Persépolis et Ecbatane ou Suse, Cholula et Tenoctitlan ou Tezcuco, Iraca et Tunja. Mais lorsque les soldats prévalurent, la ville royale et guerrière obscurcit l'éclat de la ville hiératique, comme on peut le voir par exemple dans la Babylone mésopotamique et dans la Thèbes égyptienne, qui prirent le premier rang dans les âges glorieux et conquérants de Nabuchodonosor et de Sésostris. Babylone, au temps du moins ancien de ces princes, était quadrangulaire et se déployait au large sur les deux rives de l'Euphrate : son aile occidentale, qui était la plus antique, contenait au sud-ouest le fameux temple de Bélus, et la partie orientale, devenue le siège du monarque, conserve encore aujourd'hui les traces de ces royales délices en trois énormes monceaux de ruines [1]. L'Égypte eut aussi sa ville sacrée dans l'éthiopienne Méroé, qui était un groupe de temples et de colléges hiératiques, mais dont l'éclat pâlit lorsque le double rivage du Nil vit poindre les féeriques merveilles de la Thèbes égyptienne. Les palais de Karnac et de Louqsor, qui surpassent en grandeur les autres merveilles de la Thébaïde, formaient avec leurs

---

[1] Ker-Porter, *Travels*, tome II, pag. 337 et 388. Heeren, *De la polit.*, tome II, pag. 174 et 216.

annexes presque deux villes réunies ensemble par des allées immenses et majestueuses de colosses qui représentaient le sphinx de la fable. Chacun des édifices avait sous sa dépendance un ou plusieurs temples qui étaient destinés à l'usage du pharaon, et se présentaient comme un simple accessoire de la demeure royale. Près du palais on voyait le jardin ou *paradis* qui encore de nos jours joue un grand rôle dans les mœurs de l'Orient, et où l'art se mêle et rivalise avec la nature. Personne n'ignore que les jardins *anglais*, qui ont été connus par les Italiens dès le xvi⁰ siècle et peut-être même avant cette époque, remontent à une haute antiquité en Asie, et surtout en Chine : leur usage n'était pas même étranger au goût des anciennes populations de l'Amérique. On peut voir les descriptions des jardins magnifiques de Netzahualcoiotl, et en particulier de celui de Tezcotzinco qui dépassait tous les autres en beauté [1]. L'usage de ces délices nous ramène jusqu'à l'âge de la fable et à ce célèbre jardin des Hespérides dont Scylax a fait la description [2], et nous rappelle en même temps ces vergers et Édens naturels qu'on trouve en Orient, et dont quatre conservent encore leur ancienne renommée [3]. Hegel se moque avec raison de ces imitations prétentieuses de la nature qui sont aujourd'hui de mode ; il préfère à ce faux naturel une régularité et une symétrie architectonique. La variété judicieuse des jardins orientaux est également éloignée de ces deux extrêmes ; elle imite les véritables beautés de la nature sans la copier d'une manière puérile, et évite cette eurythmie froide, monotone, qui

---

[1] Ixtlilxochitl, *Histoire des Chichim.*, P. I, chap. XLII.
[2] Scyl., éd. Gronov., page 110.
[3] D'Herbelot, *Bibl. Orient.*; La Haye, 1777, tome II, page 108 ; tome III, page 17.

ôte presque aux plantes qui embellissent ces lieux de plaisance, et aux ruisseaux qui les arrosent, toute espèce de liberté et de vie. Un homme de goût, par exemple, préférera toujours le jardin de Boboli à celui des Tuileries, et sera moins charmé par la majesté royale de celui-ci que par la simplicité et la variété champêtre et naïve de l'autre.

La troisième conception de l'architecture parvenue à sa maturité fut la nécropole, ou la ville des morts, qui se dressait à côté de la ville des vivants, comme on le voit encore à Cyrène, à Persépolis et à Thèbes ; tandis que dans l'époque précédente l'hypogée des prêtres occupait le centre de la structure pyramidale. Deux manières de sépulture, à ce qu'il paraît, furent en usage anciennement, selon que les nations appartenaient par leur origine à la souche chamitique ou japhétique. Chez les Chamites, comme par exemple dans la Mésopotamie, dans l'Égypte septentrionale, dans l'Éthiopie, dans l'Asie Mineure, dans la Grèce et dans l'Italie anciennes, les morts étaient pour la plupart ensevelis dans des édifices ou des tertres qui s'élevaient sur le sol. On peut en trouver un exemple dans les pyramides de la Nubie et de l'Égypte inférieure, dans le temple de Bélus, dans les sépulcres dont on voit encore les restes dans plusieurs ruines étrusques, dans les tombeaux de Porsenna, de Dercennus, de Patrocle, d'Hector et d'Alyatte qui nous restent, ou qui sont décrits par les anciens. Parmi les populations japhétiques de l'Inde, de la Perse, de la Thébaïde et de l'Asie inférieure, on avait l'habitude contraire d'*enterrer*, au pied de la lettre, les cadavres en les plaçant sous terre ou dans des excavations naturelles ou artificielles pratiquées dans les plaines et dans les montagnes. Quelquefois même les deux genres de sépulture (dont on peut voir le contraste en comparant les catacombes de Thèbes avec les pyramides de Memphis) étaient mêlés ensemble d'une certaine manière dont on peut se faire une idée en examinant les ruines magnifiques de Cyrène, de Ptolémaïs, de Teuchire, de Telmesse et de Petra. Il faut cependant remarquer que les excavations ne furent point bornées à l'usage des morts, puisqu'on les employait souvent comme des maisons au service des vivants, ou comme des temples en l'honneur des dieux : tel fut le but des grottes artificielles d'Ibsamboul en Nubie, d'Ellora, d'Elephanta, de Salsette, de Karli dans l'Inde, et des curieuses villes troglodytiques d'Indchiguis en Thrace, d'Ipsica en Sicile et de Bamian ou Galgala dans le Khorassan oriental.

La musique, entravée par l'usage, les lois religieuses ou politiques, l'autorité des prêtres et des législateurs, qui se gardaient bien de livrer un art si puissant sur le cœur de l'homme au caprice des particuliers, fit moins de progrès. On observe ce fait non-seulement en Orient, mais aussi en Grèce, et surtout chez les Doriens, qui donnèrent à l'harmonie une importance politique, et même une valeur religieuse, et suivirent l'exemple des Égyptiens, qui employèrent plusieurs siècles pour passer de la lyre à trois cordes au décacorde. La peinture et la sculpture eurent le même sort et ne parvinrent jamais en Orient à se délivrer tout à fait de l'embarras des symboles. La poésie elle-même fut soumise en Égypte à cet esclavage ; aussi la poésie épique et dramatique fut inconnue aux Égyptiens, ou au moins elle n'atteignit jamais cette haute perfection qui imprime sur les œuvres du génie le cachet de l'immortalité. La lyrique fut, sans aucun doute, la poésie la plus ancienne, et ses premiers essais, nés avec la parole et le son, firent partie du livre national et sacré : l'hymne fut la première ode et la première chanson. Mais les vers lyriques qui précèdent le poëme épique ne sont qu'une poésie enfantine qui n'atteint presque jamais la virilité de l'art avant que l'épopée soit parvenue à son comble : l'histoire de toutes les littératures l'atteste. La poésie mûre et parfaite, la poésie par excellence, la poésie mère, qui a avec les autres genres de composition poétique les mêmes rapports que le tronc d'un arbre avec ses branches et le tout avec les parties, la poésie adulte, dis-je, dont la conception dramatique est la fille aînée, c'est l'épopée orientale qui, en grandeur, en étendue et en magnificence, est très-supérieure à l'épopée grecque. L'Inde nous en fournit deux modèles dont la date précise est incertaine, mais qui appartiennent sans aucun doute à cette époque où le génie libre et japhétique des adorateurs de Brahma et de Vichnou avait pris le dessus sur l'esprit farouche et cruel du sivaïsme primitif. Le Ramayana et le Mahabahrata sont le récit d'une histoire divine, dans laquelle les événements humains ne figurent qu'en sous-ordre avec les opérations des dieux, de la même manière que la cosmogonie est subordonnée à la théogonie dans le système des émanatistes. Cette histoire divine étant dans le fond la même qu'on voyait exprimée par les symboles des temples (tels, par exemple, que les sanctuaires creusés du Dekan), et ayant sa base dans les traditions nationales et dans le livre prétendu divin, l'épopée fut en conséquence *l'exposition parlée du développement divin dans le monde, représenté par les symboles architectoniques, conservé par la tradition, et enseigné premièrement à l'aide de la parole musicale et du livre par excellence.* Ce développement de Dieu dans le monde revêtu de formes poétiques, et plié aux exigences de l'imagination, nous explique l'*avatar* des mythes hindous et les règnes divins et héroïques de toutes les anciennes mythologies, qui servirent de fondement aux poëmes épiques depuis Homère jusqu'à Firdousi. Ainsi l'*avatar* pris dans un sens assez large pour exprimer l'idée de l'émanation commune à toutes les fausses croyances, et séparé des accessoires acroamatiques et des ornements exotériques propres de l'Inde, convient à toutes les épopées hétérodoxes ; car ce genre de poëme fut partout et en tout temps le récit poétique d'un *avatar*, comme le temple en fut l'image muette, comme le rituel religieux et le livre sacré en furent la représentation mimique et l'exposition savante. Cette définition convient non-seulement à l'épopée religieuse et hiératique de Valmiki et de Vyasa, mais aussi à l'épopée héroïque et guerrière d'Homère et de Firdousi, quoique dans cette dernière l'idée de l'émanation paraisse moins à découvert, et souvent même soit effacée par les fictions arbitraires et capricieuses du poëte. Cependant en tout cas le protagoniste du poëme épique est un homme divin, doué de vertu surnaturelle, chef d'une entreprise nationale, religieuse, cosmopolitique, où interviennent les puissances du ciel et celles de la terre, où elles se mêlent et donnent occasion à la lutte de toutes les forces du monde. Le héros grec ou persan conserve encore quelque chose de céleste, et apparaît à nos yeux, pour ainsi dire, comme un *avatar* voilé et obscurci, qui nous rappelle son origine de la même manière qu'Achille et Roustem nous font ressouvenir de Rama et de Krichna. L'épopée hiératique fut inspirée par la sculpture symbolique des temples sous la domination des pontifes : l'épopée guerrière naquit d'une manière analogue sous l'empire de la caste guerrière, et le génie de ceux qui la conçurent fut probablement aidé par les emblèmes héroïques qui décoraient la demeure royale du chef de l'armée.

Ainsi le développement du Beau commença lorsque le procédé organique fut assez mûr pour que la conception du temple et de l'épopée sortît des germes qui la contenaient et prit une existence distincte et séparée. Cependant cette séparation, loin de briser l'unité originelle des arts, la conservait et la représentait ; car toutes les branches de l'art se réunissaient dans le temple, comme tous les genres de la littérature et de la poésie étaient résumés par l'épopée. D'ailleurs le temple et l'épopée se rattachaient à l'unité de la parole religieuse par le double rapport du contenant extérieur et du contenant intérieur, dont le dualisme répond à celui de l'architecture et de la musique. Dans cet âge primitif les différentes ramifications des lettres et des beaux-arts n'étaient point éparpillées et indépendantes les unes des autres : elles constituaient un seul tout harmonique et une espèce de *cosmos* artificiel, qui rivalisait avec la nature dans ses parties et dans son ensemble. Et il ne faut pas s'étonner si l'hétérodoxie ancienne a d'abord gardé cette unité qui ne fut brisée que dans la suite ; car le génie oriental, même au milieu de ses aberrations, conserva toujours son caractère primitif et synthétique. La séparation absolue des arts, qui fut l'œuvre de l'analyse et de la période historique où la domination politique passa de l'unité sacerdotale à la pluralité laïque, appartient à l'Occident et à une époque beaucoup moins ancienne. Le procédé du développement esthétique répondit à celui de la vie civile ; et comme le patriarcat primitif fut supplanté par le régime des castes avec la suprématie des prêtres, par laquelle l'état patriarcal se développa tout en conservant un reste de l'unité antique, de la même manière, dis-je, le temple quadrilatère, la pyramide et la ville quadrangulaire (qui répondait à la tétrade des castes et à la division quaternaire du livre prétendu divin, tel que les Védas, dont l'Atarva, comparativement moderne, remplaça un livre plus ancien), et l'épopée une et multiple, comme le gouvernement des castes, succédèrent à l'édifice multiforme et au livre encyclopédique des origines. La synthèse esthétique des premiers temps fut un reflet de l'unité religieuse morale et politique de l'espèce humaine ; car les différents arts (nous l'avons déjà remarqué) sont les dialectes d'une langue mère, comme les différents idiomes qui accompagnèrent la dispersion des peuples furent *disjecta membra* d'un langage primitif. Aussitôt que l'unité s'effaça dans les idées, dans les institutions et dans les langues, les œuvres de l'imagination participèrent au même sort ; la peinture, la sculpture, la poésie, la musique, séparées de l'architecture, sortirent de leur domicile naturel, qui était le sanctuaire, se répandirent dans la vie civile, perdirent leur caractère public et sacré, et devinrent casanières et profanes. Si cette division leur fut utile en les émancipant du joug incommode des symboles et de l'empire tyrannique du sacerdoce hétérodoxe, elle leur fit d'autre part un dommage considérable. C'est de ce schisme introduit parmi les arts que naquit ce que Hégel appelle défaut de situation, qui, selon les dogmes panthéistiques de cet auteur, a été l'état originaire de l'art. Le défaut de situation est requis dans les symboles qui expriment une vérité objective, immanente, destituée de succession temporaire ; mais dans les arts il implique une sorte d'imperfection, car il suppose que l'ouvrage esthétique a été détaché de son siége primitif, dépouillé de ses rapports naturels, et exilé, pour ainsi dire, de la maison paternelle.

La division des lettres et des beaux-arts s'introduisit dans l'antiquité au fur et à mesure que les classes inférieures de la société remplacèrent le sacerdoce déjà affaibli par la domination militaire. La poésie dramatique, la lyrique guerrière, érotique, civile, la satire, l'élégie, l'éloquence, l'histoire, les différents arts figuratifs répondirent à la transformation successive de la société hiératique en communauté séculière. C'est de la même manière que la philosophie sortit de la théologie, et que la science naquit de la foi. L'alliance de l'érudition avec la littérature produisit le genre mixte de la poésie didascalique et de la philosophie poétique ; car l'antique sagesse des penseurs hindous et de la plupart des philosophes de la Grèce, depuis Thalès jusqu'à Socrate, fut associée à la poésie. Mais la transformation ne fut jamais complète en Orient, parce que la classe des laïques n'y parvint jamais à secouer entièrement le joug des prêtres : aussi l'union primitive des arts et la confusion postérieure enfantée par l'émanatisme y survécurent toujours plus ou moins, et on en trouve les restes même aux époques où elle paraît être comparativement effacée. Ainsi, par exemple, dans l'Inde le règne de Vykramadythia appartient à cette époque de maturité sociale dans laquelle les lettres tendent à se diviser, et répond au siècle de Périclès dans la Grèce. Néanmoins, si l'on compare Sophocle avec Kalidasa, on voit combien la division esthétique a été moindre sur les rives du Gange que sur les bords de l'Ilissus et du Céphise. La synthèse des arts et des lettres domine encore tellement dans l'Inde de cette glorieuse époque que la cour poétique de

Vykramadythia et sa brillante pléiade nous rappellent la période des Ptolémées, et la littérature alexandrine qui essaya de reconstruire l'accord primitif des images et des idées. Mais une civilisation vieillie essaye en vain de remonter à ses principes; aussi l'école d'Alexandrie, à l'instar de plusieurs sectes modernes, ne réussit qu'à produire sous des mots prétentieux et retentissants un mélange indigeste d'éléments hétérogènes, et à éteindre complétement ces harmonies de la science et ces grâces de l'expression qu'elle visait à faire revivre.

Pour retrouver la division des beaux-arts et des lettres accomplie, et voir les derniers progrès du Beau hétérodoxe, il nous faut visiter les régions occidentales et le siége de la civilisation italo-grecque. Les deux côtes de la Méditerranée, depuis l'embouchure du Bætis jusqu'à celle du Nil, paraissent avoir été habitées et civilisées, dans l'âge qui suivit immédiatement la première dispersion des peuples, par une nation chamitique, dont la fable des Atlantes conserve un obscur souvenir. Cette fable, qui est aujourd'hui rejetée par les savants dont la riche érudition n'est pas accompagnée par un peu de philosophie, contient, à mon avis, quelque élément de vérité. Les recherches que j'ai faites sur cette tradition ancienne me portent à croire que les Atlantes furent probablement une branche de cette grande race qui, avant Abraham, s'étendit depuis l'Inde et peut-être de la Chine australe jusqu'aux Canaries, créa la première civilisation qui eut lieu après le déluge, et fut en partie détruite, en partie dispersée et réduite à l'état barbare par quelques grandes catastrophes naturelles qui eurent lieu à peu près vingt siècles avant notre ère. Moïse nous fournit quelques indications générales sur l'origine, la culture et les malheurs de cette vaste famille, sans en donner cependant l'ethnographie complète; car les tables mosaïques, qui sont un miroir exact des nations contemporaines du législateur hébreu et plus ou moins connues aux Israélites, ne remontent aux peuples éloignés de temps ou de lieu, qu'autant qu'il est nécessaire pour montrer leur descendance du rénovateur unique de toute l'espèce humaine. Cette raison nous explique pourquoi Moïse en parlant du monde occidental ne fait aucune mention détaillée de ses habitants, à l'exception de la branche japhétique des populations indo-germaines qui le possédait à cette époque, après l'extermination ou la fuite des indigènes, dont quelques restes seulement s'étaient incorporés à la race victorieuse. Les Javanites en effet (les Jons de l'Asie Mineure et de la Grèce) étaient cette même race japhétique et blanche, *audax Japeti genus,* qui sortit de l'Iran, remplaça les Chamites de la Mésopotamie, de la Perse australe, de l'Égypte et de l'Inde, et fonda sur les ruines de la société antérieure une civilisation nouvelle. Il ne faut donc pas s'étonner si le nom de Javan est un des plus universels de l'antiquité et s'étend depuis l'Inde [1] jusqu'aux pays les plus occidentaux, comme un symbole de la race indo-germanique; de la même manière que les noms des Éthiopiens et des Atlantes, qui ont une étendue géographique aussi considérable, représentent deux ramifications importantes de la lignée chamitique. Les Javanites eurent plusieurs noms selon les pays habités par eux : au nord de l'Oxus, de l'Hæmus et des Alpes, ils portèrent celui de Scythes, et sur les côtes méditerranéennes celui de Pélasges. Un auteur ingénieux, M. Mazzoldi, s'éloigne, selon moi, de la vérité, lorsqu'il

---

[1] Lassen. *Comment. de Pentapotamia Indica.* Bonnæ, 1827, p. 58-61.

identifie les Pélasges avec les Atlantes[1] ; car les débris de mythologie et d'histoire qui nous restent sur ce sujet nous indiquent en eux deux races ennemies, distinctes et non contemporaines en fait de civilisation et de puissance, et correspondantes aux deux cycles fabuleux de Jupiter et de Saturne, dont celui-là est pélasgique, celui-ci atlantique et associé avec le cycle antérieur d'Uranus, qui fut commun à tous les peuples et même aux Chinois, parce qu'il précéda l'époque de la dispersion. Outre l'Italie et la Grèce, l'Espagne même ne fut point étrangère à la prospérité, aux combats et aux malheurs de ces deux races. Ces admirables Turdetains, dont nous parle Strabon[2], qui avaient des livres d'histoire, des poëmes anciens et des lois écrites en vers, et composées, selon eux, depuis six mille ans, et les Cantabres ancêtres des Euskariens modernes, dont la langue diffère essentiellement de tout idiome japhétique, ne peuvent être rattachés à aucune famille aussi bien qu'à celle des Chamites. Au contraire, les Ibères, dont la domination est plus récente, qui donnèrent le nom à toute la Péninsule, et, mêlés en partie avec les Celtes issus de la même souche indo-germanique, produisirent les Celtibères, étaient frères des Pélasges ; ce qui nous explique le rapport de quelques noms géographiques de l'ancienne Espagne avec ceux des pays celtiques et pélasgiques[3]. Les dénominations successives du détroit de Gibraltar, qui porta

---

[1] *Delle orig. ital.* Milano, 1840, pass.

[2] *Lib.* V.

[3] *Mém. de l'Institut de Fr.*, tome VII, page 526, seq. WILL. HUMBOLDT. *Prüfung Untersuch. über die urbewohn. Hispan. vermit. der Vaskischen Sprache.* Berlin, 1821 ; passim.

d'abord les noms de Briarée et de Saturne, et ensuite celui d'Hercule, font également allusion aux vicissitudes des deux races, et à ces révolutions naturelles qui détruisirent la première ; car les Hercules de la Phénicie, de l'Égypte, de la Gaule et de la Grèce, sont des personnages sémitiques ou pélasgiques postérieurs aux Atlantes et aux Titans de souche chamitique, et la victoire de l'un de ces Hercules sur Géryon exprime l'empire successif et la lutte des deux races dans la Péninsule. Il paraît que cette domination et ce conflit s'étendirent jusqu'aux Hespérides où, avant le quinzième siècle, la race noble, féodale et hiératique des Guanches Achimenceys, dont la taille était belle et svelte, les cheveux blonds et l'esprit vif et cultivé, indiquait avec ses croyances, ses institutions et ses caractères physiques, une origine japhétique fort différente de celle des Achicaxnas, selon qu'il paraît par l'inspection de leurs momies [1]. Les noms mêmes de Titeroigotra et d'Atlantique, donnés l'un à Lancerote et l'autre à la *mer ténébreuse* des écrivains orientaux, nous rappellent les Titans et cet Atlas, mont et dieu, assujetti à Uranus, c'est-à-dire au ciel, et type de la pyramide chamitique, qui, en parcourant de l'ouest à l'est les côtes africaines de la Méditerranée, qui était l'Océan de ces âges, et frappé ou menacé par les flots de cette mer, symbolisait les deux races parallèles et ennemies, dont l'une était australe et l'autre septentrionale, l'une terrestre et habitatrice des montagnes, l'autre maritime et dominatrice des eaux, c'est-à-dire des Atlantes ou Titans et des Océanides ou Pélasges, dont la lutte finit avec la ruine de l'Atlantide sub-

---

[1] Humboldt. *Voyage aux Rég. équinox*. Paris, 1814, tome I, pag. 84, 85, 128, 189 et 194.

mergée par une révolution *pélagique*, c'est-à-dire par la victoire du peuple navigateur sur la race montagnarde et par des événements extraordinaires de la nature. Ainsi, plusieurs siècles avant que la Méditerranée vît le combat de Rome et de Carthage, et le triomphe des légions militaires sur les flottes marchandes, cette mer avait vu un spectacle semblable avec une réussite tout à fait différente. Il est vrai que les Carthaginois, phéniciens d'origine, appartenaient aussi, d'un certain côté, à la souche chamitique (car les Phéniciens furent sémites par la langue et en partie chamites par la race) : d'où il suit que les vainqueurs, dans les deux cas, furent de sang japhétique, selon la prophétie de Noé sur la destinée de ses descendants.

Nous avons donc deux nations de race différente placées sur les côtes de la Méditerranée dans l'intervalle qui sépare les temps de Phaleg de ceux d'Abraham. L'une de ces nations, placée plus au sud, paraît avoir possédé le littoral de l'Afrique, l'Italie et l'Ibérie méridionales, et cette terre mystérieuse qui, placée probablement dans notre mer[1], fut submergée par une grande catastrophe volcanique qui plusieurs siècles après le déluge bouleversa pour la seconde fois une partie du globe, et donna occasion au mythe égyptien qui fut porté en Grèce par le législateur des Athéniens, et embelli par le génie de Platon. L'autre, placée d'abord plus au nord et demi-barbare, s'avança vers le midi, s'assit sur les ruines des Atlantes déjà abattus par ce grand désastre, et devint puissante sur la mer, comme sa rivale, selon le caractère des nations chamitiques,

[1] Ouvrage cité, chap. 17.

avait été grande sur la terre. Mais les Pélasges se subdivisaient en plusieurs populations dont les rites, les dialectes, les mœurs et les institutions étaient assez différents, et qui n'avaient entre elles que les ressemblances qu'on trouve entre les différents rejetons d'une seule souche, et qui diminuent au fur et à mesure qu'on s'éloigne de la première origine. Une partie d'entre eux, mêlée avec les Chamites vaincus, s'enrichit de leurs institutions tout en les modifiant et en les adaptant à sa propre nature, comme cela eut lieu en Orient lorsque les Japhétiques de la Perse, de l'Égypte et de l'Inde, après avoir subjugué la race maudite et noire, héritèrent de sa culture ; car il est naturel que le peuple conquis exerce une influence morale sur le conquérant lorsque celui-ci est moins civilisé ou plus barbare. Et comme en Orient cette combinaison produisit le brahmanisme indien, le dualisme de Zoroastre et le système hermétique, où le mélange des idées chamitiques avec les idées japhétiques est évident, de même une semblable synthèse eut lieu en Grèce, dans l'Ibérie, et surtout en Italie, qui dut être le siége principal de la civilisation pélasgique [1].

---

[1] C'est là l'opinion de M. Mazzoldi, avec lequel je suis d'accord sur ce point, tout en distinguant les Atlantes des Pélasges. L'ouvrage de cet estimable écrivain contient, selon moi, deux erreurs principales : 1° la confusion des Chamites avec les Japhétiques ; 2° l'origine italienne de la civilisation orientale. Cette dernière opinion est contredite par les témoignages historiques et les inductions ethnographiques les plus authentiques et les plus incontestables. Les Chamites et les Japhétiques civilisés peuplaient l'Orient aussi bien que l'Occident lorsque les Atlantes et les Pélasges possédaient déjà le littoral de la Méditerranée, et ces différentes civilisations eurent un seul principe commun à tout le genre humain, antérieur à la dispersion, et parfaitement oriental.

C'est à cette combinaison qu'on doit attribuer l'ancienne culture des Sicules, des Campaniens, des Étrusques, des Aurunces, des Crétois, des Samothraces, etc., et les arts, les lettres, les sciences par lesquels se distinguèrent Agrola, Hyperbius, Orion, Dédale, les Cyclopes, les Cabires, les Curètes, les Corybantes, les Carcines, les Telchines, les Dioscures, les Sinthyes, les Dactyles et les autres hiérocraties fondatrices des mystères religieux, des institutions civiles, et des admirables structures polygonales de l'Italie et de la Grèce. Un troisième élément concourut à enfanter cette civilisation pélasgique d'où sortirent en grande partie celles des Latins et des Hellènes, c'est-à-dire les colonies orientales que quelques critiques modernes ont mises en doute, mais sans fondement; car, en laissant de côté la controverse des érudits sur la véritable patrie d'Inachus, les migrations de Cadmus, de Cécrops et de Danaüs, qui portèrent en Grèce des idées phéniciennes et égyptiennes, peuvent être difficilement rejetées, puisqu'elles résultent de la ressemblance des fables et des doctrines. Et comment les côtes de la Méditerranée auraient-elles pu échapper à l'influence de ces hardis Phéniciens dont le commerce s'étendait jusqu'aux Cassitérides, et peut-être jusqu'aux rivages de la Sénégambie et de la mer Baltique, et qui remplirent toutes leurs échelles commerciales de riches et puissantes colonies? Mais cette civilisation égyptienne et phénicienne se distingue de celle que les Chamites d'Occident et d'Orient avaient possédée avant Abraham, car elle contient ce mélange d'éléments chamitiques et japhétiques qui fut porté en différents pays par les hiérocraties indogermaniques des Chaldéens, des Sabiens, des Mages et des Brahmes. On ne doit donc pas s'étonner si les religions compliquées de ces peuples, transplantées en Italie et en Grèce, et mêlées avec celles des Atlantes et des Pélasges, produisirent dans la suite des temps la mythologie riche, mais confuse et contradictoire, du polythéisme grec.

A la même époque que la civilisation pélasgique mûrissait dans l'ombre, il y avait sur les montagnes de l'Illyrie, de la Thessalie, de la Macédoine et de la Thrace, des populations qui appartenaient également à la souche pélasgique, autant qu'on peut le conjecturer par les traditions et les débris de leurs langues [1]. Quelques-uns de ces montagnards étaient encore plongés dans la barbarie ; mais d'autres, comme quelques tribus helléniques, et surtout les Doriens, possédaient des éléments d'une culture pélasgienne sans aucun mélange chamitique, qui remontait aux premières migrations des Javanites de l'Occident. Le plus illustre et le plus important de ces rudiments civilisateurs était l'idée du *Théos*, c'est-à-dire du véritable Dieu, que les Pélasges purs de la péninsule illyrique adoraient à Dodone avant que l'émanatisme des Orientaux dénaturât cet oracle, en y mêlant les croyances superstitieuses dont le mythe de la colombe rapporté par Hérodote [2] était le vivant symbole. Le *Théos*, c'est-à-dire le Jupiter primitif des Pélasges, n'était point une notion claire et distincte, mais obscure et confuse, du véritable Dieu, dont le souvenir avait survécu à la corruption de l'enseignement traditionnel ; et comme cette notion, étant incomplète, n'embrassait plus

---

[1] Malte-Brun. *Ann. des Voyages.* Paris, 1808, tome I, pag. 193, seq.; tome III, pag. 145, seq. *Préc. de Géogr. Univ.*, liv. 118.

[2] Hérod., II, 55-58.

l'idée de création, sans laquelle il est impossible d'organiser la formule idéale, elle restait inféconde et était incapable d'engendrer la religion et la science [1]. Nous trouvons un vestige de cette connaissance chez plusieurs autres peuples hétérodoxes anciens et modernes, et même chez quelques populations barbares ou sauvages de l'Afrique, de l'Amérique et de l'Océanie; et il suffit de se rappeler le *Dieu inconnu* des Athéniens et le *Tloque Nahuaque* des premiers Toltèques, que Netzahualcoiotl adorait en secret sans oser le préférer publiquement aux abominables divinités des Culhuas [2]. Mais chez les branches pélasgiques dont je parle, l'idée du *Théos* occupait une place plus marquée dans la pensée des individus et dans l'esprit de la société; aussi, quoiqu'elle ait été inféconde par la raison que nous venons d'indiquer, on ne peut lui refuser l'honneur d'avoir exercé une certaine influence sur les croyances de la multitude et sur les opinions des sages. La doctrine orientale se résout presque toujours dans un émanatisme ou un panthéisme pur, tel par exemple que celui des *Vedas*, du *Darma-Sastra*, des deux *Sankhya*, du *Vedanta*, du *Tao-te-king*, et des sectes hermétiques, bouddhistes, chaldéennes, tandis que dans les écoles grecques le panthéisme est souvent tempéré et voilé de telle manière qu'il est difficile de le reconnaître au premier coup d'œil; comme on s'en convaincra, par exemple, en lisant les ouvrages d'Aristote et de Platon. La même observation est applicable à l'école chinoise de Confucius et à la secte iranienne de Zoroastre, où l'émanatisme a reçu un grand nombre de modifications comme chez

---

[1] *Introd. allo stud. della filosofia*, lib. I, cap. V et VII.
[2] VEYTIA, tome I, page 176. IXTLILXOCHITL, page 1, chap. 45.

les Grecs, et qui sont peut-être les seuls exemples un peu illustres de ce genre qu'on trouve en Orient.

On peut conclure de ces prémisses que l'ancienne sagesse italo-grecque se compose de deux éléments distincts, dont l'un était demi-orthodoxe, occidental, et tout à fait pélasgique, et dont l'autre était hétérodoxe, oriental, en partie indigène et chamitique, en partie étranger, colonial, et provenant des idées et des institutions mixtes des nations indo-germaniques de l'Orient. La divergence et la lutte de ces différentes civilisations se laissent entrevoir dans l'histoire de la philosophie et de la littérature grecques, depuis Hésiode et Homère jusqu'aux Alexandrins, qui essayèrent de les mêler ensemble avec leur éclectisme, en assignant toutefois le premier rang aux doctrines de l'Égypte et de l'Asie. Cette supériorité de l'élément oriental perce aussi dans Hésiode et chez plusieurs philosophes antérieurs à Socrate, quoique chez d'autres, tels par exemple que les Pythagoriciens, la doctrine pélasgique et dorienne brille d'un éclat plus pur. Dans Homère et dans quelques écoles ioniennes cette doctrine n'ose point encore se montrer à découvert; mais elle est expressément enseignée par Socrate, et c'est là la cause du combat livré à ce grand homme par le sacerdoce corrompu et les croyances populaires de son époque. C'est de cette variété et de cette opposition d'idées et de principes qui se mêlaient, se faisaient la guerre et se modifiaient réciproquement, que naquirent la liberté et l'originalité du génie hellénique dans toutes ses branches, la décadence et la ruine de la hiérocratie grecque, et l'admission des classes séculières à l'administration des affaires publiques. Le dogme du *Théos* n'était point une croyance sacerdotale transmise par des traditions occultes, ni un axiome ou un corollaire scientifique, mais un simple souvenir conservé par la langue populaire et par le sens commun, où Anaxagore, Socrate et plusieurs autres philosophes le puisèrent, pour l'introduire dans l'enseignement des écoles. C'était là une opinion populaire et exotérique qui resta incorporée avec le *demos* autant de temps que la superstition croissante le lui permit, et qui fut combattue par la hiérocratie, les sociétés secrètes de l'époque et le bas peuple, dont la crédulité est toujours au service de ceux qui le gouvernent. Le dogme du *Théos* eut dans ce cas le sort commun de toutes les anciennes croyances nationales lorsqu'elles sont combattues et suffoquées par les opinions exotiques des colons et des conquérants. Néanmoins, dans les commencements de la civilisation hellénique et latine, le dogme pélasgique contre-balança, jusqu'à un certain point, l'oligarchie des prêtres, l'empêcha de jeter de profondes racines et de s'emparer de la société tout entière, produisit les thesmophores laïques, tels que Lycurgue, Solon, Minos, Charondas, Zaleucus, Numa, Pythagore, et contribua à fonder le gouvernement républicain. Mais comme, dans les choses humaines, le bien est rarement exempt de l'alliage du mal, la guerre civile des deux doctrines, et la puissance de celle qui s'opposait au culte public et à l'autorité des prêtres, favorisèrent l'esprit démagogique, la licence et la discorde de la multitude, l'impiété des philosophes, la corruption des poëtes et du théâtre. Le sacerdoce lui-même en fut atteint dans ce qui faisait sa force et son indépendance ; car la lutte qu'il avait à soutenir le força à flatter le peuple et à s'appuyer sur lui pour conserver sa prépondérance. Toutes ces causes réunies empêchèrent les états helléniques de se former en corps de nation, et après la guerre déplorable du Péloponèse, elles aplanirent la route à l'ambition des rois de Macédoine, jusqu'à ce que la Grèce tout entière, et l'Italie avec elle, tombèrent sans remède sous le joug des Romains.

Les différences considérables qui séparent le génie esthétique oriental et le génie italo-grec ont besoin, pour être comprises, de la doctrine du *Théos*, qui a inspiré le second et qui est pour ainsi dire la clef qui nous ouvre le secret de ses origines. Le défaut d'union et d'accord dans les doctrines, l'abaissement du sacerdoce et la supériorité acquise par les classes laïques favorisèrent le perfectionnement des beaux-arts isolés et des différentes branches de la littérature, mais nuisirent à l'harmonie de l'ensemble. La peinture et la sculpture, détachées des parois et des profondeurs du sanctuaire et introduites sur les places, dans les jardins, sous les portiques, dans les gymnases, dans les curies, dans les thermes, sur les promenades, sur les routes publiques, et même dans l'enceinte de l'habitation domestique, acquirent une mobilité, une vie, une perfection qui étaient impossibles lorsqu'elles subissaient le joug des symboles et ne pouvaient point se mouvoir librement et disposer d'elles-mêmes. L'émanatisme rigoureux des Orientaux, en identifiant les arts nobles avec le temple représentatif de l'unité théocosmique, empêchait les artistes de se livrer à leur imagination et de reproduire exactement dans leurs ouvrages les types intelligibles des choses. La doctrine du *Théos*, au contraire, les débarrassa de ces liens incommodes en modifiant l'essence du panthéisme hiératique et des croyances religieuses. Le génie inventeur, devenu maître de lui-même, appliqua la même réforme à la littérature; il sépara la prose de la poésie, fixa les lois de chaque genre de style, distingua les différentes espèces de compositions et assigna à chacune d'elles les règles qui doivent la restreindre. La poésie dramatique, qui, en sortant de l'épopée, conservait encore, sous la main d'Eschyle mystagogue et pythagoricien, une couleur lyrique et épique, religieuse et sacerdotale, prit dans celles de Sophocle et d'Euripide une physionomie différente et plus précise. Le même changement eut lieu peu à peu à l'égard de la comédie ancienne et nouvelle, des différentes espèces d'ode, de l'élégie, du dithyrambe, de la satire, de l'églogue, de l'idylle, de l'apologue, de l'épigramme, du poëme didascalique, du dialogue et des différents genres d'histoire et d'éloquence. Mais s'il y eut progrès du côté de l'analyse, on rétrograda à l'égard de la synthèse. Le temple perdit avec sa suprématie esthétique la magnificence de ses emblèmes et la grandeur colossale de ses dimensions : sublime dans l'Éthiopie, dans la Thébaïde, dans l'Asie Ultérieure, il garde encore une partie de sa majesté à Palmyre, à Héliopolis de Syrie et à Éphèse; mais dans l'Attique il ne conserve que la beauté. De même l'épopée primitive fut changée en poëme épique, dont le genre est sans doute admirable, mais aussi éloigné de l'ampleur et de la magnificence de la composition plus ancienne, que le caractère des peuples de l'Occident diffère du génie des nations orientales.

La multiplicité et la différence des rites et des dogmes étrangers introduits parmi les Pélasges, produisirent une grande confusion dans leurs croyances et effacèrent la véritable signification des fables et des symboles : le polythéisme, qui est la seconde forme de l'hétérodoxie, prit la place du système de l'émanation. Le polythéisme, en introduisant d'une manière réfléchie dans le premier terme de la formule idéale la division, la multiplicité, les bornes, qui sont le propre du dernier, est autant nuisible au sublime qu'il peut être utile à développer le sentiment de la beauté sensible [1]. Homère, né à l'époque florissante du polythéisme grec, fit à quelques égards pour la poésie ce que Socrate, selon l'expression des anciens, réalisa vis-à-vis de la sagesse, en la faisant descendre du ciel sur la terre et en la mêlant à la conversation des hommes. Valmiki et Vyasa, au contraire, transportent pour ainsi dire la terre dans le ciel, et au lieu de changer les dieux en hommes, ils divinisent les mortels, en imprimant sur leur front ce je ne sais quoi de céleste et de surhumain qui leur était permis par les dogmes d'une religion dégénérée. Le véritable Dieu de l'Iliade et de l'Odyssée est le Jupiter indigène et pélasgique, dans lequel on entrevoit encore le reflet du Jao ou Jéhovah de Moïse; mais ce Dieu, qui n'est point poétique en lui-même, ne paraît point sur la scène, ne demeure point sur l'Olympe, n'intervient point au banquet de l'Éthiopie, ne descend point au milieu des hommes pour participer à leurs passions et se mêler à leurs batailles. Son idée s'adresse à la raison seule et ne parle point à l'imagination; aussi le poëte la nomme-t-il d'une manière lyrique sans la figurer et la représenter selon les priviléges de l'épopée. Le Jupiter olympique, égyptien, colon, hiératique, c'est-à-dire l'éther personnifié, l'époux peu fidèle de Junon, qui maltraite sa femme et estropie Vulcain, ce Jupiter, dis-je, et les immortels qui lui font la cour, ne sont point des personnages sérieux

---

[1] *Introd. allo stud. della filosofia*, lib. I, cap. VII.

et sacrés, mais des symboles dépouillés de leur sens primitif, des fictions gaies et comiques, dont le poëte lui-même se moque le premier pour amuser le lecteur avec cette railleuse et insouciante imagination qui exclut toute espèce de foi, et qui fut dans la suite appliquée au drame par Aristophane et par le plus grand poëte de l'Angleterre. Certes la cour divine de l'Iliade n'a pas plus de gravité que celle d'*Un Songe d'une nuit d'été*, et si les exploits héroïques des Hellènes et des Troyens, dont se compose la partie historique du poëme grec, ont plus d'importance que les intrigues amoureuses de Lysandre et de Démétrius ou les bons mots de l'artisan athénien et de ses compagnons, le ménage royal d'Obéron et de Titania n'est pas plus hétérodoxe et moins imposant que celui de l'Olympe. Ce défaut de foi et de ferveur religieuse, passé dans l'art, en porta les formes à un haut degré de perfection : les dieux grecs furent calqués sur le type de l'homme, selon le caractère d'un culte qui avait dégénéré en anthropomorphisme. La perfection esthétique de ces divinités consiste dans la forme extérieure et dans ces qualités morales qui sont en rapport avec la vie terrestre, telles, par exemple, que le courage, la fierté, la colère et les autres affections et passions naturelles. Mais l'élément divin en est absent : ce qu'il y a de plus beau et de plus élevé n'excède point la portée de l'espèce humaine dans son état actuel de décadence, et n'implique aucune espèce de progrès supérieur aux bornes sensibles où elle est renfermée. L'excellence de la langue grecque contribua à développer et à mûrir chez les Hellènes cette faculté qui s'appelle le goût et qui sert à saisir les types fantastiques des êtres dans leur plénitude ; et cet effet salutaire ne se borna pas seulement à la littérature, mais s'étendit aussi aux beaux-arts en vertu de cette espèce de fraternité qui lie ensemble toutes les branches du Beau [1].

[1] L'auteur ayant été assujetti à des bornes très-étroites dans la composition de cet ouvrage destiné à un recueil encyclopédique, et ayant même déjà dépassé celles qui lui avaient été prescrites, a dû omettre une partie importante de sa doctrine esthétique, c'est-à-dire, l'application de la doctrine des deux cycles créateurs à la science du Beau. Il se réserve de compléter cette partie de sa théorie esthétique par quelques indications insérées dans un ouvrage italien qui verra bientôt le jour.

(*Note communiquée par l'auteur.*)

CHAPITRE DIXIÈME.

DU BEAU ARTIFICIEL ORTHODOXE.

En abordant ce sujet, je ne parlerai point de l'art orthodoxe chez les Israélites, petite nation enclavée au milieu du paganisme et forcée à se renfermer en elle-même. Cette condition spéciale les empêcha de faire des progrès considérables dans les beaux-arts, autant par le défaut des moyens convenables que par le génie austère et éminemment moral qu'ils reçurent de leur législateur. Le développement de l'art, chez les nations anciennes, avait besoin du régime des castes tel qu'il était en Orient, ou de la démocratie turbulente qui régnait en Grèce : le gouvernement libre, mais sévère, du peuple élu à qui Dieu avait confié le céleste dépôt de la révélation primitive, n'était point compatible avec ce genre de progrès. L'interdiction du culte des images et, en conséquence, de l'iconographie religieuse, était aussi défavorable aux beaux-arts que nécessaire à l'accomplissement de la destinée de ce grand peuple placé dans une époque où le penchant à l'idolâtrie était universel, contagieux, et menaçait de détruire toute vérité sur la terre. Aussi, dans l'art, les Israélites furent plutôt des imitateurs sobres et judicieux sous les influences de cette providence supérieure qui embrassait toutes leurs affaires, qu'émules ou créateurs. Il n'en est pas de même de leur poésie ; car les écrivains sacrés, inspirés par une muse plus sublime que celle dont parle Platon, atteignirent le point le plus élevé dont le génie de l'homme soit capable, et, en ce qui regarde le sublime, restèrent sans rivaux et sans imitateurs. Le livre de Job est un poëme parfait, qui, par la richesse et la beauté des parties et la perfection de l'ensemble, est égal ou supérieur à l'Iliade, et, par la sublimité des images et du style, la dépasse d'une manière incontestable [1]. Mais ce sujet est si vaste et si noble que pour en parler convenablement il faudrait écrire un livre.

Le christianisme, en retirant la connaissance humaine vers ses principes à l'aide du dogme renouvelé de la création, et en régénérant la nature avec le prodige d'une rédemption divine, apprêta les remèdes convenables pour guérir nos facultés et contribua indirectement à améliorer la civilisation dans toutes ses parties. C'est de là que dérive son admirable

---

[1] Conf. *Job* et *les Psaumes*, trad. par Laurens. Paris, 1839.

aptitude à séparer en toute chose le mal du bien et à conserver et accroître les éléments salutaires, en les dégageant de tout mélange hétérogène. Aussi voit-on que lorsque la foi chrétienne pénètre dans un pays elle s'approprie la civilisation ancienne, et, en la purifiant de tout alliage, développe, mûrit et perfectionne tous les germes utiles qu'elle renferme. Ceci nous explique un fait mieux connu qu'analysé, c'est-à-dire le rapport historique de la civilisation chrétienne avec celle des nations gréco-latines; car la première de ces civilisations nous apparaît à quelques égards comme la continuation directe et le complément de l'autre. L'institution chrétienne n'a que des rapports fort éloignés avec celle de l'Orient; aussi les pays soumis à cette dernière ont toujours opposé une résistance tenace aux influences de l'Évangile. La civilisation italo-grecque, au contraire, se fondit avec le christianisme dès son commencement, d'une manière aussi naturelle que deux gouttes d'eau qui se confondent en s'approchant, et délivrée par lui de tout mélange impur, elle servit à corriger la barbarie du moyen âge, enfanta l'époque de la renaissance, produisit les progrès de l'âge moderne, et l'abondance de sa séve est loin d'être épuisée. Nous sommes chrétiens et grecs dans le même temps; nous le sommes par la langue, par le génie, par les mœurs, par les usages, par les institutions, par les sentiments. De là cette espèce de patriotisme qui nous lie aux descendants des anciens Hellènes, et cette consanguinité morale que nous avons avec eux et qui nous fait participer aux gloires de ce grand peuple comme à ses malheurs. De là le caractère grec de nos arts et de nos lettres, notre sympathie intellectuelle pour l'antiquité classique et le besoin où nous sommes d'étudier ses admirables modèles, moins en imitateurs qu'en émules. Quelques beaux esprits prennent occasion de ce fait pour nous accuser de paganisme, et font voir par leurs plaintes que ce n'est point leur faute si nous ne retournons pas à l'architecture gothique et à la littérature énergique, mais grossière, du moyen âge. Ces messieurs supposent que pour être chrétiens il faut redevenir barbares, ou bien qu'on doit rejeter cette partie de la civilisation ancienne qui, selon le langage des Pères, était une préparation du christianisme. Pourquoi, par exemple, le christianisme, né en Orient, fixa-t-il son domicile dans les régions occidentales, et dompta-t-il spirituellement l'Empire avant que Rome tombât sous les coups des barbares? Est-ce par un simple hasard que l'Italie, qui fut trois fois le premier siége de la civilisation pélasgique, devint le lieu de prédilection et pour ainsi dire la métropole de la chrétienté? En laissant de côté les causes de ce phénomène qui appartiennent à un ordre supérieur, on peut conjecturer que la Providence, qui se sert des moyens humains pour l'accomplissement de ses vues, fixa le centre du christianisme d'après ces convenances et ces affinités morales qui établissent une espèce de parenté entre la foi nouvelle et le génie des Pélasges, qui avaient conservé en dehors des ordres hiératiques un reste précieux de la révélation primitive. Ce reste, c'est la doctrine du *Théos* et du *Deus optumus maxumus*, qui était un fragment de la formule primitive et constituait ce christianisme naturel et cette préparation évangélique au sein du paganisme qui furent entrevus par Tertullien, par Eusèbe et par Clément. C'est surtout dans la branche dorienne et italique des Hellènes que cette doctrine avait été conservée; aussi plusieurs idées religieuses, philosophiques, politiques, esthétiques des Doriens, quoique viciées par l'alliage de l'émanatisme iranien et atlantique, ont une telle ressemblance avec les idées chrétiennes qu'il est impossible de ne pas voir dans les prémières une étincelle de la vérité primitive renouvelée et accomplie par les secondes. Et comme le génie dorien prévalut dans la philosophie grecque depuis Pythagore jusqu'à Platon et éclata surtout dans les doctrines platoniciennes, il ne faut pas s'étonner si les plus grands philosophes chrétiens des premiers siècles eurent une sympathie prononcée pour Platon, et si les liens les plus intimes rattachent les plus illustres écoles catholiques de tous les temps avec l'Académie d'Athènes. Pareillement dans les arts et dans les lettres l'esprit grec s'accorde si bien avec l'idée chrétienne, et l'eurythmie qui résulte de leur synthèse est si exquise et si parfaite, qu'on ne peut plus séparer ces deux choses, même dans l'imagination, lorsqu'on les a vues une fois réunies. Quel est le juge dont la finesse et le tact pourraient trouver quelque chose d'hétérogène dans une *Sainte Famille* de Raphaël, dans *la Charité* de Bartolini ou dans la Béatrix du Dante telle que ce grand écrivain l'a représentée dans son divin poëme? Eh bien! personne ne peut nier que la forme de ces chefs-d'œuvre ne soit parfaitement grecque et en même temps relevée par un rayon de cette beauté spirituelle qui, avant la lumière de l'Évangile, n'avait jamais brillé aux regards des mortels.

Le premier effet de la réforme chrétienne dans la sphère de l'art fut la restauration du sublime à l'aide du dogme de la création, qui est le seul principe de la sublimité dynamique et constitue la perfection de la sublimité mathématique. Le penchant au sublime est déjà marqué dans les premiers écrivains hagiographes, tels que saint Paul et saint Jean, et dans plusieurs écrivains ecclésiastiques, tels que Tertullien, Cyprien, Athanase, Jérôme, Augustin, Basile, Grégoire de Nazianze, Jean Chrysostome et Bernard. Mais comme, dans les œuvres des Pères, la forme est presque toujours subordonnée au contenu, et que dans quelques-uns d'entre eux, comme par exemple chez les latins, la décadence de la langue nuit souvent à la simplicité et à la beauté du style, les compositions de cette époque, toujours merveilleuses par la matière et quelquefois même par la diction, doivent être plutôt considérées dans leur généralité comme un travail préparatoire, et je dirai presque comme la cosmogonie des lettres chrétiennes, que comme l'époque de leur maturité. Ce privilége était réservé à des littératures et à des langues nouvelles sorties de la civilisation chrétienne moyennant le concours et le mélange de plusieurs nations indo-germaines avec la prépondérance du génie pélasgique. Tels furent les idiomes modernes. Le Dante, qui, selon la remarque de Biamonti, est l'auteur le plus sublime qui existe après les écrivains sacrés, fut le prince et le fondateur de l'esthétique chrétienne, et se rattache d'un côté, par l'entremise du catholicisme, à Isaïe et à Moïse, et remonte de l'autre à l'aide de Virgile jusqu'à Homère. Ainsi affluèrent dans son génie tous les éléments de la culture ancienne. L'esprit des Doriens et des Pélasges, l'inspiration des Hébreux et des chrétiens se mêlèrent dans le grand poëte, et, comme des ruisseaux qui, issus de la même source, s'unissent dans une seule rivière, formèrent le fleuve royal de la civilisation moderne. Je ne parle point de l'architecture du moyen âge, qui manque de beauté parce qu'elle naquit de la barbarie des temps, mais qui est sublime par les influences du christianisme; car l'art catholique naquit plus tard et devint adulte avec Michel-Ange, qui fut éminemment dantesque dans les trois arts maîtrisés par son génie, et même dans la poésie qu'il cultiva d'une manière digne du grand modèle qui inspira ses vers. Ces deux noms glorieux furent suivis par ceux de l'Arioste, de Shakspeare, de Milton, de Bossuet, de Pascal, de Corneille et de Klopstock, qui sont les plus sublimes des écrivains modernes, sans parler de ceux qui n'excellent que dans le sublime négatif dont le sentiment présuppose les idées chrétiennes. Tel est, par exemple, Byron, génie terrible qui, dans sa guerre contre le christianisme, tire de lui toute sa force, et, comme ce géant dont nous parle la Fable, relève de ses propres chutes, et rebondit plus fort du sol même qu'il foule aux pieds dans sa lutte.

A l'égard du Beau, l'esthétique chrétienne reconstruisit la hiérarchie naturelle des types intelligibles en assignant et en restituant à chacun d'eux la place et l'importance convenables. Le type de l'homme, roi de la terre, image de Dieu, et abrégé de la création, est le point culminant du Beau idéal. L'homme est une copie de l'intelligible absolu autant qu'une chose finie peut exprimer l'infini, tandis que le reste de la nature n'exprime que les intelligibles relatifs; aussi peut-on dire que la nature est moulée sur les idées, et l'homme sur l'Idée. Cette supériorité du type humain doit passer dans l'art, dont le but est d'exprimer l'harmonie des choses et l'idée parfaite du monde. Un travail esthétique a d'autant plus de noblesse et de perfection que l'être principal de la nature y occupe plus de place, et que le reste ne joue le rôle que d'un simple accessoire. Aussi non-seulement le poëme épique, le drame, la poésie lyrique sont supérieurs à tout autre genre de composition, mais la poésie et la peinture descriptives elles-mêmes manquent de perfection, de vie et de charme si les êtres inférieurs sont isolés ou dominent dans la représentation, et ne sont point introduits comme un simple cortége du roi de la nature. Aussi le langage poétique anime les êtres matériels et attribue les sentiments, les affections et quelquefois même l'extérieur et la physionomie humaine aux objets dépourvus de raison, en personnifiant les éléments, les eaux, les fleurs, les animaux, les astres et toutes les parties du monde sensible. Mais hors du christianisme, le type humain ne peut point avoir sa place convenable dans l'art; car d'un côté la grandeur naturelle de l'homme porte son orgueil à exagérer ses titres, et à s'ériger en émule et en rival de la Divinité, et de l'autre les misères qui l'entourent lui inspirent parfois une telle faiblesse qu'il n'a point honte de se ravaler au-dessous des brutes. Le premier excès, qui prévalut en Occident, produisit dans la religion l'anthropomorphisme et l'apothéose, et dans l'art la représentation humaine du divin ; représentation qui était aussi favorisée par l'instinct naturel de rendre la Divinité accessible à l'imagination, et de relever l'idée de la vérité première par l'expression de la beauté. L'excès contraire, qui domina surtout en Orient, où le dogme de la chute s'était mieux conservé, quoiqu'il subît des altérations considérables, enfanta l'imperfection de l'iconographie humaine, et la monstruosité des symboles religieux empruntés aux bêtes, ou forgés par l'imagination avec la réunion des éléments les plus opposés. Si chez les Grecs l'absurdité de l'anthropomorphisme fut à quelques égards favorable aux ouvrages des sculpteurs et des peintres, dans les pays où la doctrine de la déchéance primitive ne fut point tempérée par celle de la rédemption, l'art de représenter la plus noble des créatures terrestres resta dans une enfance perpétuelle. Le christianisme retira l'art de ce double excès où il était entraîné par le défaut d'une lumière supérieure à celle de la raison humaine, en restituant à l'homme sa principauté légitime, en l'assujettissant au Créateur, en lui enseignant la divinité de son origine, le bonheur et l'excellence de son état primordial, l'état de dégradation où il est tombé par sa propre faute, le devoir qu'il a de se tirer de l'abîme et de reconquérir le bien qu'il a perdu, et enfin les moyens qui lui sont offerts dans cette vue, et la béatitude éternelle à laquelle il est destiné. Le mystère de l'Homme-Dieu accomplit le vœu de l'imagination sans nuire à la foi en représentant d'une manière sensible et en douant d'une beauté supérieure l'Être infini et supersensible par son essence.

Les propriétés et les dispositions de l'âme humaine peuvent tomber sous le domaine de l'esthétique en vertu du commerce qui lie l'âme avec le corps, et de la réunion de ces deux substances dans une seule personne. C'est par l'effet de cette société intime que les sentiments et les autres phénomènes de l'esprit se montrent au dehors et animent la physionomie, les gestes, la voix, la démarche, le maintien de l'homme, en constituant cet élément artistique que les modernes appellent expression. L'expression est pour ainsi dire une lumière spirituelle qui se reflète de l'âme sur le visage et sur tout l'extérieur de l'individu, en rendant matériel et visible d'une certaine manière ce qui par sa nature est au-dessus de la vue et de la sensibilité. C'est surtout dans l'œil et dans la voix qu'elle réside. L'œil est le foyer où l'âme demeure avec une espèce de prédilection, parce qu'elle y jouit de la perspective des choses extérieures et en reçoit le reflet en elle-même ; aussi c'est dans cet organe que l'élément matériel se mêle d'une certaine façon avec l'élément spirituel au moyen de la lumière, dont la nature est si peu matérielle que les physiciens du moyen âge hésitaient à croire qu'elle fût un corps, et les panthéistes modernes la considèrent comme la forme plus parfaite de l'absolu dans son développement extérieur et cosmique. La vivacité et la vigueur du regard contribuent à accroître la grâce et la vénusté du sourire, qui est une autre manifestation sensible de l'esprit sur le visage, et une prérogative de l'homme appelé par quelques anciens philosophes un animal risible. Le rire, qui est le mouvement et le geste de la physionomie, s'accorde naturellement avec le regard, qui est pour ainsi dire l'éclair par lequel les linéaments du visage acquièrent je ne sais quoi de spirituel et sont mis en évidence. Aussi Firenzuola appelle-t-il le rire une *splendeur de l'âme* [1], comme Alberti nomme l'œil un *miroir animé* [2]. La voix est aussi très-apte à colorier les sentiments de l'âme, surtout si elle s'élève au ton et aux mesures du chant et de la musique, et s'associe au langage muet de la physionomie et des gestes, comme dans les représentations scéniques, dans la mimique et dans la danse.

Les conditions spéciales du christianisme comme restitution et exaltation surnaturelle de la nature humaine tour-

---

[1] *Splendor dell' anima.* Firenz. Dial. del Bell. I, Op. Pise, 1816, tome II, page 208.
[2] *Uno specchio animato.* Alb. Della Pitt. Mil. 1804, page 10.

nèrent aussi au profit de l'art ; car, le divin n'étant point susceptible d'être saisi par la sensibilité et par l'imagination, n'est point capable de beauté en lui-même et ne peut point revêtir cette qualité sans être humanisé et représenté extérieurement, comme les qualités spirituelles de l'âme sont rendues sensibles par l'expression. Or il n'y a que deux manières dont le divin puisse être humanisé à l'égard de l'imagination humaine, c'est-à-dire l'*avatar* et l'*incarnation* : le premier est une fiction qui résulte de l'erreur fondamentale des émanatistes et des panthéistes, l'autre est un fait surnaturel et un dogme qui se rattache au principe orthodoxe de la création. L'avatar implique l'anthropomorphisme et l'apothéose, qui répondent aux deux cycles émanateurs, comme l'incarnation embrasse l'*humanisation* du Verbe et la glorification de l'homme, qui répondent aux deux cycles créateurs. Dans le système hétérodoxe, le divin est confondu avec l'humain par l'unité substantielle de Dieu et du monde ; et dans ce mélange l'élément humain prédomine et anéantit l'élément divin, selon le génie essentiel du panthéisme qui subordonne l'Être aux existences, et place dans celles-ci le point de départ. On peut en voir un exemple frappant dans les mythes indiens, où un anthropomorphisme sensuel et grossier se mêle aux subtilités d'une métaphysique exquise et profonde, quoique égarée. Il est difficile d'imaginer une fable plus libre et plus voluptueuse que celle de Krichna, quoique ce dieu soit l'avatar de Vichnou dont la superstition indienne fait le plus de cas, et que Vichnou soit le personnage le plus moral de la Trimourti, conformément à son rôle de conservateur. Au contraire, dans la doctrine chrétienne l'idée pure et sublime de la Divinité n'est point altérée par une fausse méthode et par une formule vicieuse. L'Idée y brille dans tout son éclat sans être obscurcie par rien de fini et de sensible. Et quand elle nous représente Dieu devenu frère de l'homme et uni avec sa nature par le lien le plus intime, il n'y a rien dans ce dogme qui nuise à l'immuable perfection du Créateur; car le changement n'a lieu que du côté de la nature humaine. Et comme par ce prodige l'homme recouvre sa place de roi parmi les êtres qui l'entourent, de même son âme acquiert sa supériorité primitive sur les organes, et les dons de la nature sont relevés et perfectionnés par ceux d'un ordre supérieur. Cette admirable harmonie introduite dans la sphère des idées et dans celle des choses rejaillit sur celle de l'imagination et de l'art. De là cette beauté ineffable qui n'a rien de grossier ni de sensuel, et qui nous fait pressentir la Divinité sous des dehors qui flattent l'imagination. La pureté des mœurs est si essentielle à ce genre de beauté, qu'il est impossible de concevoir en elle quelque chose qui porte la moindre atteinte à la pudeur; aussi le christianisme a-t-il la gloire d'avoir purifié les arts comme la vie domestique et sociale des hommes. Et quoique les restes du paganisme qui n'ont point été effacés ou tendent à renaître soient en conspiration permanente contre la sainteté de l'art, il y a cependant des désordres de ce genre qui sont devenus si rares qu'ils nous paraissent presque incroyables lorsque nous en trouvons quelques exemples dans l'histoire. Certes nous ne sommes pas moins surpris d'entendre ce que l'on raconte de la Vénus gnidienne et du Cupidon de Praxitèles, que nous ne le sommes en lisant la vie secrète de Tibère, d'Héliogabale et de Néron.

Le modèle idéal où la divinité du christianisme éclate d'une manière plus vive et plus complète est le type de l'Homme-

Dieu tel qu'il nous est représenté par les Évangiles. Quand un artiste habile s'efforce de représenter le Sauveur avec ce visage qui respire une pureté et une grâce ineffables, avec cette attitude majestueuse et surhumaine qui répond à la hauteur de ses œuvres et de ses paroles, de telle manière qu'il nous semble presque le voir et l'entendre, sa divinité devient pour ainsi dire sensible, et brille aux yeux de l'imagination. Mais certes il n'y a aucun peintre ou sculpteur, ni aucun poëte, qui puisse imaginer la figure morale du Rédempteur, s'il n'est point inspiré par la lecture des Évangiles ; car l'inventeur, dans ce cas, selon le mot célèbre d'un philosophe, serait plus étonnant que le héros. Dans l'image esthétique de l'Homme-Dieu, l'individualité fantastique qui constitue sa beauté est comme un pâle reflet de cette personnalité divine et réelle que la foi nous enseigne, et qui perce à travers les actes et les discours dont les évangélistes nous font le récit ; aussi la perfection esthétique qui en résulte est unique et incomparable. Mais comme l'exaltation de la nature humaine dans la personne du Sauveur rejaillit sur toute notre espèce, elle communique aussi au type humain, commun à tous les mortels, une beauté spéciale qui dérive des dons supérieurs qui l'ennoblissent, c'est-à-dire de la charité, qui est la beauté surnaturelle de l'âme, comme la gloire, qui sera sa couronne, est la beauté surnaturelle de l'homme tout entier. Cette vertu céleste qui divinise ses possesseurs constitue le type spécial de l'homme élu, hébreu et chrétien, très-supérieur à l'homme grec. Je parle, bien entendu, de beauté morale, autant que ce genre de perfection se manifeste à l'imagination par l'expression du visage. On peut croire que le Jupiter de Phidias fut le comble de l'art par la forme exquise du corps, et par les qualités naturelles de l'âme qui brillaient dans sa majestueuse figure, et qui étaient peut-être relevées davantage par ce rayon de divinité qui avait survécu dans le Jupiter pélasgique. Mais la sainteté et les autres perfections morales du Dieu mosaïque et chrétien manquaient sans aucun doute au type du sculpteur grec, puisqu'il y en a bien peu de traces dans le véritable Jupiter homérique, qui est cependant doué d'une puissance infinie. Cela est si vrai qu'il est impossible de trouver hors du christianisme cet élément divin qui donne quelquefois un attrait indéfinissable à des figures qui du reste ne sont point belles en elles-mêmes. Quel agrément esthétique peut-on trouver dans la physionomie d'un vieillard aux traits grossiers et vulgaires, exténué par l'âge et par les souffrances, et enveloppé dans l'habit du pauvre? Eh bien! ce personnage enflammé par l'amour de Dieu et des hommes, et doué d'un regard où brille l'extase chrétienne, peut devenir très-beau; et il suffit pour s'en convaincre de se rappeler le type italien de saint François d'Assise, tel qu'il est représenté par les grands peintres du xve, du xvie et du xviie siècle. L'élément divin de la grâce a le pouvoir d'embellir, même aux yeux des profanes, ce qui est dépourvu de beauté dans l'ordre de la nature, et les prodiges de la religion ne sont point étrangers à la sphère de l'art.

Le type chrétien de l'homme, outre le modèle suprême de l'Homme-Dieu qui répond au dieu des païens, embrasse trois autres archétypes, qui, comparés avec ceux du demi-dieu, du génie et du héros, peuvent servir de règle pour mesurer l'immense intervalle qui sépare l'art païen de l'art orthodoxe. Le premier est celui de la femme, dans laquelle le privilége d'une maternité divine est couronné par l'auréole de la virginité. Nestorius et Jovinien, en effaçant les deux éléments dont se compose l'idéal de la femme-modèle, nuisirent à l'esthétique aussi bien qu'à la religion, et si leurs erreurs eussent pris racine en Italie, on peut croire que Raphaël n'aurait point paru. Et comme la beauté morale de l'Homme-Dieu se reflète dans toute la nature humaine, celle de Marie se communique à son sexe, et produit cet idéal de la femme chrétienne, où la forme extérieure, relevée par la pureté et la sainteté de l'âme, qui perce à travers la transparence de la physionomie, acquiert une beauté et une grâce inconnues. La seconde espèce du type chrétien est celle de l'ange, qui est aussi très-délicate, mais moins puissante, parce que les esprits célestes étant dépourvus de corps, la représentation sensible qu'on en fait est un pur symbole. C'est là, à mon avis, la véritable raison pour laquelle l'ange est le plus faible des types chrétiens, et doit en général jouer un rôle accessoire dans les compositions de l'art, quoique Hegel explique ce phénomène d'une autre manière. Mais comme accessoire, le type angélique est infiniment gracieux. La dernière espèce est celle du saint, qui admet un grand nombre de variétés, parmi lesquelles le soldat de la foi, c'est-à-dire le martyr et le contemplateur, sont les plus saillantes; car on voit dans le premier le courage tranquille, et dans l'autre le pur enthousiasme du chrétien, embellis par cette charité héroïque qui constitue l'essence de la sainteté chrétienne sous toutes ses formes.

Enfin, le christianisme sanctifia les arts en les dirigeant vers leur véritable but, qui est l'expression de l'Idée, et combattit par anticipation l'aphorisme absurde qu'on a tant répété de nos jours : *l'art pour l'art*. Il substitua à la bizarrerie et à la difformité des emblèmes orientaux une symbolique simple, convenable, puissante, qui est toujours d'accord avec la sainteté du sujet et la beauté de l'expression. Il renouvela l'ancien accord des arts, et les lia tous dans un seul faisceau, mais avec une telle réserve, que nul d'eux ne prédomine au préjudice des autres. Il rappela la connaissance et la pratique du Beau à ses principes, et employa pour y réussir la puissance du sacerdoce; car les premiers poëtes et les premiers artistes de l'ère nouvelle furent des hommes hiératiques qui obéissaient spontanément et sans servilité aux influences légitimes des prêtres. Il rendit à l'architecture et à l'art musical leur suprématie esthétique : la cathédrale et le *Campo santo* succédèrent au temple païen et à la nécropole. L'église devint le siége de l'éloquence sacrée et politique, de l'harmonie musicale et de tous les arts secondaires, sans même excepter les représentations scéniques. Aussi dans l'art chrétien, héritier, émule et vainqueur de deux anciennes civilisations, on voit réunies ensemble, et harmonisées l'une avec l'autre, l'unité et la sévérité orientales, la variété et la liberté grecques. Il est vrai que l'hétérodoxie renaissante du XVIe siècle, en brisant de nouveau l'unité religieuse de l'Europe, et en ressuscitant le schisme du paganisme, coupa aussi les liens réciproques des œuvres fantastiques, et introduisit dans l'art la licence et l'anarchie. La seule image d'union esthétique qui règne encore aujourd'hui que le temple chrétien est devenu muet et presque solitaire, c'est le théâtre, qui remplit à notre époque le rôle assigné au sanctuaire du moyen âge. Mais le plus beau et le plus magnifique des théâtres ne pourra jamais, comme ouvrage architectonique, rivaliser et, en ce qui regarde la sublimité et l'élégance de l'ensemble, soutenir la comparaison avec le palais oriental, et moins encore avec le temple antique, dont il diffère autant que notre âge prosaïque se distingue de la poésie des temps primitifs. Certes, notre manière de vivre est moins malheureuse à plusieurs égards que celle de nos ancêtres, et il serait peu philanthropique de substituer à la civilisation moderne la rudesse des temps barbares; mais sous le point de vue esthétique notre société est beaucoup moins belle.

De la même manière que les arts éparpillés se réunirent de nouveau dans la cathédrale, les lettres s'associèrent ensemble dans l'épopée, qui, en franchissant les limites où le génie d'Homère l'avait renfermée, reprit les amples proportions et la grandeur de son origine. L'épopée, qui contient toute espèce d'éloquence et de poésie, comme le temple antique renferme tous les ornements de l'art, est une imitation du grand monde de la nature, et, sans se restreindre aux bornes d'une époque ou d'une localité, embrasse dans sa vaste compréhension tous les pays et tous les âges, et après avoir, pour ainsi dire, fait le tour du globe, et épuisé la source de la beauté, elle s'élève au sublime et essaye avec audace de décrire l'infini, l'immense, l'éternel. La Divine Comédie est l'exemple le plus parfait de cette magnifique épopée qui soit connu dans aucune langue. Quelle différence entre le barde italien et les autres poëtes épiques! Homère, Ferdousi, Vyasa, Valmiki, sont sans doute de grands peintres : mais que leur dessin est borné et leur coloris pâle en comparaison de l'épopée moderne! La Divine Comédie, aussi vaste que la science et le monde, embrasse la vertu et le crime, la joie et le malheur, la lumière et les ténèbres, la philosophie et la religion, l'histoire et la fable, l'Italie et l'univers, la création et la palingénésie, le passé et l'avenir, la terre et le ciel, le temps et l'éternité, en parcourant d'un pas ferme tous les ordres des choses supersensibles et tous les règnes de la nature. Et tandis que l'imagination hardie de l'écrivain associe tous les extrêmes, elle traite avec la même habileté les nuances et les idées intermédiaires, en adoucissant la dureté des contours par le moyen des clairs-obscurs et des demi-teintes, et en mettant d'accord le commencement et la fin de son poëme à l'aide de la seconde partie, qui joue dans l'épopée dantesque le même rôle que l'harmonie dans la doctrine pythagoricienne. Le Dante excelle dans les détails aussi bien que dans l'ensemble, et c'est la réunion de ces deux titres qui lui assigne une place unique. Car la synthèse ne suffit point pour constituer le grand poëte, et n'est pas peut-être le plus rare de ses mérites ; aussi peut-on croire qu'il n'est pas nécessaire d'avoir le génie de Leibnitz pour concevoir une épopée qui commencerait avec la création et finirait avec la résolution du monde. La hauteur et l'étendue de la généralisation est aussi un privilége supérieur du génie dans l'ordre de la science ; et en effet les systèmes de Platon, de saint Augustin, de Kepler, de Vico et de Leibnitz lui-même sont des épopées admirables d'idées ; ce qui rapproche la poésie épique de la synthèse savante. Mais le poëte, outre cette faculté compréhensive, doit savoir incarner et individualiser ses conceptions, en les transportant de l'abstrait au concret, et en leur donnant cette action et cette vie qui plaisent à l'imagination. Pour réussir dans cette tâche, il faut d'un côté l'esprit analytique et le talent d'observation, et de l'autre la beauté du style : ainsi les poëtes de premier ordre ne dessinent pas seulement leurs conceptions avec des traits exacts et précis, mais ils les colorent aussi avec grâce, et les mettent en saillie avec la force et la finesse du sculpteur. Quel est l'écrivain qui surpasse le Dante dans le talent d'observer la nature, et de saisir ses nuances les plus délicates? Quel est celui dont la diction soit plus exquise, plus variée, plus puissante? Il brille dans tous les genres de style, et réunit tous les mérites de l'élocution; il est simple et grand, naturel et pompeux, laconique et abondant, populaire et original, et possède l'évidence, la vigueur et la sublimité de la phrase au plus haut degré. Si dans chacune de ces parties il a des rivaux, il est peut-être seul à les réunir toutes dans leur perfection. Son poëme, admirable dans l'ensemble, est si fini dans chacune de ses parties, qu'on a beau le lire, il ne vieillit jamais, et il n'y a peut-être personne qui puisse découvrir toutes ses beautés.

Le Dante ne serait point le plus grand poëte et l'écrivain le plus illustre, s'il n'était point un philosophe et un théologien de premier ordre. Comme philosophe il réunit le talent psychologique au talent ontologique, quoique ces deux dispositions de l'esprit soient si différentes qu'il est rare de les voir ensemble, malgré les rapports qui les lient et les rendent également nécessaires à la spéculation philosophique. Son habileté à saisir et à mettre en évidence les propriétés et les phénomènes les plus minutieux et les moins perceptibles de l'âme, est étonnante, et, Shakspeare excepté, je ne connais aucun poëte qu'on puisse lui comparer à cet égard. La force ontologique de son esprit est attestée non-seulement par la vaste conception de son divin poëme, mais aussi par ses écrits en prose, tels que *la Monarchie*, *le Banquet* et le *Traité sur la langue vulgaire*; ouvrages où l'on voit son aptitude à trouver le géné-

l'usage des mythes licencieux, le blâme ne tombe point sur ces parties de la fable qui ne blessent point la religion et les mœurs. Mais, dit-on, la vérité seule est agréable. Oui, sans doute, dans le domaine du vrai; mais la poésie appartient à la sphère du Beau. La vérité fait aussi partie du Beau, mais en tant qu'elle est associée à une image agréable, soit que cette image représente simplement un type intelligible, soit qu'elle ait pour but d'exciter l'admiration à l'aide du surnaturel, ou de symboliser et de rendre accessible à l'imagination une idée rationnelle. Si la reproduction des modèles de la Grèce plaît dans la sculpture, et tout homme capable de sentir la beauté est ému par les *Grâces* de Canova et la *Psyché* de Tenerani, pourquoi sera-t-il interdit au poëte de se servir avec goût de tels éléments? L'*Uranie* de Manzoni n'est-elle pas une composition charmante, quoi qu'en disent certains critiques? Quel est l'amateur de beautés poétiques qui puisse rester insensible aux vers harmonieux de Monti dans son *Prométhée?* Il en est de même du prodigieux tel qu'on le rencontre dans les fables anciennes; car si on lance l'anathème contre ce genre de merveilles, il n'y a aucune raison pour être plus indulgent envers les sorcières, les fées, les spectres, les génies, les follets, les géants, les monstres de Shakspeare, de Gœthe, du Boïard, du Camoëns, du Tasse et de l'Arioste. Est-ce que par hasard les modernes prêtent plus de foi à ces rêves populaires du moyen âge qu'à ceux de l'antiquité? Qu'on ne vienne point nous dire que ces mythes surannés ne peuvent plus servir d'ornement poétique, parce que les peuples chrétiens sont incrédules à leur égard; car c'est précisément à cause de cette incrédulité qu'ils sont propres à la poésie. Personne n'ajoute foi aux fictions des poëtes, et si le contraire arrivait, les fictions, en cessant d'être telles dans l'opinion des hommes, cesseraient d'être poétiques; car elles ne s'adresseraient plus à l'imagination, mais à la sensibilité et à la raison seule, et produiraient une impression réelle et non esthétique. Le surnaturel dont on croit la réalité peut exciter l'admiration, le plaisir, la terreur, ou un autre sentiment quelconque, selon sa nature et son but; mais il n'est point esthétique, précisément à cause de sa vérité effective. La fiction poétique, en tant que symbole, doit apparaître comme une fiction; autrement la forme symbolique se confondrait avec la vérité qu'elle exprime, et l'exotérisme esthétique s'identifierait avec la doctrine acroamatique dont il est la manifestation. Ceci est si vrai, que les poëtes mêmes du paganisme les plus illustres ne se servirent de leurs mythes religieux qu'autant que, ni eux, ni la plupart de leurs contemporains n'y prêtaient plus aucune espèce de foi. L'incrédulité d'Homère à l'égard des fables helléniques est hors de doute, et on peut croire qu'elle était partagée par le plus grand nombre de ses admirateurs. Ceux qui n'étaient point de cet avis, loin d'en faire l'éloge, les blâmaient et les condamnaient sévèrement, et pour conserver intactes les croyances du peuple, ils voulaient que le poëte hardi fût expulsé de la république. Il répugne en effet qu'un homme doué de bon sens se plaise à voir maltraitées, par une imagination dévergondée des choses qui par leur nature sont les plus vénérables et les plus sacrées. Aussi voyons-nous que chez les modernes certains poëtes que Cicéron aurait appelés mesquins et vulgaires (*minuti et plebeii*), et qui abusent d'une manière sacrilége des choses les plus respectables, ont fait mauvaise fortune même sur le Parnasse, et ont obtenu des suffrages peu flatteurs pour des hommes de lettres. Mais si les saletés de ces écrivains inspirent du dégoût à ceux qui conservent quelque étincelle de piété chrétienne, les sacriléges homériques sur les dieux de l'Olympe nous amusent parce que personne ne croit plus à cette folle mythologie.

L'histoire religieuse peut être introduite dans les compositions poétiques, pourvu que la manière dont on l'emploie indique clairement qu'elle est l'idée représentée, et non la fiction qui la représente. Car à l'égard de l'idée exprimée par le fantôme, la poésie ne se distingue point de la réalité, ni l'esthétique de la science. Aussi est-il permis au poëte épique et dramatique d'emprunter aux annales de la religion le sujet de ses pièces, et de les introduire dans ses narrations ou sur la scène, pourvu qu'il n'en altère point essentiellement le contenu, et qu'il l'exprime avec cette dignité qui convient à la sainteté et à l'importance du sujet. Mais cette remarque n'est point applicable au merveilleux de cette histoire, parce que les événements de ce genre ne se distinguent point en apparence du surnaturel poétique, et si le poëte s'en emparait, ils prendraient sous sa main l'aspect d'une fable, et passeraient du contenu idéal à la forme fantastique. Le surnaturel véritable de la religion peut entrer dans un poëme à titre d'élément lyrique, mais non pas comme élément descriptif et représentatif; il peut être employé comme idée, et non comme fait poétique; car la poésie lyrique conserve intacte la réalité objective des choses, tandis que la poésie épique et dramatique donne à cette réalité une forme subjective. Manzoni, qui a chanté admirablement les mystères de la religion, n'aurait pas sans doute osé les introduire sur la scène; car le cothurne sied mal à la majesté du dogme, qui n'est point blessée par les harmonies de la lyre. On doit savoir gré aux auteurs d'*Athalie* et de *Saül* de ce que les événements représentés dans ces deux pièces ne contiennent rien qui soit essentiellement prodigieux; mais Alfieri se serait éloigné de la bienséance chrétienne s'il avait mis en scène le spectre de Samuel, comme Shakspeare fit paraître celui du père de Hamlet; car le fantôme du poëte anglais appartient à la fable, et celui de la Bible à l'histoire. Ainsi la valeur poétique du surnaturel et sa convenance avec l'esprit de la poésie sont en raison inverse de sa crédibilité historique et de sa réalité. Remarquons, en passant, que la violation la plus célèbre de cette règle fut commise par deux écrivains hétérodoxes, c'est-à-dire par Milton et Klopstock, qui, malgré la loyauté de leurs intentions, frayèrent la route au rationalisme théologique, et devancèrent ces interprètes qui font de la Bible une mythologie chrétienne. Je ne parlerai point de quelques écrivains encore plus modernes, qui en abusant du langage biblique et prophétique, et en s'appropriant les formes de l'inspiration divine, ne rougissent point d'employer l'élocution même de l'Homme-Dieu pour combattre ou corrompre ses doctrines.

Le prince des poëtes catholiques sut éviter tous ces défauts, et fit de la religion véritable l'âme de son poëme, en empruntant aux fausses croyances le cortége agréable ou terrible des symboles et des images. L'idée de la Divine Comédie est objective et chrétienne; la forme est subjective, fabuleuse, inventée par l'imagination du poëte, ou dérobée au paganisme. L'enfer y est représenté par un véritable Tartare où l'on trouve Pluton, Minos, Cerbère, Caron, les Érinnys, les Centaures, les Gorgones. Ceux qui accusent le Dante d'avoir introduit Virgile en purgatoire, et d'y avoir logé Caton, supposent que le poëte idéal doit jouer le rôle d'un théologien même à l'égard des images. Alighieri est véritablement un théologien sublime lorsque, dans la dernière partie de son poëme, il s'élève jusqu'à l'empyrée chrétien, et célèbre la joie des bienheureux et la gloire de la Trinité incréée. Mais il se garde bien d'introduire ces idées à titre d'images et de les manier comme des fictions; et se voyant forcé de les rendre poétiques et de les montrer sous une forme agréable, il se sert à cet effet des choses sensibles, telles que le chant, les astres, la lumière, ou de simulacres symboliques et mystiques, tels que le gryphon qu'il choisit comme emblème du Christ. Le seul cas où il représente d'une manière épique le surnaturel religieux, c'est à l'égard des anges bons et mauvais; mais comme ces esprits n'ont point de forme sensible qui leur soit naturelle, et que celle qu'on leur donne est purement symbolique, on ne peut pas accuser le poëte d'avoir blessé les convenances de l'esthétique chrétienne.

La mythologie païenne fut dans son origine la conversion du signe exotérique en idée acroamatique, et du symbole en doctrine. Le paganisme tout entier est la confusion de la parole primitive avec la science, de l'expression avec la chose exprimée, confusion qui fut occasionnée par le renversement de la formule idéale [1]. Vrai comme symbologie et langage, et faux comme idée et doctrine, il est réduit à ce qu'il doit être, et purifié de tout mélange erroné, lorsqu'on le retire vers ses principes, et qu'on le réduit à représenter la science au lieu

---

[1] *Introd. allo stud. della filosofia*, lib. I, cap. VII.

de la remplacer. C'est à cette réforme que visèrent plusieurs poëtes et plusieurs sages célèbres de la race pélasgique, en commençant par Homère; car il est facile d'entrevoir dans leurs ouvrages le but caché de transporter la mythologie de la sphère intellectuelle et religieuse qu'elle avait usurpée dans celle de l'imagination et de la poésie qui lui appartiennent de droit. Mais leurs efforts furent vains, parce qu'en ignorant la véritable formule dans son intégrité, il leur était impossible de remplir le vide formé dans les croyances des hommes, et le résultat de leur œuvre ne fut que négatif. C'est le christianisme qui accomplit ce changement en rappelant la formule génératrice du vrai à sa perfection originelle, et en détachant la mythologie de la science pour la rendre à la poésie. Le symbolisme rappelé à sa véritable nature fut embelli et sanctifié : l'iconographie religieuse, délivrée de l'interdit que l'ancienne loi avait justement prononcé contre elle, rentra dans le temple, et recouvra ses anciens droits dans le domaine de l'art. Les protestants ne surent point apprécier cette transformation admirable, et, en rendant perpétuelle la défense temporelle du judaïsme, dénaturèrent le culte de l'Évangile, le dépouillèrent d'un de ses plus beaux privilèges, et lui ôtèrent une de ses fonctions les plus nobles. Le Dante, inspiré par l'idée chrétienne, et venu au monde lorsque le paganisme comme religion était tout à fait éteint dans la moitié de l'Europe, et que sa renaissance comme poésie ne pouvait plus être dangereuse, fut le premier écrivain illustre qui *retira vers leurs principes la mythologie et la symbologie païennes en rendant de nouveau exotérique et poétique ce qui auparavant avait été considéré comme scientifique et acroamatique.* Guidé par cette règle d'une manière instinctive, il devança son siècle, et employa poétiquement l'astronomie et la cosmologie païennes, qui par l'autorité d'Aristote régnaient encore comme doctrines dans les écoles du moyen âge. La partie hypothétique de l'astronomie et de la cosmologie grecques, surtout en ce qui regarde la théorie des cieux, fut un reste de l'émanatisme oriental, dont la première forme, antérieure à la dispersion des peuples, embrassait l'uranologie, le sabéisme et le système du *Chronos* et du *Topos* sans bornes. Ces doctrines sortirent de la Mésopotamie après les temps de Phaleg, se répandirent au loin, et furent portées par les Chamites de la branche atlantique en Occident, où elles régnèrent sous leur forme primitive jusqu'à ce que Saturne fût chassé par Jupiter, c'est-à-dire jusqu'à l'expulsion des Chamites montagnards par les Japhétiques de la mer, sous la domination successive desquels le polythéisme remplaça le monothéisme émanatiste. Cette mythologie astronomique, ou astronomie religieuse des premiers peuples de la Mésopotamie et de l'Iran, mêlée aux observations et aux conjectures savantes qu'on faisait de jour en jour, enfanta ce système des cieux, qui fut adopté plus tard par les Grecs, passa avec l'étude des auteurs arabes et péripatéticiens dans l'Europe du moyen âge, et y obtint les honneurs de la science, qu'il conservait encore, lorsque le Dante, poussé par l'instinct chrétien, souleva le voile, et en restituant à la symbologie poétique ce qui était de son ressort, fut presque le précurseur de Copernic et de Galilée.

Le Dante, créateur de l'épopée catholique, est tout ensemble un écrivain cosmopolite et italien. Premier-né de cette langue qui est le plus ancien des idiomes illustres fécondés par le christianisme, il doit être révéré comme le fondateur de la littérature italienne et européenne, de nos sciences, de nos beaux-arts, et de tout ce qui embellit et distingue la civilisation moderne. La Divine Comédie est à la rigueur le principe dynamique d'où sortit la culture intellectuelle des nations chrétiennes, et dont l'heureuse influence vivra autant que l'espèce humaine. Aussi, tout noble écrivain, tout grand artiste qui a paru, ou qui paraîtra un jour dans le sein de la chrétienté et de la civilisation qui en est la suite, doit être considéré comme un enfant légitime du poëte florentin. Je ne saurais mieux exprimer la merveilleuse fécondité du divin poëme, et le siége unique qu'il occupe dans les annales de l'esthétique orthodoxe, qu'en le comparant à un arbre très-célèbre dans la flore indienne. L'*asvatta* [1], ou figuier indien, est un arbre qui durerait perpétuellement sans la violence et les obstacles accidentels qui peuvent le détruire, et serait capable d'ombrager toute la terre avec la seule expansion de sa tige primitive. Ses branches, qui s'échelonnent à plusieurs étages, projettent des racines aériennes, qui, en atteignant le sol, le pénètrent et s'y arrêtent. Chacun de ces filaments croit peu à peu et se consolide jusqu'à ce qu'il devienne un nouveau tronc d'où s'épanchent d'autres rejetons et d'autres radicules qui produisent à leur tour une végétation nouvelle. Ainsi la souche principale se dilate insensiblement et forme dans la suite des siècles une forêt de colonnes vivantes, hautes, droites, fuselées, et

---

[1] Il ne faut pas confondre le *ficus indica,* qui est l'*asvatta* du sanscrit, avec le *ficus religiosa,* qui répond au *pipala* dans la même langue. Quant aux différences de ces deux espèces singulières du même végétal, on peut consulter la *Géographie* de M. Ch. Ritter.

couronnées par une chevelure verdoyante qui les surmonte à la façon d'un chapiteau antique. Sous ses voûtes obscures et touffues s'élèvent des hameaux, des ermitages, de petits temples où s'abritent les familles des animaux et les caravanes des voyageurs qui y trouvent une brise agréable après les ardeurs du soleil. Il y a telle de ces plantes qui couvre une île tout entière, ou une vaste campagne, et on la voit poindre de loin comme un bois assis sur une colline ; mais lorsque le pèlerin étonné entre dans ces mystiques solitudes, il croit presque se trouver au milieu des péristyles immenses qu'on voit encore à Persépolis et à Thèbes. Si l'on ignorait que cette production extraordinaire est naturelle à l'Inde, d'où elle fut portée par les Banians sur les côtes de l'Arabie, du Congo et de Mozambique, on pourrait conjecturer qu'elle suggéra aux pharaons l'idée de leurs salles hypostyles, et aux rois Élamites ces palais étonnants dont les ruines ont donné le nom à la métropole sacrée de la Perse ancienne [1]. Voilà l'image de l'épopée italienne qui non-seulement excita le génie littéraire et poétique des nations modernes, mais enfanta de plus la sculpture, la peinture, l'architecture, et tous les beaux-arts qui naquirent du divin poëme comme la famille végétale de la plante indienne sort de sa tige primitive. Certes, je suis loin d'affirmer que Michel-Ange, Léonard et Raphaël n'auraient point paru sans le Dante ; mais j'incline à croire que quelque chose aurait manqué à la perfection de ces grands maîtres ; car on trouve dans *Saint-Pierre*, dans le *Jugement dernier*, dans la *Cène*, dans

---

[1] Tchil-minar.

la *Sainte Cécile* et dans la *Transfiguration* les traces tantôt grandioses et terribles, tantôt délicates et suaves du génie qui créa Caton, Farinata, Capanée, Géryon, Mathelda, Béatrix, et les autres merveilles de la Divine Comédie. On peut croire que la Laure de Pétrarque (copie ingénieuse, quoique pâle, de Béatrix, mais plus populaire à cause de cette faiblesse même qui la rendait mieux assortie à l'imagination de la plupart des hommes) contribua à développer cette idée de l'amour platonique qui, introduit dans les arts, enfanta ces douces et calmes physionomies de vierges et de femmes qui respirent dans les tableaux florentins dès le xve siècle, et dans les marbres de Donatello. Celui qui voudrait connaître à fond l'influence directe que l'étude de la Divine Comédie eut sur les beaux-arts, devrait faire l'histoire des dessins suggérés par ce poëme, depuis Alexandre Botticello, qui reproduisit avec son art l'Enfer du Dante vers la fin du xve siècle [1], jusqu'à Jean Flaxman, à Pinelli, et aux artistes de nos jours.

Si le Dante, comme prince des poëtes chrétiens, fut, sous le double rapport de sa priorité chronologique et de la perfection esthétique de son ouvrage, le père de toutes les littératures modernes, il eut comme Italien une influence plus spéciale, plus directe et plus marquée sur notre littérature. Aussi la poésie, l'éloquence, les beaux-arts, et toute espèce de civilisation intellectuelle, prospérèrent ou déchurent dans notre pays selon que le grand poëte domina sur la pensée italienne ou fut momentanément relégué par le mauvais goût

---

[1] Borghini, *Riposo*, tom. II, pag. 156.

dans une place secondaire. Ce rapprochement est si frappant, que la faveur dont le Dante a joui dans les différentes époques de notre littérature peut servir de thermomètre (si l'on me permet de me servir de cette phrase) pour déterminer la hausse et la baisse du talent italien[1]. Et il ne faut point s'en étonner; car la restauration et la renaissance des choses humaines sont un retour vers leur principe, et le principe non-seulement de la littérature, mais de la langue noble et nationale de l'Italie, c'est le poëme du Dante. L'étude de la Divine Comédie, renouvelée depuis un demi-siècle par les soins et l'autorité de plusieurs grands écrivains, et surtout de Gaspar Gozzi, de Vannetti, de Parini, d'Alfieri, de Monti et de Césari, a remis également en honneur les autres classiques, comme des enfants inséparables de leur père, et en mettant un terme aux imitations étrangères et aux lâchetés nationales du siècle passé, a introduit une manière d'écrire plus virile, plus franche, plus conforme au sentiment et au génie italien. Dans les beaux-arts, le tact exquis et sûr de François Milizia et le talent extraordinaire de Canova commencèrent une époque nouvelle, et préparèrent le goût de la nation à sentir et à juger la beauté véritable, même en dehors des limites de l'art. Les Bettinelli, les Algarotti, les Cesarotti, et tous ces autres écrivains *francisés* du XVIIIe siècle, qui firent changer de face à la corruption littéraire commencée dans l'âge précédent, sans la corriger, ne seraient plus applaudis de nos jours, et l'on peut croire (car ils ne manquaient pas de talent) qu'ils choisiraient une voie meilleure. La réforme est cependant

---

[1] Balbo, *Vita di Dante*, chap. XVII.

loin d'être complète, et c'est surtout en poésie que les mauvais systèmes ont encore du crédit et nuisent aux bonnes études. Il serait difficile de définir la doctrine des *romantiques*, qui prend autant d'aspects qu'elle a de défenseurs, et se dérobe à une circonscription claire et précise en s'enveloppant dans les nuages. Quand elle naquit en Allemagne, où les esprits sont subtils et profonds, elle était vraie au moins en partie; mais lorsqu'elle passa en France et en Italie, elle encourut le sort de certains draps précieux d'outre-Rhin, qui, en passant de main en main, et chiffonnés en tous sens lorsqu'ils arrivent au delà des Alpes, ne sont plus reconnaissables. Les exagérations de ces critiques ont été favorisées par l'excès contraire des amateurs superstitieux du Beau classique, qui, en rejetant de la littérature toute espèce de variété nationale, n'admettent qu'un seul type, qui est souvent vicieux et arbitraire; car il dérive d'une imitation étroite et servile des anciens, de l'usage inconstant du théâtre, du caprice de quelques rhéteurs et du despotisme de quelques académies. Très-souvent encore ce type est altéré par les influences de la cour, qui, en introduisant dans les arts je ne sais quoi de factice et de maniéré, les éloignent de la nature. Tel est l'héritage qui nous a été légué surtout par les écrivains français du xviie siècle. Ces écrivains, grands par leur génie et célèbres par leurs ouvrages, étaient esclaves d'un grand nombre de préjugés littéraires; et si d'un côté ils embellirent leur langue, ils nuisirent de l'autre à sa richesse et à sa force, raffermirent l'autorité despotique des rhéteurs, et firent un mélange du génie libre des anciens et du génie courtisanesque des modernes, en écartant tout ce qui était en désaccord avec la règle qu'ils avaient préconçue. Je parle de la plupart d'entre eux, et non pas de tous; car quel est le critique qui pourrait adresser ces reproches à Pascal et à La Fontaine, admirables écrivains, dont l'un est le prince des prosateurs et l'autre celui des poëtes de la France. Il y a sans doute une imitation sage des anciens qui exclut également la servilité et la licence, et naît de la considération profonde des modèles grecs et latins étudiés en eux-mêmes et non pas avec la loupe des pédants. Si le génie pélasgique des Italo-Grecs excelle dans le sentiment de la beauté, et si ses productions surpassent tout autre modèle de l'art, l'étude de la nature doit toujours aller avant tout ; car c'est par elle seule qu'on apprend à distinguer les règles immuables et éternelles du bon goût, des lois établies par l'usage ou par le caractère national de chaque peuple en particulier.

L'immutabilité essentielle du Beau n'exclut pas la variété dans son expression; car dans tout ouvrage de l'art il y a une partie accidentelle qui peut être modifiée de plusieurs manières, outre que les types spécifiques des choses peuvent être différents, et que chacune de leurs espèces n'exclut point les autres. Le Beau est sans doute absolu, car chaque type est tel dans son genre; mais les espèces des types étant différentes, elles peuvent avoir une beauté plus ou moins grande, quoique chacune d'elles possède la plus haute perfection possible comparativement à sa propre nature. Si la poésie épique diffère de la poésie dramatique, et la comédie de la tragédie, pourquoi celle-ci, par exemple, ne pourrait-elle pas admettre plusieurs formes? Et si la manière de Sophocle est excellente en elle-même, ce qui est hors de doute, pourquoi voudrait-on rejeter celles de

Kalidasa, de Shakspeare, de Caldéron, de Guarini et de
Schiller, exemptes de leurs défauts? L'unité qui résulte des
lois universelles du goût n'exclut point une grande variété
dans les modifications accidentelles de la composition, et
laisse un champ fort large à la liberté des artistes et des écrivains. Cette variété provient des différences qui séparent les
langues, les peuples, les âges, les pays; et comme le caractère national doit toujours être conservé avec soin dans toutes
les branches de la civilisation, sauf à le corriger lorsqu'il est
vicieux, il serait fort peu convenable de se conduire autrement lorsqu'il s'agit de la beauté dans les lettres et dans
les arts. Il y a donc erreur égale du côté de ceux qui imposent à tous les peuples l'obligation d'embrasser ce type français ou arbitraire qu'ils admirent, et de ceux qui nous invitent à associer des types différents, et à faire un assemblage
monstrueux d'éléments hétérogènes qui aboutirait au chaos
dans la littérature, et à la confusion des langues dans l'expression de la pensée.

Les innovations judicieuses dans la littérature doivent être
admises, puisque chaque nationalité est capable des développements dont elle contient les germes, et susceptible en conséquence d'un certain progrès esthétique. Nul peuple ne peut
vaincre à cet égard la fécondité du génie italien; car il n'y a
aucune nation dont la pensée littéraire ait eu un commencement plus riche et une base plus large. Si, selon le procédé
dynamique de civilisation, le premier ouvrage illustre est le
principe de ceux qui viennent après, et représente en abrégé
la capacité intellectuelle d'un peuple, qui osera rivaliser avec
les enfants du Dante et avec la lignée directe de ses des-

cendants et de ses successeurs ? Qui pourra mettre des bornes aux élans d'un génie inspiré par la Divine Comédie et employant la langue puissante et enchanteresse qui sert d'organe au divin poëte ? Le Dante est riche, vaste, profond comme la nature, et les semences déposées dans son livre ne seront point épuisées avant la mort de la nation chez laquelle il a vu le jour. Mais les nouveautés, pour qu'elles soient de bon aloi et tournent au profit de celui qui les emploie, doivent être introduites avec de grandes précautions et seulement par les écrivains qui connaissent à fond les trésors de leur patrie littéraire, et qui se sont familiarisés par une longue étude avec les auteurs nationaux et classiques. La lecture des livres étrangers est utile à ceux dont le goût est déjà formé et façonné par l'empreinte du sentiment et de la pensée italienne. Sans cette condition, elle est fort dangereuse, et on peut la comparer aux voyages entrepris dans un âge trop tendre, qui pour l'ordinaire, au lieu de faire des hommes, ne réussissent qu'à former des singes et à éteindre dans ceux qui s'y livrent toute nationalité. Aussi, si les traductions des bons ouvrages d'outre-mont et d'outre-mer sont dignes de louange lorsqu'elles sont bien faites et que les pensées étrangères sont exprimées par des formes italiennes, elles nuisent beaucoup lorsque l'expression est barbare; car la langue et le style occupent une place si considérable dans la trempe nationale d'un peuple, qu'ils donnent presque aux choses du dehors la naturalisation du pays. Bref, si l'on admet les nouveautés opposées au caractère national, on tombe dans la barbarie; si l'on rejette celles qui sont convenables, on devient ennuyeux, le talent perd sa fécondité naturelle, et la littérature languit et meurt dans les chaînes de l'imitation, selon qu'il arriva aux fades nouvellistes et aux pétrarquistes du xvi⁰ siècle. Tout grand poëte et tout écrivain de premier ordre est novateur et national tout à la fois; tels furent Pétrarque, Boccace, Politien, l'Arioste, Berni, le Tasse, Guarino, Métastase, Goldoni, Parini, Alfieri, Monti, Arici, Leopardi, sans parler de nos historiens et prosateurs illustres. Tous ces grands hommes travaillèrent sur la base dantesque, qui est le pivot immobile sur lequel doit tourner perpétuellement la pensée italienne, et le point fixe qui doit régler son mouvement progressif. Quelques critiques ont inculpé Manzoni d'avoir écrit un roman qui, selon l'avis de Walter Scott (on peut se fier à ce juge), est le plus beau et le plus parfait qui existe dans aucune langue, et qui est de nos jours le livre le plus populaire de l'Italie. Mais le roman n'est pas étranger à la nation qui hérita des langues classiques qui servirent d'organe à Longus et à Apulée. Le roman, du reste, est aujourd'hui presque un besoin littéraire des nations civilisées, et a les mêmes rapports avec le caractère de la société moderne que le poëme épique avec le génie de l'antiquité. Si cette différence n'est pas en notre faveur, la faute n'en doit pas être imputée à la littérature ni aux écrivains, mais à l'époque.

Les critiques pointilleux et les partisans exagérés du beau classique se trompent également lorsqu'ils rejettent complétement les lettres et les arts du moyen âge, et renoncent aux richesses poétiques qui jaillissent du christianisme. Selon ces messieurs, tout ce qui n'est pas latin ou grec étant digne de blâme, il faudrait écarter la plus grande partie des beautés modernes comme des choses barbares, parce qu'elles se fondent sur les conditions sociales et sur les ébauches du moyen âge. Mais qu'est-ce qui arrivera des meilleurs ouvrages, en commençant par le Dante lui-même qui vécut dans ces siècles, et créa un nouveau monde poétique qui diffère de l'ancien, si l'on crie anathème contre tout ce qui n'est point sorti du Latium et de la Grèce? Les drames espagnols et anglais sont le perfectionnement des grossiers *mystères* du moyen âge, de la même manière que les deux *Rolands* et les poésies de notre grand lyrique naquirent des romans de la chevalerie et des chansons populaires de la même époque. Il ne faut pas cependant tomber dans l'excès opposé, et imiter ceux qui confondent l'élément chrétien et légitime avec l'élément barbare, et ériger en principes les défauts et les duretés des écrivains et des artistes qui fleurirent dans ces temps incultes. Ainsi, par exemple, on doit blâmer les admirateurs excessifs de l'architecture gothique, qui, quelle que soit son origine immédiate, que les uns tirent de l'ordre byzantin et que d'autres rapportent à un modèle national et aux anciens monuments de Sarmizagètuse, d'Elys, et aux anciennes institutions gothiques de Dekénée et de Xamolxis [1], doit être appréciée selon le génie de l'art oriental, comme sublime, et non pas comme belle. Dans toutes les choses du moyen âge il y a je ne sais quoi d'inculte et de sauvage, mêlé aux influences chrétiennes, dont les produits ressemblent à des pierres précieuses enchâssées dans un métal vulgaire : aussi ceux qui justifient le mal dans les écrits et dans les arts de ce temps-là en vue du bien qui l'accompagne, imitent ces beaux-esprits qui légiti-

---

[1] Troya, *Storia d'Italia del medio evo.* Napoli, 1859, lib. XI, tom. I, pag. 574 et 575.

ment et sanctifient dans le même but les fiefs, les duels et les bûchers. Et comme les écrivains et les artistes modernes héritèrent, pour la plupart, d'une partie de ces défauts (car le passage de la barbarie à la civilisation s'opère par degrés), il est absurde d'avoir pour eux une vénération superstitieuse qu'on refuse avec raison aux modèles mêmes de l'antiquité. C'est ainsi que Guillaume Schlegel admire les licences moins pardonnables de Shakspeare, de Caldéron, de Véga, et que quelques dantistes italiens prennent pour de l'or tous les vers de la Divine Comédie sans aucune exception, ce qui suppose que le Dante n'a pu être homme malgré son génie, et sommeiller quelquefois comme Homère.

Parmi les différentes dépendances du Beau, il n'y en a peut-être aucune qui ait été aussi maltraitée que notre langue par les novateurs et par les pédagogues. La langue et le style occupent une place très-considérable dans les ouvrages littéraires soit de prose, soit de poésie. La parole est un signe sensible qui exprime un élément intelligible, et qui, en tant qu'il agit sur l'imagination par l'intermédiaire des sens, est susceptible de beauté. Le charme du langage réside surtout dans la variété et dans l'harmonie des sons, et dans l'accord des mots avec les idées selon le génie de chaque idiome, selon son aptitude plus ou moins grande à produire des impressions esthétiques. Notre langue, née comme ses sœurs du mélange des idiomes septentrionaux avec le latin, appartient sous ce double rapport à la famille japhétique des langues indo-germaines qui, à quelques égards, sont inférieures en perfection aux langues sémitiques, quoique d'autre part elles les surpassent de beaucoup. Parmi les langues indo-germaniques, la branche indienne, dont le sanskrit est le chef-d'œuvre, et la branche pélasgique, dans laquelle le grec excelle, sont sans aucun doute les plus exquises et les plus parfaites. L'italien, en tant qu'il remonte à la souche pélasgique au moyen du latin et du grec, participe à la même supériorité. Il y a des écrivains ingénieux qui préfèrent les langues modernes aux anciennes, par cette raison que, nées et élevées par la pensée chrétienne, elles participent, selon eux, aux priviléges de leur origine. J'accorde volontiers que le christianisme ait exercé une heureuse influence dans la formation de nos langues, sans oser en conclure qu'elles soient foncièrement plus divines que les langues anciennes. Toute langue est divine à l'égard de sa première origine, et humaine pour ce qui concerne les vicissitudes et les transformations postérieures : d'où il suit que plus on retourne en arrière dans l'ordre des temps, moins le langage est entaché de nos défauts, et plus il se rapproche de sa source. Les langues qu'on appelle *romanes* sont filles du latin altéré par un ou plusieurs idiomes barbares, qui certes, dans le vᵉ siècle de notre ère, étaient plus éloignés de la parole primitive que le sanskrit de Valmiki et le grec d'Homère. L'influence que l'esprit chrétien exerça sur la structure des langues modernes est peu de chose à l'égard des éléments barbares qu'elles conservent ; c'est ce qui nous empêche d'adhérer à l'opinion de ceux qui préfèrent, par exemple, la pauvreté du français à l'opulence magnifique du grec. Nous autres Italiens, qui pouvons nous contenter de notre idiome national qui, de l'aveu d'un écrivain français qui s'y connaissait et maniait supérieurement le sien, est *la plus belle des langues vivantes* [1], nous ne devons point abandonner

---

[1] COURIER, *Lettre à M. Raynouard*.

ni négliger l'étude des idiomes classiques, qui, ayant été parlés par nos ancêtres, et ensuite ressuscités par nos grands-pères au milieu de l'oubli universel où ils étaient tombés, sont une richesse italienne et doivent être gardés avec amour comme une partie précieuse de l'héritage national.

On a disputé longtemps sur l'origine et sur la forme meilleure de l'élocution italienne. Ces discussions, que quelques philosophes croient ineptes et frivoles, ont selon moi de l'importance, pourvu qu'elles soient bien conduites; car la langue occupe une place considérable dans le patrimoine civil d'une nation. Lorsqu'il s'agit de décider quel est le meilleur style italien et la première source de la beauté de notre langue, on peut poser le problème en ces termes : « Trouver une ma-
« nière d'écrire qui, sans s'éloigner de l'âge d'or de notre
« langue, réponde aux besoins de notre siècle, et puisse ex-
« primer la pensée et le sentiment modernes d'une façon
« conforme au génie primitif et immuable de notre idiome. »
Pour remplir ce but, il faut recourir à une langue vivante, c'est-à-dire à un dialecte, et à son aide rajeunir la langue vieille et presque morte des écrivains en puisant avec goût à la source pure et intarissable de la langue populaire. Il est impossible de raviver autrement la diction familière, qui d'ailleurs est si nécessaire pour les rapports usuels de la vie et plusieurs espèces de composition. Les Italiens modernes sont inférieurs à cet égard à plusieurs autres nations; car la plupart de nos écrivains ne sont point lus ni compris par le peuple toutes les fois qu'ils ne s'expriment point d'une manière barbare. Mais quel est-il ce dialecte? Manzoni essaya de naturaliser avec son génie quelques idiotismes lombards;

mais, s'il m'est permis d'exprimer mon opinion sans manquer aux égards dus à un tel homme, je ne crois pas que cette entreprise mérite d'être approuvée ni imitée, car le patois de la Lombardie (comme tous les autres dialectes, un seul excepté) et l'idiome national de toute la péninsule sont des choses hétérogènes que nul artifice humain, nul effort d'esprit ne pourront jamais mêler ensemble. Si un simple dialecte différent de la langue commune pouvait être incorporé avec elle, il faudrait faire cet honneur au vénitien, qui surpasse les autres patois en beauté, et a fourni au théâtre moderne les seules comédies italiennes qui puissent rivaliser en perfection avec celles de Térence et de Machiavel. Il faut donc aller à la source de la langue, et puiser dans le pays où elle est née et où elle survit encore pour ainsi dire à elle-même; car il paraît certain, d'après les travaux des savants sur ce sujet, que la langue italique fut dans son origine le patois de la Toscane, et que cette province, et surtout Florence sa capitale, est le siége principal de l'idiome et de la littérature italienne [1]. Plût à Dieu que les familles opulentes de la péninsule eussent la bonne idée d'envoyer leurs enfants en Toscane pour y être élevés, et apprendre le pur accent de notre divin idiome! Ce serait là, selon moi, la véritable manière de reconnaître par le fait cette primauté civile qu'on veut bien accorder en paroles à ce jardin de l'Italie. Mais si les riches oublient ce devoir, les écrivains devraient au moins suivre le conseil et l'exemple de M. Tommaseo, qui nous montre de quelle manière on peut donner du mouvement, de la vie et un air libre et dégagé au style familier, et l'enrichir sans nuire à sa pureté, en empruntant

---

[1] DIAMONTI, *Lettere di Panfilo a Polifilo.* Firenze, 1821.

avec goût au dialecte de Florence. Et M. Mamiani n'a-t-il pas prouvé par le fait qu'on peut s'exprimer avec une parfaite élégance et employer le toscan le plus pur, même en parlant de psychologie et de métaphysique? Il est vrai que plusieurs critiques mettaient en doute que la chose fût possible, comme si Galilée et François Zanotti eussent écrit tous leurs ouvrages en latin. Mais le dialecte toscan, tout en prédominant dans notre vocabulaire, dont il est la source principale et la plus exquise, ne constitue point toute la langue d'une manière absolue; car cette langue, étant devenue nationale quant à l'écriture, est répandue dans toute la péninsule et *se montre dans toutes ses villes sans s'arrêter en aucune d'elles* [1], quoique son siége principal soit celle de Florence. C'est en conformité avec ce point de vue qu'il faut expliquer la pensée du Dante sur l'universalité de notre langue nationale, celle de quelques autres auteurs sur la langue *courtisanesque*, et l'opinion de Castiglione et de Speroni, qui appellent *lombarde* la langue employée dans leurs ouvrages; car l'idiome qui naquit sur l'Arno et fut transplanté sur le Tibre, ne fut point adopté comme langue parlée, quoiqu'il ait été reçu dans le barreau, sur le théâtre, dans la chaire chrétienne, dans le commerce épistolaire, dans les écrits d'un genre élevé, et dans les communications journalières des différentes provinces de la péninsule. Aussi on y trouve dans le choix des mots et des phrases, dans le tour de la période, dans la marche et la couleur de la diction, je ne sais quoi de commun qui se distingue de l'élément toscan comme le général du particulier, et contribue à former la perfection du style. Sans cet élément com-

---

[1] Dante, *De Vulg. Eloq.*, I, 16.

mun, l'élocution prendrait un aspect trop familier et une allure plus convenable aux comédies, aux contes, aux romans, aux pièces légères et enjouées, qu'aux écrits d'un genre noble et sérieux. Si dans toute espèce de composition la précision des mots, la fraîcheur, la vivacité, l'élégance et la grâce du style proviennent du toscan, c'est de l'autre élément que découlent l'exactitude savante, l'abondance oratoire, la gravité et la magnificence du discours. Il y a entre ces deux éléments une différence analogue à celle qui distingue la couleur latine de la couleur grecque dans l'élocution italienne, selon que les influences des deux anciens idiomes se font sentir dans le nôtre par l'instinct ou par le talent de nos grands écrivains, comme on aperçoit dans les traits de l'enfant la physionomie maternelle. Ainsi, par exemple, dans Boccace, dans Guichardin, dans Casa, dans Botta, dans Perticari, on trouve souvent une manière trop latine qui n'est pas exempte d'affectation, tandis que chez Cavalca, Compagni, Gelli, Caro, Gozzi, Leopardi, la simplicité admirable et élégante des Grecs brille sans mélange. Or, si je ne me trompe, l'élément commun de la langue italienne participe plus du latin, et l'élément toscan du grec; et si dans l'un on aperçoit la dignité et la pompe de la plus grave des langues pélasgiques, on sent dans l'autre la simplicité, le coulant et la verve gracieuse de l'autre illustre idiome issu de la même souche. Il suffit pour s'en convaincre de comparer la prose de Cellini avec celle du Tasse ou celle de Speroni, le style de Davanzati avec celui de Castiglione, et les écrivains comiques et burlesques avec ceux qui ont traité des sujets illustres; car dans ce genre de matières les exemples valent mieux que les discours.

Nul écrivain n'a mieux réussi dans cette fusion harmonique des différents éléments de notre langue que le divin poëte, et son épopée en est le miroir le plus pur et le plus complet. Ainsi ces réflexions sur le style nous reconduisent au Dante, avec lequel nous terminerons cette esquisse sur le Beau. C'est de lui que les Italiens doivent prendre non-seulement le style et la poésie, mais les inspirations plus importantes et le modèle plus exquis du caractère et du génie national; car le Dante est l'*Italien le plus italien* qui ait jamais vu le jour, selon la remarque du plus illustre de ses biographes [1]. Il associa la vertu et la prudence du citoyen à la piété de l'homme religieux; et si, emporté par l'ardeur de l'âge, et par les passions politiques qui étaient d'autant plus puissantes en lui que son âme était plus grande, il dépassa quelquefois les bornes de la modération, son cœur fut toujours animé par l'amour du vrai, du beau, du bien et du saint, et sut être, même au milieu des égarements de son époque, chrétien et catholique. S'il n'appartint point à la profession hiératique, comme Valmiki, il fut toujours dévoué et respectueux envers la foi, l'Église et le premier sacerdoce; et si les colères et les désordres de son temps le rendirent quelquefois injuste ou trop sévère envers la personne de quelques pontifes, il rendit toujours hommage au pouvoir divin qu'ils représentaient. Si, à l'instar d'Homère, il tonna contre les vices et l'ambition des mauvais prêtres, plus heureux que le poëte grec, il put distinguer le bon grain de l'ivraie, et, plus sage qu'un grand nombre de ses successeurs, il sut profiter de l'or, malgré l'alliage impur qui en ternissait

---

[1] Balbo, *Vita di Dante*, cap. I.

l'éclat. Ainsi se trompent gravement ceux qui font du Dante un avant-coureur de Luther, un *patarin* du xiii⁰ siècle, ou un illuminé allemand, un philosophe anglais ou français des temps modernes. S'il n'avait pas été sincèrement pieux et catholique, comment aurait-il pu créer la littérature italienne, et préparer celle du reste de l'Europe? Car c'est seulement par l'inspiration religieuse que le génie s'ouvre aux grandes pensées, et qu'il peut imprimer dans ses œuvres ce cachet qui défie les siècles et assure l'immortalité. Sa condition de laïque lui fut aussi très-utile; car c'est par lui que commença le cours de la civilisation séculière qui est amie du sacerdoce tout en se distinguant de lui, et qui sépare du moyen âge la civilisation plus avancée et plus mûre des temps postérieurs. Il put en outre, comme homme du monde, saisir ce qu'il y avait de bon et de mauvais dans le clergé de son temps, et, en distinguant les abus des institutions, employer sur la partie digne de blâme sa férule impitoyable. Mais que personne ne s'avise de chercher en lui le partisan de cette civilisation trompeuse qui fait la guerre aux choses les plus sacrées, et qui depuis Luther grandit et s'étend en Europe; car s'il vivait de nos jours, il en serait l'implacable ennemi. Tout compté, comme le Beau est inséparable du bien et du vrai, la rédemption de la littérature italienne sera, selon moi, accomplie, lorsqu'il y aura dans toutes les classes éclairées de notre nation une émulation studieuse pour s'approprier l'esprit de la Divine Comédie, et un profond amour, et j'oserai presque dire un culte, pour le Dante. Je terminerai donc avec ces mots de M. Marchetti qui font allusion au divin poëte :

DU BEAU ARTIFICIEL ORTHODOXE.

« Rendez à vos intelligences le pain de la vie, et en
« ne perdant jamais de vue l'étoile véritable, retrempez
« vos âmes dans la force de vos ancêtres [1]. »

[1] Rendete il vital cibo agli intelletti,
Non ismarrite la verace stella,
Rinnovellate di fortezza i petti.
Una notte di Dante, cant/, Firenze, 1859, page 25.

TABLE DES SOMMAIRES.

AVANT-PROPOS.

Rapports de l'esthétique avec les autres branches de la philosophie et de la science. Elle appartient à la philosophie seconde, tout en relevant de la philosophie première et en se fondant sur elle.   1

CHAPITRE PREMIER.

DÉFINITION DU BEAU.

Le Beau, n'étant point subjectif, ne peut être réduit à l'utile et à l'agréable. — Il est objectif, mais distinct de l'objet extérieur et matériel (naturel ou artificiel) qui le représente. — Il est une chose spirituelle, mais non substantielle, et appartient à la catégorie des *modes*. — Il est absolu et nécessaire ; mais, quoique nécessaire, il se distingue du vrai métaphysique et mathématique, et du bien moral. — Il se distingue de l'idée platonicienne soit générique, soit spécifique. — Définition de saint Augustin et de Leibnitz : *le Beau est la variété réduite à l'unité*. — Cette définition est insuffisante. — Nature de l'idée spécifique; elle constitue le vrai et non pas le Beau, le type intelligible et non pas le type fantastique. — Essence du Beau, et sa définition véritable. 5

CHAPITRE DEUXIÈME.

ORIGINE DE L'IDÉE DU BEAU.

L'observation et l'expérience ne peuvent point produire l'idée du Beau. — L'étude de la nature est l'occasion et non la cause efficiente des conceptions esthétiques. — Exposition de la doctrine de Malebranche sur l'origine des idées en général. Imperfection de cette théorie. Elle est complétée par la doctrine chrétienne de la création. — Formule générale de cette doctrine : *l'Être crée les existences*. — Explication de cette formule, et ses rapports avec la question de l'origine des idées en général, et de l'idée du Beau en particulier. — Critique de l'opinion de MM. Cousin et Rosmini sur l'origine des idées. — Le Beau se compose de deux éléments dont l'un est intellectuel et l'autre fantastique. — Leur origine respective. — Du type fantastique et de son essence. — Ses rapports avec le type intellectuel. — De la manière dont les deux types s'associent ensemble, et de la personnalité esthétique qui en résulte. — La moralité et la simplicité des ouvrages esthétiques dérivent de la supériorité de l'élément intelligible sur l'élément sensible. — De l'idéal et de sa nature. 25

CHAPITRE TROISIÈME.

DE L'IMAGINATION ESTHÉTIQUE, CRÉATRICE DU BEAU.

De l'imagination esthétique et de ses fonctions. — Procédé de l'imagination esthétique dans ses œuvres. — De la *mathématique* et de la *physique esthétiques*. — La vue et l'ouïe sont les seuls sens esthétiques. — L'imagination est toujours le siége du Beau. — Application de cette doctrine à la question de l'unité de temps et de lieu dans la poésie dramatique. — Du merveilleux dramatique de Shakspeare : sa légitimité. — Objection contre l'objectivité du Beau : réponse. — L'imagination de l'homme est créatrice de la même manière que le dieu des panthéistes. 55

CHAPITRE QUATRIÈME.

DU SUBLIME CONSIDÉRÉ DANS SES RAPPORTS AVEC LE BEAU.

Exposition de la doctrine de Kant sur le sublime. Ses mérites et ses défauts. — Propriétés génériques, qui sont communes au Beau et au sublime. — Propriétés spécifiques, qui les caractérisent et les séparent. — Deux espèces de sublime dynamique, dont l'une est positive et l'autre négative. — Du laid : son emploi et ses fonctions dans l'esthétique. — Exemples. — Le sublime naît du second terme de la formule idéale, c'est-à-dire de l'idée de création. — Analyse du procédé intellectuel qui engendre le sublime. — Formule du sublime : *Le sublime dynamique crée le Beau, qui est contenu dans le sublime mathématique.* Explication de cette formule. — De quelques autres différences entre le sublime mathématique et le sublime dynamique. 75

CHAPITRE CINQUIÈME.

DU MERVEILLEUX CONSIDÉRÉ DANS SES RAPPORTS AVEC LE BEAU.

Le merveilleux esthétique se subdivise en *mystérieux* et en *surnaturel*. — Définition du mystérieux. — Le connu n'a de charme pour l'imagination de l'homme que par l'intermédiaire de l'inconnu. — Il en est de même à l'égard de l'intelligence et du sentiment. — Définition du surnaturel : son importance dans le drame et dans l'épopée. — Décadence du théâtre moderne à cet égard. — Des différentes espèces de surnaturel esthétique. — Des personnages surnaturels : types réels d'où ils dérivent, Dieu, l'homme, les animaux. — Des événements surnaturels dans la poésie. — Déduction des éléments esthétiques du mystérieux et du surnaturel à l'aide de la formule idéale. — La racine du mystérieux, c'est la notion de l'*essence*. — Le mystérieux intervient à des degrés différents dans le Beau et dans le sublime. — La racine du surnaturel, c'est l'idée de création. 99

CHAPITRE SIXIÈME.

DE LA MANIÈRE DONT ON PEUT DIRE QUE L'IMAGINATION ESTHÉTIQUE CRÉE LE BEAU.

Résumé des fonctions de l'imagination esthétique à l'égard du Beau, du sublime et du merveilleux. — De l'activité substantielle de l'âme. — Double degré de son développement. — L'imagination est sujette à la même loi. Elle n'est point éclairée par l'intelligence, ni douée de liberté dans le premier acte de l'enfantement esthétique. — Mécanisme de cette action initiale, qui consiste à développer des germes préexistants. — Dans quel sens le génie de l'artiste est créateur. — Le génie est une véritable inspiration divine dans l'ordre de la nature. — Distinction de la cause première et des causes secondes. La cause première de l'inspiration esthétique, c'est Dieu. — Symboles grecs et asiatiques de cette vérité : la Muse de Platon, et les Férouers des Naçkas. — Le procédé de l'imagination humaine ressemble à celui de la cause créatrice et en est accompagné : ses rapports avec la formule idéale. 123

CHAPITRE SEPTIÈME.

DU BEAU NATUREL.

De la décadence primordiale de l'espèce humaine et du globe terrestre. Ses effets à l'égard du Beau. — Du Beau primitif et original de la nature. — De l'époque géogonique, et de ses deux périodes indiquées par Moïse. Le Beau manquait dans la première de ces périodes, qui était déjà marquée par le sublime, et ne parut que dans la seconde, qui comprend les six jours de la création. Description de cette seconde période. — Du progrès esthétique et du développement de la beauté. — L'altération du Beau fut l'ouvrage du libre arbitre de l'homme, qui est la première des forces telluriques. — Supériorité et infériorité relatives du Beau naturel et artificiel. — Le sublime est encore de nos jours tel qu'il était dans le premier âge de la création. 159

CHAPITRE HUITIÈME.

DU BEAU ARTIFICIEL EN GÉNÉRAL.

Le Beau artificiel n'est point l'imitation de la nature. —Erreur de Hegel qui subordonne d'une manière absolue le Beau de la nature à celui de l'art. Elle a sa source dans le panthéisme de l'auteur allemand.— Le Beau artificiel est un supplément du Beau naturel, et suppose la décadence de celui-ci. C'est un moyen par lequel l'esprit s'efforce de se soustraire à la réalité et de dépasser les bornes de la nature. Le Beau artificiel est un souvenir et une prophétie, et se rapporte à l'époque primitive et à l'époque finale du monde. — Objection : Comment l'homme déchu peut-il surpasser avec l'art le Beau de la nature? Réponse. L'homme déchu peut y parvenir, si son imagination et ses autres facultés sont restaurées. Le principe de cette restauration, c'est la lumière révélée.—La révélation consiste substantiellement dans la restitution de la formule idéale. Hors de cette formule, il n'y a que le panthéisme, qui nuit au Beau et au sublime. — La perfection esthétique n'est possible dans toutes ses parties que par la connaissance du principe de création.—Chez les nations païennes, le Beau est possible autant qu'elles conservent des traces de la révélation primitive : mais il est toujours imparfait. 157

CHAPITRE NEUVIÈME.

DU BEAU ARTIFICIEL HÉTÉRODOXE.

Deux branches de l'art hétérodoxe : l'orientale et l'occidentale. —De l'art oriental. — Les premiers artistes furent les prêtres. — Évolution du sacerdoce primitif, et formation des castes. — La hiérocratie et la civilisation hétérodoxes les plus anciennes sont celles des nations chamitiques. — Leur génie. — Coup d'œil sur l'histoire et les vicissitudes des Chamites. — De la civilisation japhétique de la famille indo-germanique. — Hiérocraties qui en sortirent : les Chaldéens, les Mages, les Brahmes et les Sabiens. — Des autres familles japhétiques : la famille jaune ou tartare, l'américaine et l'océanienne. — Leurs transmigrations historiques. — Du système de l'émanation considéré comme base de l'art oriental. — Son application à l'architecture. L'architecture n'est point une imitation de la nature. — Les formes curvilignes sont moins anciennes que les rectilignes. — De la musique. L'architecture et la musique sont les arts générateurs de tous les autres. — Leurs ressemblances et dissemblances. — Supériorité de la musique qui est la reine des arts. L'architecture et la musique expriment surtout le sublime : comment elles peuvent aussi exprimer le Beau. — De quelle manière les arts secondaires peuvent sortir de ces arts primaires. — Application de la formule esthétique à ce problème. — Deux moments dynamiques qu'on doit distinguer dans la génération des arts secondaires ; la conception et la naissance. — Explication de ce double moment par l'action fécondante de la parole révélée, c'est-à-dire de la création, à l'architecture et à la musique. — De l'écriture. — Du symbole et de sa nature. — L'architecture orientale fut symbolique dès son origine. — L'écriture incorporée avec l'architecture par l'entremise du symbole contenait le germe des arts secondaires. — De l'écriture alphabétique et idéographique. — Des hiéroglyphes et des caractères cunéiformes. — Du chant, à l'aide duquel la parole s'identifie avec la musique. — Preuves historiques. — De la ville et du livre primitifs des peuples orientaux : les arts secondaires y étaient renfermés à l'état de conception. — Description du passage de la conception à la naissance. La musique, c'est-à-dire la parole, fut le principe de ce nouveau développement. — La ville primitive se décomposa en ville des vivants avec le temple et le palais, et en ville des morts. — Indications historiques. — De la poésie. — L'épopée orientale est le récit d'un *avatar*, et représente le développement du théocosme déjà exprimé par le temple et le livre primitifs, selon les principes de l'émanation. — Synthèse primitive des arts dans le temple et dans l'épopée. Leur division et séparation parfaite n'eut point lieu en Orient. — De l'époque de Vikramadythia. — De l'art occidental. — Des Atlantes. Ils ne furent point japhétiques, mais chamites, et il ne faut point les confondre avec les Pélasges. — Lutte des Atlantes et des Pélasges : triomphe des derniers. Des Hellènes, branche des Pélasges, et des Doriens, branche des Hellènes. — De la doctrine religieuse des populations pélasgiques : elle se distingue du panthéisme oriental par le dogme du *Théos*. — Lutte en Grèce entre le principe oriental et le principe pélasgique. Ce dernier produisit la division dans les arts, et le brisement de la synthèse orientale. — Le polythéisme grec favorisa le Beau physique et nuisit au sublime. 185

CHAPITRE DIXIÈME.

DU BEAU ARTIFICIEL ORTHODOXE.

Un mot sur la Bible. — Le christianisme restaura l'art avec les deux principes de création et de rédemption. — Affinité de l'esthétique chrétienne avec l'esthétique pélasgique, surtout de la branche dorienne. — Rapports du principe de création avec le sublime et le Beau de l'art chrétien. — De l'élément moral et divin de la beauté chrétienne : comment elle est exprimée d'une façon sensible. — Comparaison entre le dogme hétérodoxe de l'*avatar* et le dogme orthodoxe de l'Incarnation dans leurs rapports avec l'esthétique. — Des types chrétiens : l'Homme-Dieu, la Vierge-mère, l'ange et le saint. Le christianisme réunit de nouveau les arts, et reproduisit la synthèse orientale sans ses défauts. — De l'épopée chrétienne et du Dante. — Supériorité de la *Divine Comédie* sur tous les autres poëmes. — Du talent analytique et synthétique, psychologique et ontologique du Dante. — De son style. — La politique n'est point le sujet principal de son poëme. — Du rationalisme des interprètes modernes de la *Divine Comédie*. — De la mythologie de ce poëme. — Jusqu'à quel point le poëte chrétien peut-il se servir des fables païennes? L'interdiction absolue n'est point raisonnable. — Le Dante purifia la mythologie du paganisme en la rappelant à son origine, et en l'employant comme l'expression exotérique de la vérité. Il fit le même usage de l'uranologie orientale. — La *Divine Comédie* est le principe dynamique de la littérature chrétienne en général et de la littérature italienne en particulier. — Décadence de la poésie et de la prose italienne toutes les fois qu'elles se sont éloignées du type dantesque. — Du romantisme et du faux classicisme. Ce qu'il y a de vrai et de faux des deux côtés. — De la langue italienne. — Sa supériorité sur les autres langues *romanes*. — Du Beau dans la langue et dans le style italien, et en quoi il consiste. — Conclusion de l'auteur qui anime ses compatriotes à suivre l'exemple du Dante non-seulement dans les lettres et dans l'amour du Beau, mais aussi dans la pratique du bien, dans l'ardeur et la pureté de la foi catholique et du patriotisme. 259

FIN DE LA TABLE DES SOMMAIRES.

www.ingramcontent.com/pod-product-compliance
Lightning Source LLC
Chambersburg PA
CBHW050419170426
43201CB00008B/465